Al Seckel

Große Meister der Optischen Illusionen

Band 1

Von Arcimboldo bis Kitaoka

tosa

Über den Autor

Al Seckel ist die führende Kapazität auf dem Gebiet visueller und anderer Arten von Sinnestäuschungen. Über dieses Thema hält er Vorträge an vielen der renommiertesten Universitäten der Welt. Er schrieb mehrere preisgekrönte Bestseller über optische Täuschungen und visuelle Wahrnehmung und ist Autor der monatlichen Kolumne „Neuroquest" im *Discover*-Magazin sowie des „Brain Teasers" im *National Geographic KIDS*. Außerdem entwirft er interaktive Galerien über Illusionen für wissenschaftliche Museen. Er erforscht die neuralen Korrelationen zwischen optischen Täuschungen am California Institute of Technology in Pasadena. Seine Homepage: http://neuro.caltech.edu/~seckel.

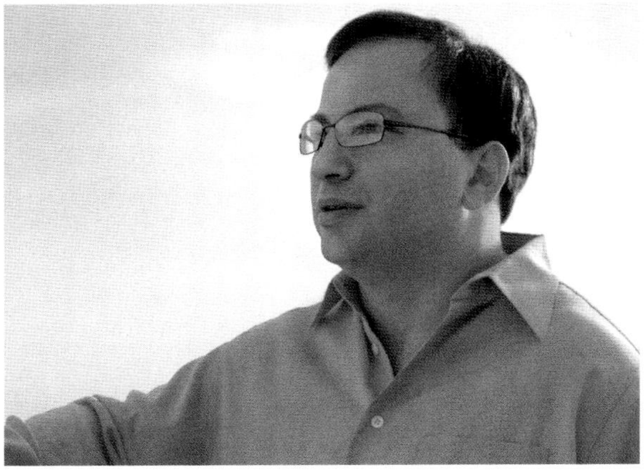

Übersetzung aus dem Englischen: www.textwerkstatt.at/Mag. Caroline Klima
Coverbild „Die Sonne setzt die Segel" von Rob Gonsalves
Druck: MKTPrint, Slovenia

www.tosa-verlag.com

INHALT

	Vorwort von Douglas R. Hofstadter	5
	Einleitung	9
Kapitel		
1	Giuseppe Arcimboldo (1527–1593), Zusammengesetzte Porträts	19
2	Salvador Dalí (1904–1989), Visuelle Überraschung	33
3	Sandro Del Prete (1937–), Perspektivenwechsel	47
4	Jos De Mey (1928–), Paradoxe Welten	67
5	M. C. Escher (1898–1972), Meister von Geist und Seele	81
6	Shigeo Fukuda (1932–), Absorbi	95
7	Rob Gonsalves (1959–), Magischer Realismus	115
8	Mathieu Hamaekers (1954–), Optischer Konstruktivismus	131
9	Scott Kim (1955–), Ambigramme	137
10	Akiyoshi Kitaoka (1961–), Illusionäre Op-Art	147
	Literaturempfehlungen	162
	Adressen und Websites der Künstler	164
	Register	165
	Danksagung	168

VORWORT

Douglas R. Hofstadter, Ph.D.
Center for Research on Concepts and Cognition
Universität von Indiana

ALS ICH IN DEN 1970ER-JAHREN die Hochschule in Oregon besuchte, fuhr ich oft auf der Interstate 5 zwischen Eugene und der Bucht von San Francisco hin und her, meistens spät nachts. Ich erinnere mich noch lebhaft an die Warnleuchten, mit denen die häufigen Baustellen an diesem Highway abgesichert waren. Sie bestanden aus vier Lichtern, die in den Ecken eines Quadrats angeordnet waren und im Rhythmus von etwa einer halben Sekunde alternierend in den zwei unten abgebildeten Mustern aufleuchteten.

Fasziniert beobachtete ich diese aufblitzenden Lichter und hatte das Gefühl, dass sich in diesem scheinbar simplen Pulsieren eine Art von Mehrdeutigkeit in der Wahrnehmung verbarg. Und tat-

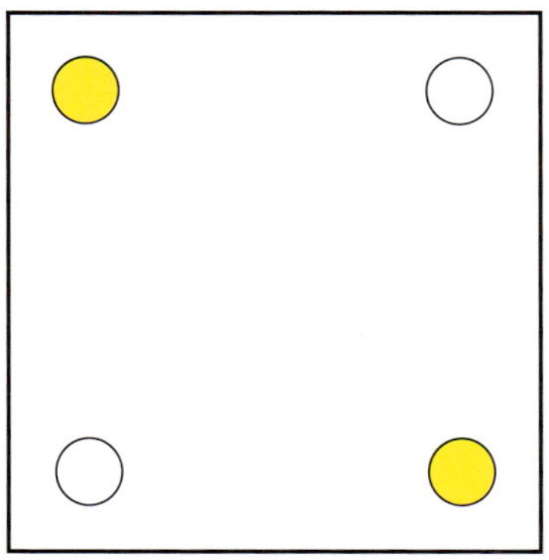

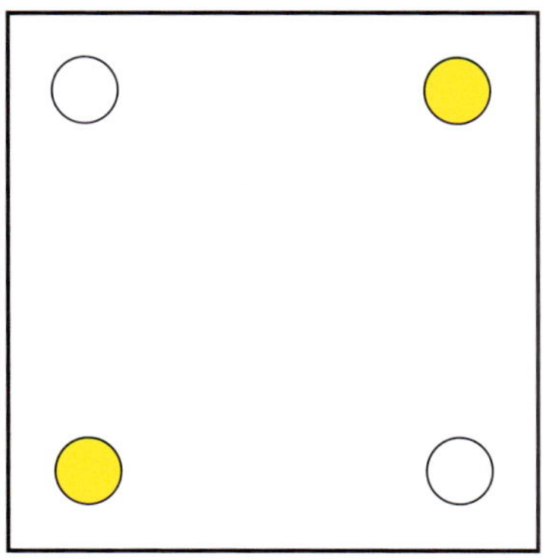

sächlich, bald erkannte ich, dass ich das Signal auf viele verschiedene Arten wahrnehmen konnte. Ich konnte es als zwei Lichter sehen (eines oben, eines unten), die beide horizontal hin und her hüpften, jedoch phasenverschoben. Ich konnte es als zwei Lichter sehen (eines rechts, eines links), die auf und ab hüpften, ebenfalls phasenverschoben. Oder ich konnte sie als zwei Lichter in den diagonal gegenüber liegenden Ecken eines Quadrats sehen, die einander im Uhrzeigersinn rundherum jagten. Oder ich konnte die Richtung in meinem Kopf umdrehen und zwei einander diagonal gegenüberliegende Lichter sehen, die gegen den Uhrzeigersinn im Kreis liefen.

Es war fast unmöglich, in diesem einfachen Muster keine Bewegung physikalischer Objekte zu sehen (obwohl es tatsächlich keine gab). Ich machte ein Spiel – oder eher eine Herausforderung – daraus, das Blinksignal zu „zähmen" und „meinen Befehlen zu folgen". „Okay, Lichter, lauft mal im Uhrzeigersinn! Danke! Genug – jetzt dürft ihr auf und ab hüpfen! Sehr gut – nun hüpft hin und her! Und jetzt lauft mal gegen den Uhrzeigersinn! Danke vielmals!"

Ich hatte nicht die leiseste Ahnung davon, was genau in meinem Gehirn vorging, damit ich diese unterschiedlichen Muster sich bewegender Objekte „sah", doch ich war ganz sicher, dass bei jedem einzelnen Muster eine Art von grundlegendem inneren Zustand aktiviert wurde und dass jeder dieser Zustände das Ruder übernehmen konnte, während die anderen in den Hintergrund traten. Ich wusste, dass unmöglich zwei dieser Zustände gleichzeitig existieren konnten. Doch was mein Gehirn anstellte, wenn es „meinen" Befehlen folgte, blieb ein Geheimnis für mich (wie merkwürdig dieses Durcheinander von „meinen" Befehlen an „mein Gehirn" sich anhört, wenn man darüber nachdenkt – oder besser, wenn ich darüber nachdenke – oder noch besser, wenn mein Gehirn darüber nachdenkt – was es natürlich nur aufgrund meines Befehls – das heißt, des Befehls von meinem Gehirn – tut). Ich war intuitiv überzeugt, dass jeder, der in die mikroskopischen Nischen des Gehirns blicken und dieses Rätsel der Wahrnehmung lösen konnte, einen grundlegenden Einblick (das ist ein „Hinein-Blick") in die Natur des Bewusstseins gewinnen würde – und damit gleichzeitig in die Natur des Menschen selbst.

Für mich ist die Wahrnehmung das größte Geheimnis. Auf welche Weise verwandeln wir tausende oder Millionen winziger Signale in die Illusion (ja, es ist eine Illusion), ein einziges Ding zu sehen? Ab wann setzen wir Informationen so zusammen, dass ein Bild umkippt und plötzlich ganz andere Teile zu einer gemeinsamen Aussage verbunden werden als beim ersten Hinsehen? Nehmen Sie etwa Rob Gonsalves' schaurig-schönes Gemälde mit einer surrealistischen Brücke mit mehreren Bögen, die sich über sanften Wellen krümmt und in der Luft verschwindet, um durch einen Konvoi von Segelschiffen ersetzt zu werden – die reinste Form visueller Poesie. Oder sein verwirrender nächtlicher Blick aus den Fenstern einer Blockhütte, der einerseits einen See, ein Boot, einen Wald und einen sternenklaren Nachthimmel zeigt. Da der Bewohner dieses Raumes seinen hellen Vorhang jedoch so zuschneidet, dass er den Umriss einer Stadtkulisse bildet, verwandelt sich der Sternenhimmel kaum merklich in das Lichtermeer einer nächtlichen Skyline. Was ist real, was stimmt? Was ist „richtig" in diesen Bildern, in denen die Grenzen zwischen zwei konkurrierenden möglichen Interpretationen so fließend sind, dass jede zu jedem Zeitpunkt vollständig richtig zu sein scheint?

Jeder der in diesem wunderbaren Kunstband vertretenen Künstler hat seine eigene Methode, Ihrem Gehirn Streiche zu spielen, ob Sie wollen oder nicht. Betrachten Sie Sandro Del Pretes „Gefaltetes Schachspiel", ohne bezaubert, berührt, verwirrt zu werden – unmöglich. Oder versuchen Sie, der Läufer zu sein, der die zentrale Leiter hinaufsteigt, und achten Sie darauf, ob Sie schwindlig werden! Oder blättern Sie weiter zum Gesicht der Ballerina, das sich in der Hand zu ihrer Linken spiegelt. Sehen Sie dort ihre Augen und ihren Mund? Schauen Sie weg und wieder hin – plötzlich sind sie verschwunden: es ist nur eine Hand. Was ist mit Leonardo da Vincis Gemälde ein paar Seiten weiter? Gibt es dort nun einen Maler oder bloß einen bärtigen Mann auf einem Esel?

Lassen Sie sich von niemandem aus der „Welt der Kunst" erzählen, dass diese Künstler nicht an Ästhetik interessiert wären. Genau davon handelt dieses Buch. Es geht darum, dass man oft Momente großer Schönheit findet, wo man es am wenigsten erwartet.

Eine meiner Lieblingsillusionen war stets ein Foto, das Matt Kahn, Professor am Stanford Art Department, aufgenommen hat. Eines Tages sah er nach einem Regenguss in Florenz einen Kanaldeckel, der mit leuchtend buntem Konfetti gefüllt war. Allzeit bereit schoss er ein Foto davon. Ein oder zwei Jahre später zeigte er es in einer Diashow einer Gruppe von Stanford-Studenten und fragte: „Was zeigt dieses Bild?" Wir waren alle überzeugt und viele sagten: „Ein Buntglasfenster in einer französischen Kathedrale, nicht?" Als er uns sagte, was es war, glaubten wir unserem Gehirn nicht mehr. Unsere Augen zeigten uns allerdings, dass er Recht hatte. Das ist Ästhetik, das ist Magie, das ist das, worum es bei Kunst geht.

In diesem Buch hat Al Seckel eine großartige Sammlung von Werken der großen Meister in der Kunst, dem Wahrnehmungssystem Sand in die Augen zu streuen, zusammengestellt. Shigeo Fukudas verrückte Objekte, die ihre Identität radikal verändern, wenn man rundherum geht. Sandro Del Pretes hinreißendes Schachspiel, bei dem die Spielfiguren zugleich auf und unter dem Brett stehen. Oder M. C. Eschers faszinierende Welten, die vollkommen logisch konstruiert und dabei dennoch völlig unmöglich sind.

Dies sind keine billigen Tricks. Dies sind Bilder, die ein tiefes Wissen um die Wahrnehmung und Konzeption von Schönheit erfordern, eine Einsicht in die ewige Faszination des Unergründlichen, in den seltsam mehrdeutigen Zustand, in dem man Dinge sehen kann, die nicht da und trotzdem vorhanden sind. Bilder wie diese sind im Stande, uns in unsere lang vergangene und so sehr vermisste Kindheit zurückzuversetzen, als Magie völlig normal war und die Grenzen zwischen dem Möglichen und dem Unmöglichen verwischt waren. Lassen Sie sich von der „Kunstwelt" nicht einreden, diese Art von Kunst wäre ein Trick. Das „Kunstestablishment" ist bloß neidisch.

Tiefsinnigere Gemüter würden solch dumpfe Plattitüden ohnehin nie in den Mund nehmen, denn sie wissen, dass diese Kunstwerke zu den besten gehören, die heute produziert werden.

Ich habe nicht genügend Platz, um vor jedem einzelnen in dieser Sammlung vertretenen Künstler meinen Hut zu ziehen, doch ich bewundere sie alle enorm. Wenn ein Mensch mit Augen, die sehen können, diese Bilder langweilig findet, erweist sich vermutlich selbst als unendlich langweilig und als unausstehlicher Snob. Doch ich gehe davon aus, dass Sie, lieber Leser, kein solcher Langweiler sind und sich glücklich schätzen, wie ich annehme, dass Ihnen dieses Buch in die Hände gefallen ist. Machen Sie sich daran, all diese erstaunlichen Bilder zu genießen; sie werden Ihnen noch lange Zeit Freude bereiten.

EINLEITUNG

BEI DER PRÄSENTATION optischer Täuschungen vor verschiedenstem Publikum entdeckte ich, dass sie einen elementaren Effekt auf die Menschen ausüben, egal, wie alt, talentiert oder intelligent sie sind oder welchen sozialen oder kulturellen Hintergrund sie haben. Menschen lieben Illusionen und werden gerne durch sie überrascht. Traditionell wurden optische Täuschungen nicht künstlerisch, sondern wissenschaftlich präsentiert, um darzustellen, wie das visuelle Wahrnehmungssystem irregeführt werden kann. Natürlich finden wir Beispiele für optische Täuschungen seit der römischen Antike, doch oft hielt man sie für perspektivische Fehler, die achtlosen Künstlern unterlaufen waren. Mit seinem berühmten Gemälde aus dem 18. Jahrhundert forderte der Künstler William Hogarth den Betrachter auf, alle perspektivischen Fehler zu entdecken.

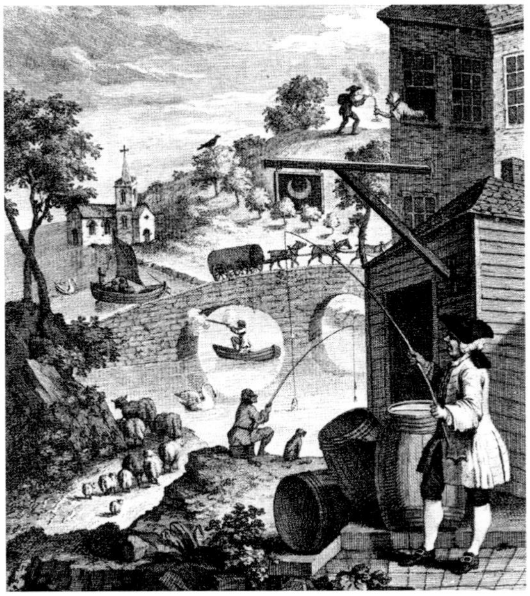

WILLIAM HOGARTH, „ABSURDE PERSPEKTIVEN“, STICH, 1754

Die traditionelle westliche Kunst ist bereits ihrem Wesen nach eine Täuschung. Zum Beispiel schließt man aus einem zweidimensionalen Bild auf eine dreidimensionale Szene. Hier setzt der Künstler Täuschungen ein, die unser Gehirn akzeptiert. Die extremste Form dieser Illusionskunst nennt sich *Trompe l'oeil* (französisch für „das Auge täuschen"). Damit werden Werke bezeichnet, die dem Betrachter weismachen wollen, wenn auch nur für einen Moment, dass die fiktive Darstellung real ist. Diese Kunstform stammt aus dem antiken Griechenland und wurde von den Römern gerne eingesetzt, geriet jedoch im Mittelalter in Vergessenheit. Erst in der Renaissance wurde sie wiederentdeckt, um im Barock ihre Blütezeit zu erleben, wo man sie verwendete, um Räume zu vergrößern und fantasievoll zu gestalten, mit erfundenen Gängen, Objekten und Menschen.

Ohne Zweifel erreichte diese Kunst ihren Höhepunkt im 17. Jahrhundert mit dem spektakulären Werk des italienischen Künstlers Andrea Pozzo in der Kirche San Ignazio in Rom. Als die Kirche geplant wurde, sollte sie eine große Kuppel erhalten, doch die benachbarten Dominikanermönche beschwerten sich, dass so ein Bau ihrer Bibliothek das Licht rauben würde. So wurde Pozzo enga-

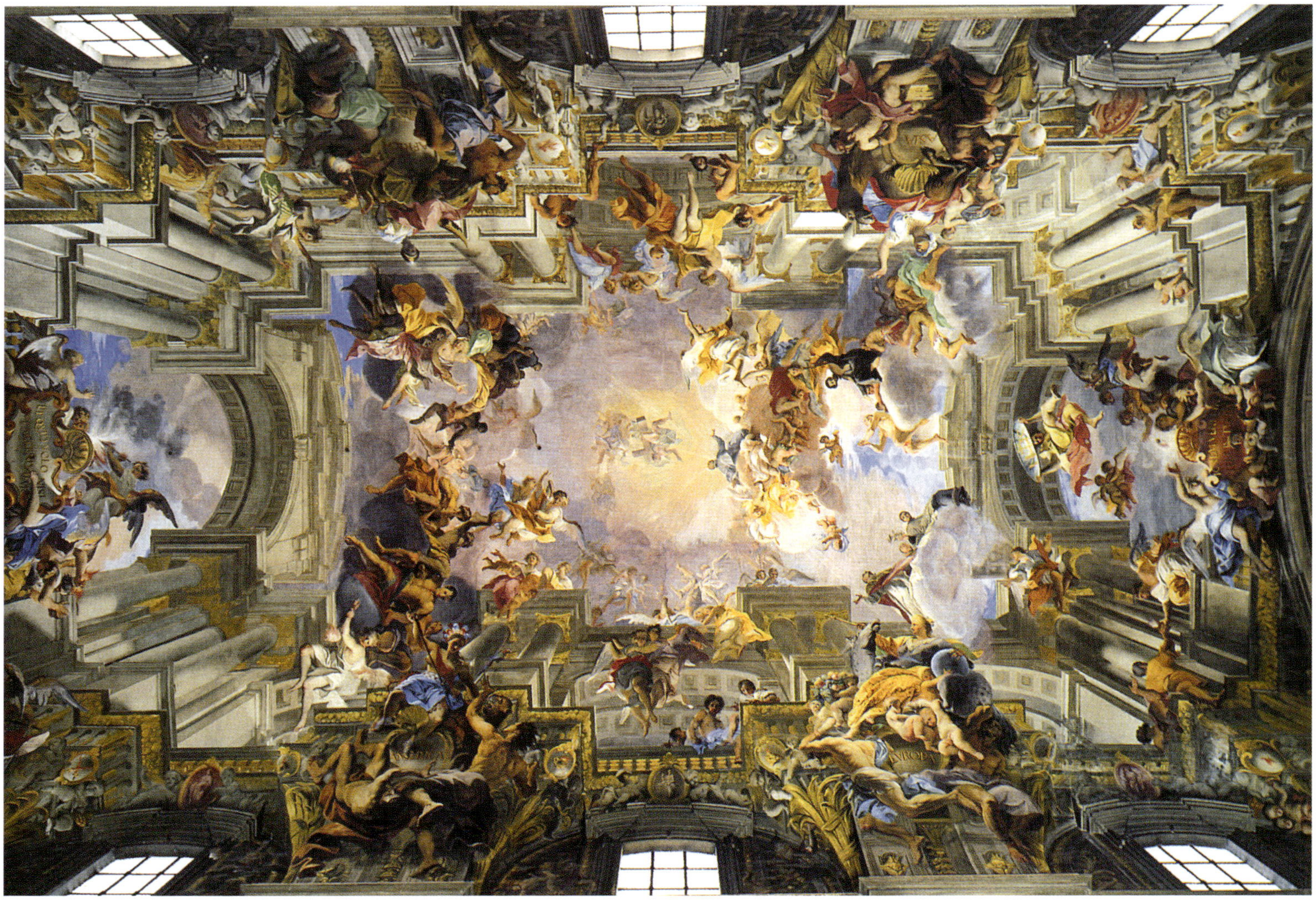

Andrea Pozzos Gewölbe im Kirchenschiff von San Ignazio, Rom, 1691–1694

giert, um auf einer ebenen Fläche einen gemalten Dom und ein zweites Stockwerk zu schaffen: das Problem war gelöst, doch die Lösung barg Probleme. Wenn man nicht am korrekten Blickpunkt steht (und davon gab es bloß zwei in der sehr großen Kirche), fällt die Illusion in sich zusammen. Obwohl die Täuschung damals viele Leute verblüffte, kritisierten Architekten Pozzos „physische Konstruktion“ der gemalten Architektur. Zu seiner Verteidigung meinte Pozzo, dass einer seiner Freunde für sämtliche Schäden aufkommen würde, sollte sein Bau jemals herunterstürzen.

Mit *Trompe l'oeil* nah verwandt ist die Kunstform der Anamorphose (vom griechischen Wort für „Verwandlung“, geprägt im 17. Jahrhundert), bei der ein Bild stark verzerrt wird, das dann von einem bestimmten Blickwinkel aus oder auf einer spiegelnden Oberfläche korrekt erscheint. Am häufigsten sind zylinderförmige Spiegel, doch auch reflektierende Kegel und Pyramiden wurden verwendet. Beim überraschenden Erscheinen des unverzerrten Bildes oder Spiegelbildes empfindet man häufig Verwunderung und Vergnügen.

Der Erste, der mit anamorpher Perspektive experimentierte, war Leonardo da Vinci; das erste Beispiel für eine anamorphe Zeichnung zeigt ein Auge, das er 1485 erschuf. In der Renaissance experimentierten Künstler mit der Geometrie der Perspektive und perfektionierten dabei die Techniken, Bilder auf verschiedene Weise zu dehnen und zu verzerren, die dann von einem genau definierten Blickpunkt aus unverzerrt erschienen.

Zwischen dem 16. und 19. Jahrhundert wurde Anamorphose äußerst beliebt; sie stellte eine ideale Möglichkeit dar, gefährliche politische Meinungen, häretische Vorstellungen und sogar erotische Bilder zu tarnen. Einen Höhepunkt stellte „Die Gesandten“ dar, das Porträt der beiden französischen Botschafter Jean de Dintevill und George de Selve von Hans Holbein dem Jüngeren, dem Hofmaler am Hofe des englischen Königs Heinrich VIII. Am unteren Bildrand ist eine seltsame Form zu sehen, die sich in einen Totenkopf verwandelt, wenn man das Gemälde im spitzen Winkel zur rechten Seite des Bildes betrachtet. Ursprünglich hing das Werk in einem Treppenaufgang in Dintevills Schloss, sodass der Totenkopf erschien, wenn es von unten links oder beim Treppabwärtsgehen gesehen wurde. Obwohl es unzählige Erklärungsversuche für die symbolische Anwesenheit des Schädels gab – einer davon lautet, er sei eine Anspielung auf den Namen des Künstlers, „hohles Bein“ –, bleibt seine Darstellung rätselhaft. Besuchen Sie die Website http://neuro.caltech.edu/~seckel/mod/; dort sehen Sie einen Film, der den Totenkopf und andere historische Beispiele zeigt.

Anamorphe Bilder wurden sehr oft gedruckt und in etwas dauerhafterer Form schmückten sie die Wände von Klöstern. Im 17. Jahrhundert wurden die ersten reflektierenden Kegel und Zylinder erschaffen. Die Technik wurde im 17. und 18. Jahrhundert auch im Orient populär.

Mit der Verbreitung des Farbdrucks im 19. Jahrhundert erlebte diese Technik, ebenso wie andere optische Tricks, als Gesellschaftsspiel eine neue Blüte. Im 20. Jahrhundert schuf der spanische

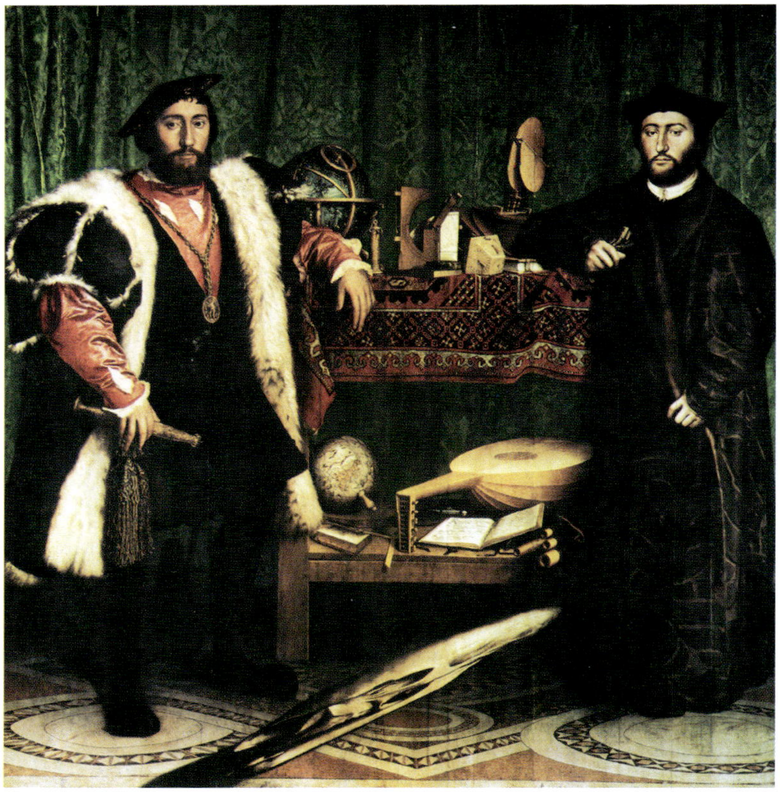

HANS HOLBEIN DER JÜNGERE
„DIE GESANDTEN“, ÖL AUF HOLZ, 1533,
206 X 209,5 CM

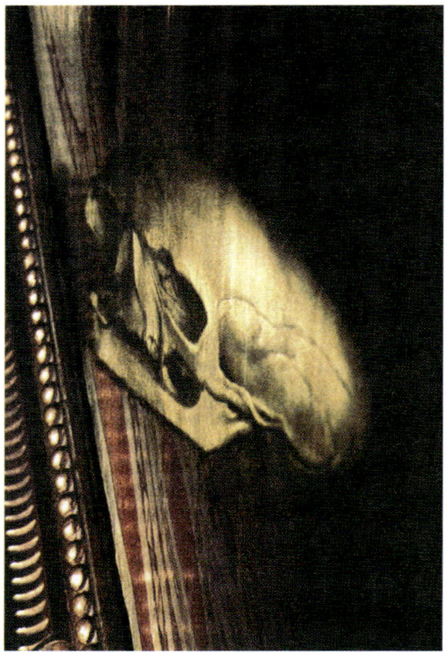

Wenn man es aus dem richtigen Blickwinkel betrachtet, zeigt sich in dem Gemälde ein Totenkopf.

Surrealist Salvador Dalí (siehe Kapitel 2), der schon immer durch optische Tricks und verborgene Elemente faszinierte, eine Serie von fünf anamorphen Bildern. Darin führte er die Technik auf eine neue Ebene. Anstatt ein Bild zu verzerren, schuf Dalí zwei Bilder – das erste hatte eine völlig andere Bedeutung als das versteckte, das man nur in einem Spiegel sehen konnte. Der Platz für den Spiegel war natürlich von vornherein fest einkalkuliert.

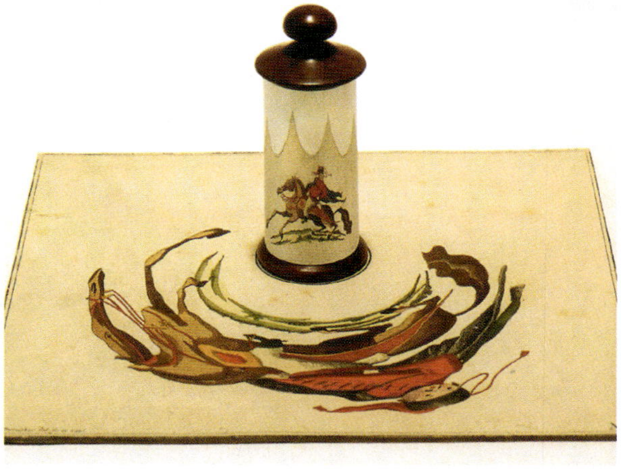

Als optische Unterhaltung waren Sammlungen anamorpher Bilder im 19. Jahrhundert sehr beliebt. Hier sieht man ein typisches Beispiel für einen anamorphen Druck, entstanden in Deutschland um 1800.

Doch nicht nur mittels reflektierender Oberflächen oder exakter Blickpunkte kann man Bildern mit einer verborgenen Bedeutung auf die Schliche kommen. Mitte des 16. Jahrhunderts schuf der italienische Künstler Guiseppe Arcimboldo (siehe Kapitel 1) mehrere fantastische Porträts, die aus den Abbildungen anderer Objekte oder Tiere bestanden, welche wiederum eine symbolische Verbindung zum Porträt aufwiesen. Arcimboldo inspirierte unzählige Nachahmer und beeinflusste die surrealistische Bewegung im 20. Jahrhundert.

Arcimboldos Einfluss sieht man auch in den mehrdeutigen, antropomorphen, allegorischen Landschaftsbildern, die ab 1600 populär wurden. Ein typisches Beispiel ist „Campus Antropomorphos“ des schweizerisch-deutschen Künstlers Matthäus Merian (1659–1716).

Im 17. Jahrhundert schrieb der Philosoph René Descartes in seinen *Leidenschaften der Seele* über die Begegnung mit solchen Werken: „Wenn uns die erste Begegnung mit einem Objekt überrascht und wir es neuartig finden oder sehr verschieden von dem, was wir kennen oder von dem, was es uns zu sein schien, so löst dies bei uns Verwunderung und Erstaunen aus.“

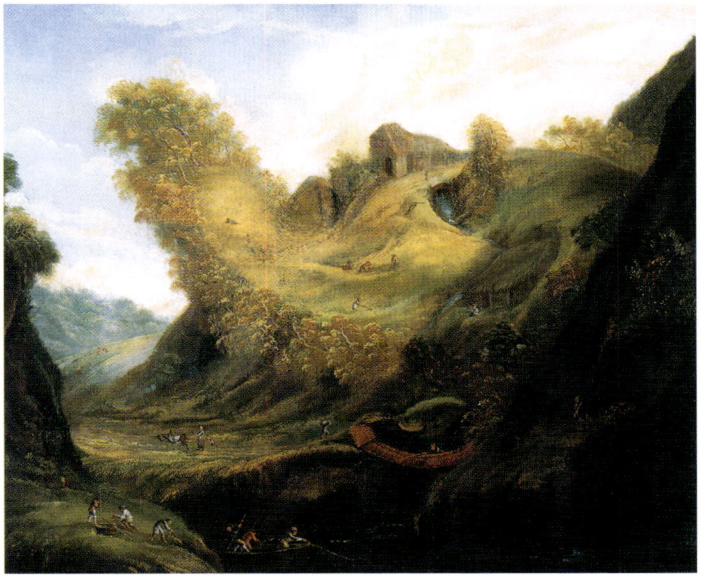

Anonym, „Metamorphose der Landschaft“, Öl auf Holz, 17. Jh., 34 x 43 cm

Doppeldeutige Bilder waren im 18., 19. und 20. Jahrhundert sehr beliebt. Viele dieser Bilder entstanden anonym und es gab unzählige Imitationen, die auf Rätselkarten und Werbungen verbreitet

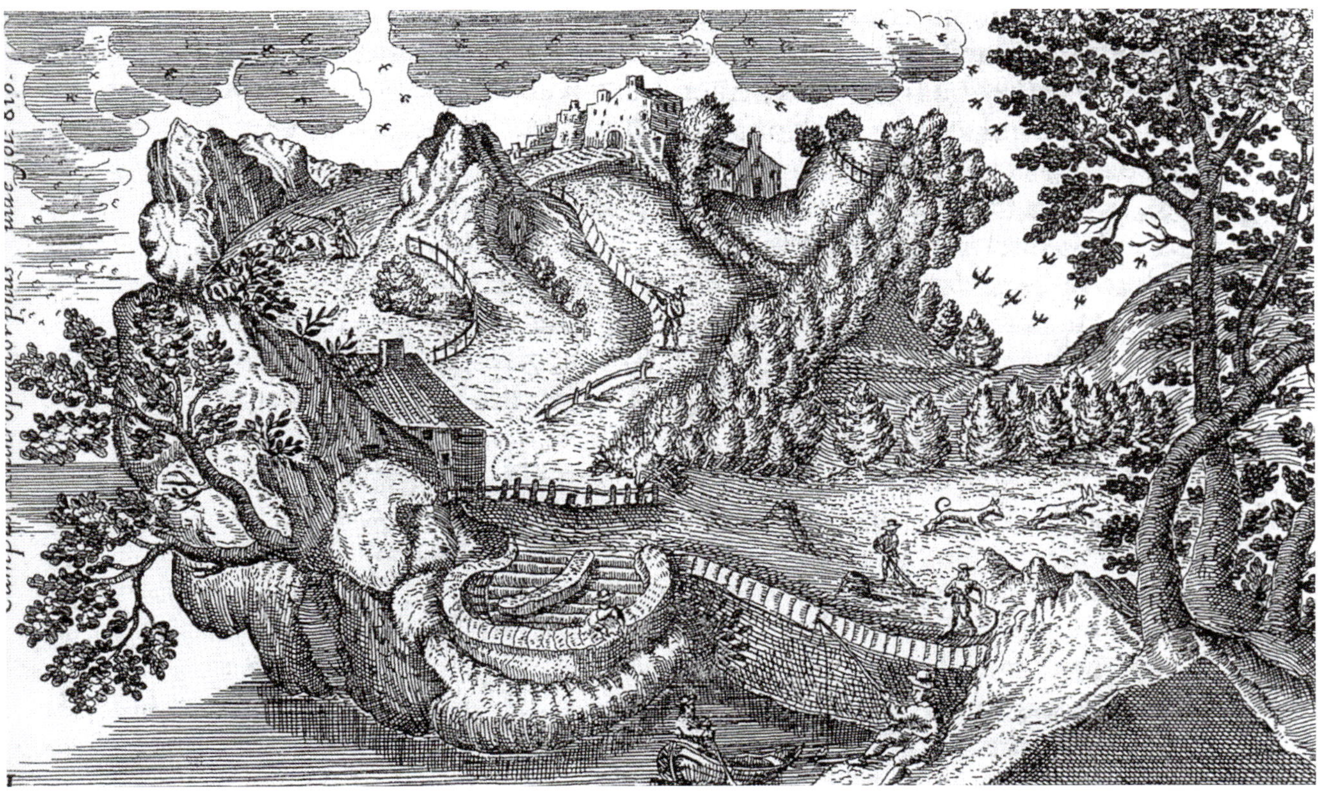

Matthäus Merian, „Campus Anthropomorphos“, Stich, 1671, 15 x 23 cm

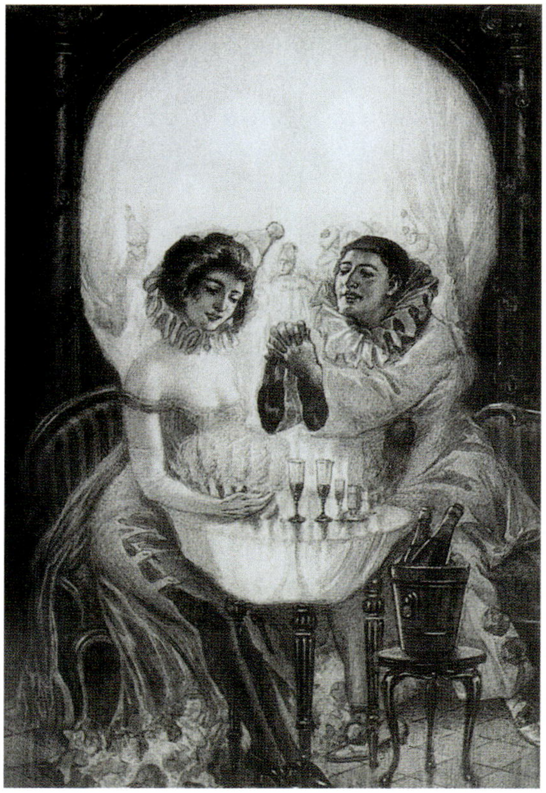

Anonym, „L'Amour de Pierrot“, französische Postkarte, 1905

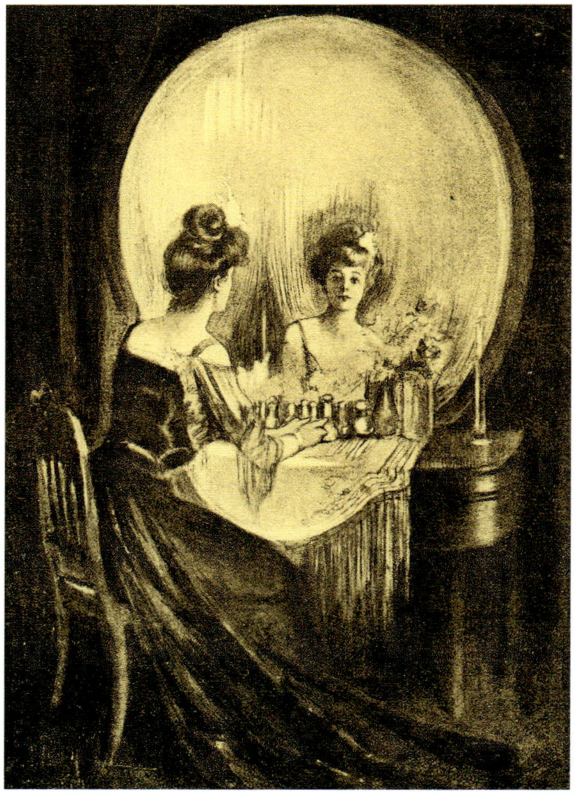

Charles E. Gilbert, „Alles ist eitel“, ca. 1920

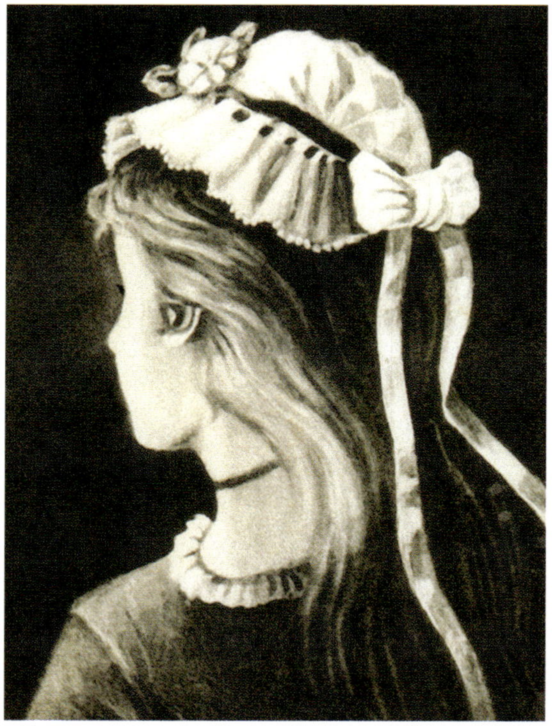

Anonym, „Junge Frau/Alte Frau“, deutsche Postkarte, 1880

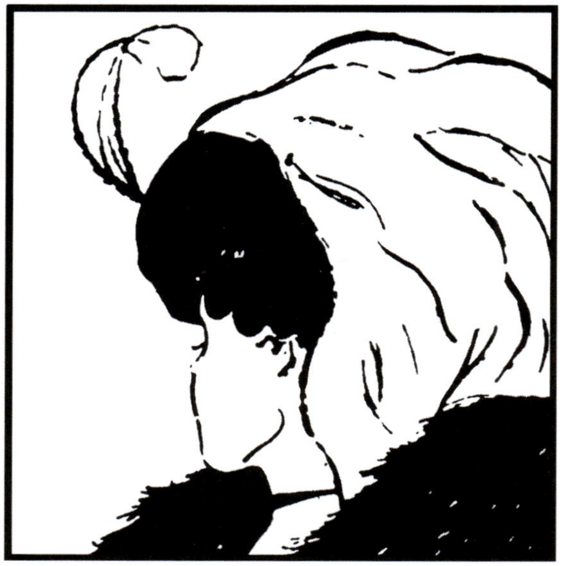

Edwund Boring, „Sie sehen meine Frau und meine Schwiegermutter“, auch bekannt als „Boring-Figur“, 1941

wurden. Eines der bekanntesten und am häufigsten kopierten Motive zeigt ein Paar und einen verborgenen Totenschädel, wie „L'Amour de Pierrot“, eine anonyme französische Postkarte um 1905 (bereits von früheren Versionen adaptiert); sie wurde ihrerseits von Charles E. Gilbert (1893–1929), einem amerikanischen Zeitschriftenillustrator, verändert, der die vermutlich bekannteste Version „Alles ist vergänglich“ schuf (um 1920).

Viele populäre Motive aus dem 19. Jahrhundert enthalten doppeldeutige Bilder. Zwei der berühmtesten sind „Junge Frau/Alte Frau“, aus dem der Psychologe Edwund Boring später das klassische „Hier sehen Sie meine Frau und meine Schwiegermutter“ machte, auch bekannt als die „Boring-Figur“.

Der dänische Gestaltpsychologe Edgar Rubin adaptierte eine amerikanische Rätselkarte aus dem 19. Jahrhundert zur Rubin'schen Kelch/Gesichter-Täuschung. Diese beiden beliebten doppeldeutigen Darstellungen sieht man in Psychologiebüchern sehr häufig.

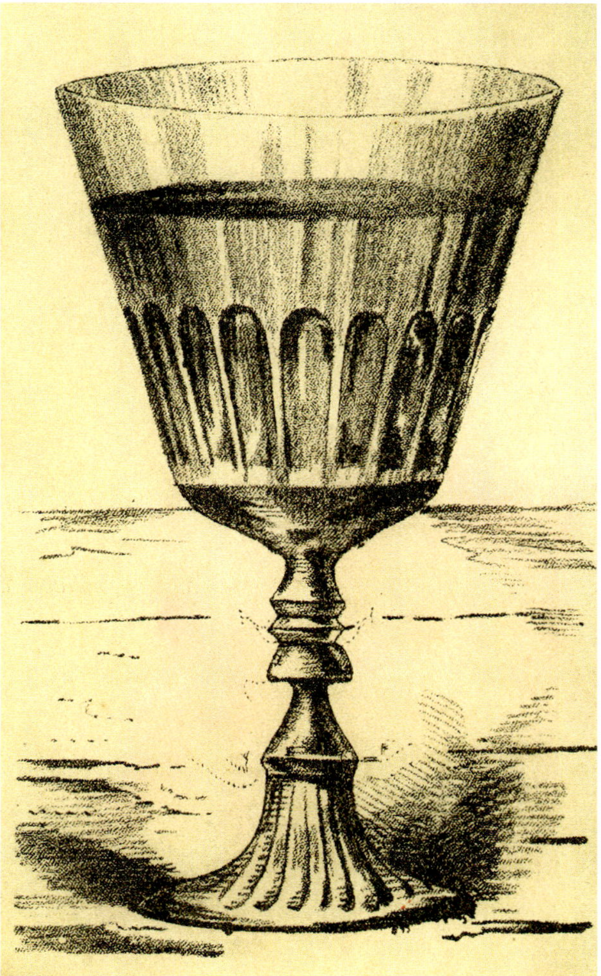

ANONYM: „VERBORGENE GESICHTER UND KELCH“, AMERIKAN. RÄTSELKARTE, 1880

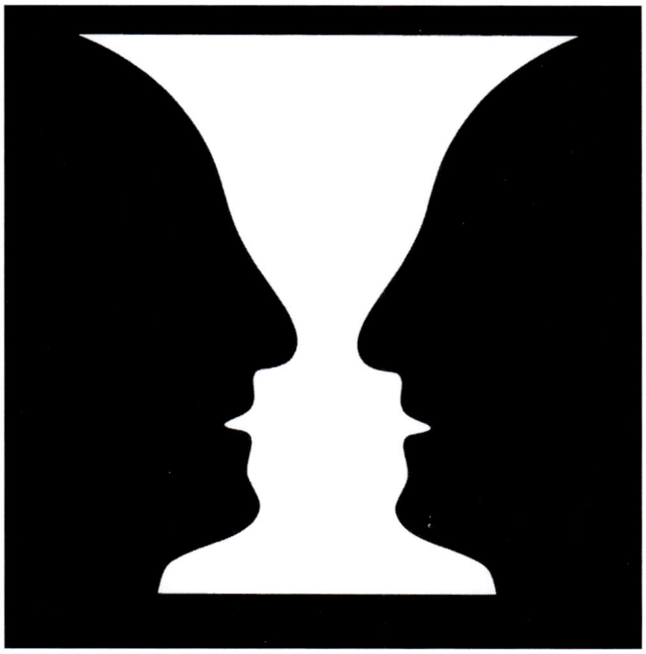

EDGAR RUBIN, „VERBORGENE GESICHTER UND KELCH“, 1915

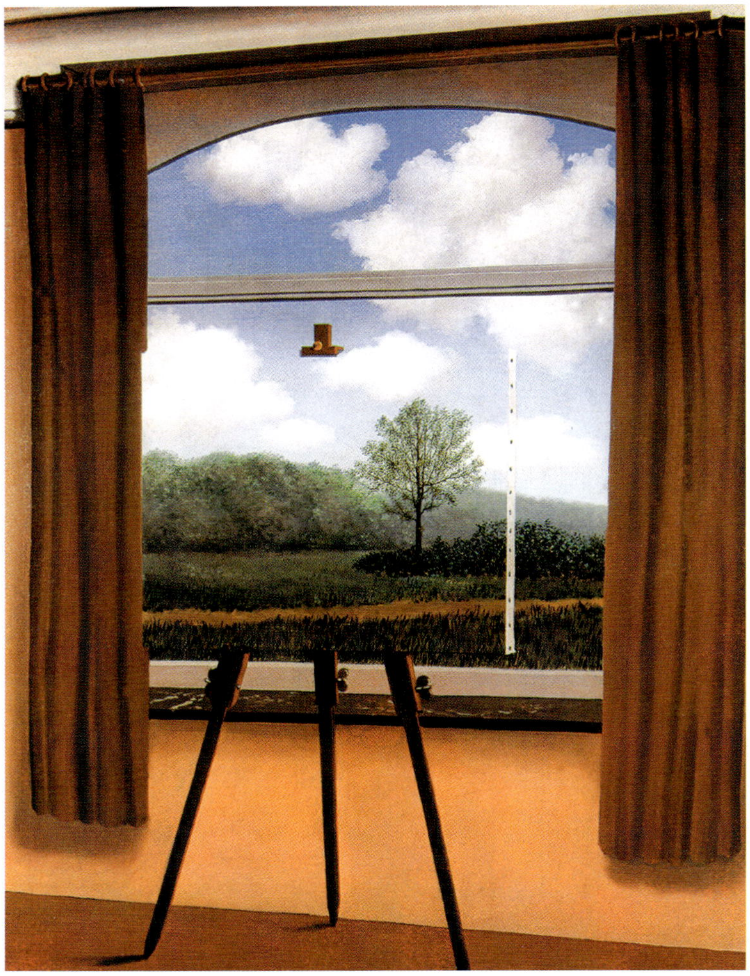

René Magritte, „Die Beschaffenheit des Menschen“, Öl auf Leinwand, 1934

Einen künstlerischen Höhepunkt erreichten mehrdeutige Bilder, die die Wahrnehmung verdeutlichen, mit dem Werk „Die Beschaffenheit des Menschen 1“ des belgischen Surrealisten René Magritte. Damit wollte Magritte den Unterschied zwischen realem Objekt, seinem geistigen Abbild und dessen gemalter Form ausdrücken.

In den 1960er-Jahren wurde der Begriff Optical Art oder Op Art geprägt, um die Werke einer wachsenden Bewegung abstrakter Maler zu umschreiben, allen voran Victor Vasarely und Bridget Riley. Op Art ist mathematisch-formal orientiert und meist abstrakt; einfache Formen und Farben werden wiederholt, um schwingende Effekte, Moirémuster, übertriebene Tiefe, Vordergrund/Hintergrund-Illusionen und andere optische Phänomene darzustellen. Die Regeln, nach denen das Auge einem Bild Sinn gibt, sind selbst Thema von Op Art.

Die meisten Menschen denken bei optischen Täuschungen sofort an den niederländischen Grafiker M. C. Escher (siehe Kapitel 5). Paradoxerweise kennen viele seinen Namen, jedoch nicht seine Werke. Die Ausstellung „M. C. Escher: A Centennial Tribute“ in der National Gallery of Art in Washington, D. C., zog 1998 Rekordbesucherzahlen an; 364.000 Menschen besuchten die Ausstellung, mehr als jede andere Grafikausstellung zuvor.

Trotzdem wird Escher von Kunsthistorikern und Kritikern kurzerhand abgetan und scheint nicht mehr als eine Fußnote in Kunstgeschichtebüchern wert. In Museumsbuchhandlungen werden Sie zum Beispiel hunderte Bände über unbedeutende und bekannte Künstler jeder Art finden, doch kaum ein Buch über Eschers Werk. Das stellte einen Affront für jene Millionen Menschen dar – vor allem die wissenschaftlich interessierten –, die sich von seinen Werken angezogen fühlen und von der Art und Weise, wie er die Schönheiten der Mathematik einfängt und sie sprechen lässt. Sie sind der Ansicht, dass die Kunstszene die „hohen“ intellektuellen Konzepte, die Escher darstellt, nicht versteht und ihn deshalb gering schätzt. Tatsächlich hat die Kunstszene Escher aus verschiedenen Gründen ignoriert. Allem voran war Escher ein Grafiker, er schuf keine neuen Methoden für die bildliche Darstellung. Mit wenigen Ausnahmen, wie etwa Albrecht Dürer, ist es Grafikern nie gelungen, denselben Status zu erlangen wie Maler.

Es wurde oft behauptet, dass Eschers Werk eher für Wissenschafter und Mathematiker interessant ist als für Kunstliebhaber und dass die Basis für seine Untersuchungen zur Funktion von Kunst und Design die Mathematik oder gar die Kristallografie sei – weit entfernt von Ästhetik. Gestalt und Form dominierten seine Werke ebenso wie Konzepte, nicht aber ästhetische Erwägungen. Kunstkritiker gestehen ihm eine gewisse „Klugheit" zu, doch diese wäre nicht genug. Kluge Ideen waren kaum jemals Ziel der Kunst; schließlich transportiert Vermeers Gemälde mit dem hübschen Mädchen in der Gondel keine „große Idee". Es war die Art und Weise, wie Vermeer Licht und Farbe eingesetzt hat, die ihn zu einem großen Künstler machte. Das soll nicht heißen, dass künstlerische Strömungen nicht auch abstrakte Ideen ausdrücken können (Surrealismus und Expressionismus etwa tun das), doch man legte Wert auf ästhetische Kriterien, was Escher kaum tat. Escher war sich dieser Kritik wohl bewusst, doch er ließ sich nicht davon stören. Er sah, dass die Fans seiner Bilder nicht die üblichen (oder gar keine) Kunstinteressierten waren. Mit seinen Worten: „Obwohl ich weder über Übung noch Wissen verfüge, scheine ich oft mehr mit Mathematikern gemeinsam zu haben als mit meinen Künstlerkollegen."

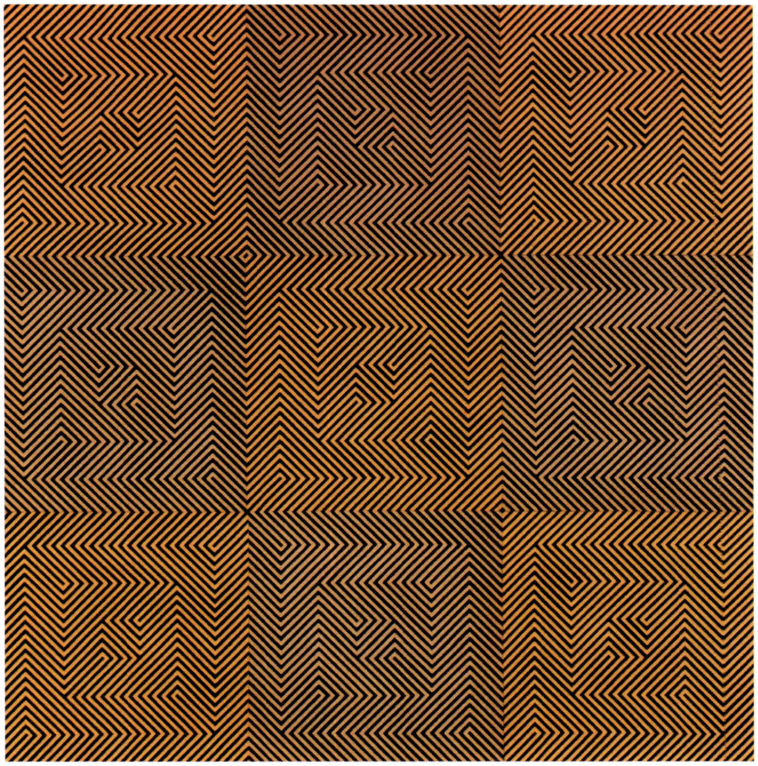

REGINALD NEAL, „DREIFACHES QUADRAT"
ORIGINALLITHOGRAFIE, 1965

Der Amerikaner Reginald Neal war ein typischer Vertreter der Op Art der 1960er-Jahre. Deren Werke schienen zu vibrieren oder zu flackern.

Trotzdem haben auch Escher-Fans Recht: Vielleicht wären die raffinierten mathematischen Schönheiten ohne ihn verborgen geblieben; deshalb verdienen er und seine intellektuellen und künstlerischen Erben sehr wohl eine Nische in der Welt der Kunst. Menschen wie wir, die Eschers Talent lieben, verstehen und schätzen, werden sich durch Werke dieser Art ohnehin angesprochen fühlen.

In jüngster Zeit gibt es immer mehr Künstler, Illustratoren und Designer, die absichtlich optische Täuschungen und visuelle Tricks in ihre Werke integrieren, um Überraschung, Freude oder gar Gelächter auszulösen.

In gewisser Weise können viele zeitgenössischen Künstler in diesem Buch als Eschers künstlerische Erben gelten, auch wenn sich viele ihrer Arbeiten in Stil, Konzeption, Stimmung und Darstellung stark von seinen unterscheiden. Viele wurden direkt von Eschers Werken inspiriert und wollten etwas in dieser Art, jedoch mit ihrem eigenen Zugang, kreieren. Im vorliegenden Band werden diese Künstler erstmals gemeinsam präsentiert und viele Werke werden hier erstmals abgebildet.

Es gibt rund hundert prominente Künstler in aller Welt, die Kunst mit optischen Täuschungen kreieren, doch diese Zahl überschreitet den Rahmen dieses Buches – es gibt einfach zu viel Material. Die Entscheidung, welche Künstler in das Buch aufgenommen werden sollten, war bei manchen nahe liegend, doch bei vielen war es schwierig. Zunächst versuchten wir, Künstler auszuwählen, deren Werk in einem bestimmten Bereich der Kunst– etwa unmögliche Figuren, zusammengesetzte Porträts, Anamorphosen, *Trompe l'oeil* – das originellste und innovativste war.

Danach beschränkten wir uns auf Künstler, deren Arbeiten in gedruckter Form Eindruck machten. Das tat uns besonders Leid, denn wir mussten einige außergewöhnliche Illusionskünstler (Patrick Hughes, Ludwig Wilding, Gregory Barsimian, Bill Bell, Rufus Seder, um nur einige zu nennen) ausschließen, weil die Kraft ihrer Arbeiten auf einem Blatt Papier nicht zum Ausdruck kommt. Vielleicht finden Sie gegenständliche Beispiele für ihre Arbeiten, wenn Sie sich näher dafür interessieren.

Einige der hier abgebildeten Werke kommen am besten bei einer dynamischen Betrachtungsweise zur Geltung. Damit Sie deren überraschende und beeindruckende Wirkung erleben können, haben wir eine Website eingerichtet (http://neuro.caltech.edu/~seckel/mod/), auf der Sie jene Werke betrachten können, bei denen Bewegung oder ein ständig sich ändernder Blickwinkel erforderlich ist. Auf zusätzliche Werke wird im Text hingewiesen. Außerdem finden Sie dort Interviews mit vielen der hier präsentierten Künstler, sodass das Buch durch diese Website gut ergänzt wird.

Bei unserer Arbeit unterstützten uns die noch lebenden Künstlern großzügig mit Zeit, Material und Informationen, sodass wir ihr Werk im besten Licht präsentieren können. Außerdem danken wir Scot Morris für wertvolle Kommentare und Vorschläge, Mark Setteducati, Keith Kay, Martin Garner, Ken Rosenthal und Doris Schattschneider für die Versorgung mit wichtigem Quellenmaterial, ebenso den GrafikkünstlerInnen Alice Klarke und Andish Martensson. Außerdem war es uns ein großes Vergnügen, mit den Herausgebern bei Sterling zusammenzuarbeiten: Rodman Pilgrim Neumann, Peter Gordon, Lisa Smith und Tamias ben-Magid.

Wir hoffen, dass dieses Buch Ihr Interesse für das Werk höchst kreativer und kluger Talente weckt und zukünftige Generationen von Künstlern, Illustratoren und Grafikern zu Illusionskunst inspiriert. Es soll keine hochtrabende Abhandlung über Kunst, Design oder gar Ästhetik sein, sondern eine vergnüglich unterhaltende Einführung in die Kunst der Illusionen für Jung und Alt.

—Al Seckel
Koch and Shimojo Laboratories
California Institute of Technology

KAPITEL I

Giuseppe Arcimboldo

(1527–1593)

Zusammengesetzte Porträts

DER ITALIENISCHE KÜNSTLER GIUSEPPE ARCIMBOLDO, der im 16. Jahrhundert lebte, ist ohne Zweifel einer der bizarrsten und auffälligsten Maler in der Geschichte der westlichen Kunst. Seinen Ruf erlangte er durch mehrere zusammengesetzte Porträts, die aus verschiedenen Objekten, sowohl natürlichen als auch künstlichen, bestehen. Obwohl er zu Lebzeiten sehr bekannt war und unzählige weniger begabte Nachahmer fand, geriet er nach seinem Tod bald in Vergessenheit und wurde erst gegen Ende des 19. Jahrhunderts wiederentdeckt. In der Folge übte er auf den aufkommenden Surrealismus etwa eines Salvador Dalí großen Einfluss aus.

Arcimboldo wurde 1527 in Mailand in eine sehr angesehene und mächtige Familie geboren. Sein Vater Biagio war ein anerkannter Maler und später arbeiteten sie zeitweise sogar künstlerisch zusammen. Arcimboldo studierte Kunst bei einigen der berühmtesten Schüler von Leonardo da Vinci und debütierte als Künstler im Alter von 22 Jahren. Vermutlich aufgrund seiner familiären Verbindungen fand er rasch Arbeit; er entwarf Buntglasfenster für den Mailänder Dom und Wandteppiche für die Kathedrale in Como. Er dekorierte sogar Orgelgehäuse. Doch keines seiner Werke ließ auf die bizarre Originalität schließen, die er später entwickeln sollte.

1562 wurde er Hofmaler des Habsburgerkaisers Ferdinand I. und lebte kurz in Wien. Danach zog er nach Prag. Am Hof gehörte es zu seinen Aufgaben, Porträts zu malen, den unermesslichen Kunstreichtum des Kaisers zu katalogisieren sowie Feste für den Kaiser zu planen und zu gestalten. Er war so etwas wie der kaiserliche Showmaster. Er ahnte noch nicht, dass er mehr als 25 Jahre bleiben würde, um drei Generationen von Kaisern und Königen zu dienen. In dieser Zeit begann er mit seinen bizarren Porträts, wobei er mehrere Serien den vier Jahreszeiten und den vier Elementen der Natur widmete. Diese komplexen Gemälde wiesen symbolische Bezüge zu Ereignissen dieser Zeit und habsburgischen Bestrebungen auf. Jedes Tier symbolisierte eine menschliche Tugend. Der Löwe zum Beispiel ist das Zeichen des Königs von Böhmen, der zweiköpfige Adler ist ein Symbol für das Heilige Römische Reich und der Widder für das Goldene Vlies. Offiziell präsentierte er seine zusammengesetzten Bilderserien Kaiser Maximilian II. am Neujahrstag 1569. Viele davon waren recht beliebt und er wiederholte sie später mit kleinen Abweichungen.

Zeitdokumente bezeugen, dass seine Kunst sowohl bei den Monarchen als auch bei seinen Zeitgenossen recht beliebt war. Ohne Zweifel malte er zwischen 1562 und 1593 sehr viele Bilder, doch leider sind davon nur wenige erhalten. Einige wurden offensichtlich durch den Brand während der Belagerung von Prag 1648 zerstört, andere wurden von den Schweden als Kriegsbeute mitgenommen.

1593 starb Arcimboldo friedlich, ein Jahr nachdem er sein Meisterwerk geschaffen hatte – ein Porträt des Heiligen Römischen Kaisers Rudolf II., der ihn als Dank für seine treuen Dienste mitsamt seiner Familie in den Adelsstand erheben ließ.

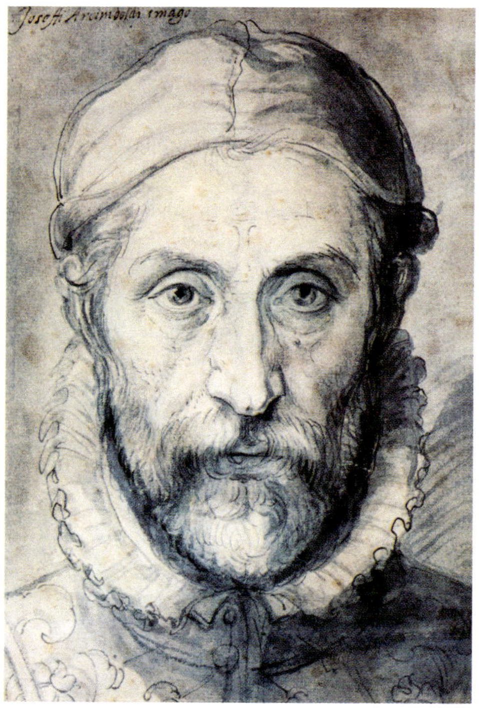

„Selbstporträt“, blaue Federzeichnung, ca. 1575

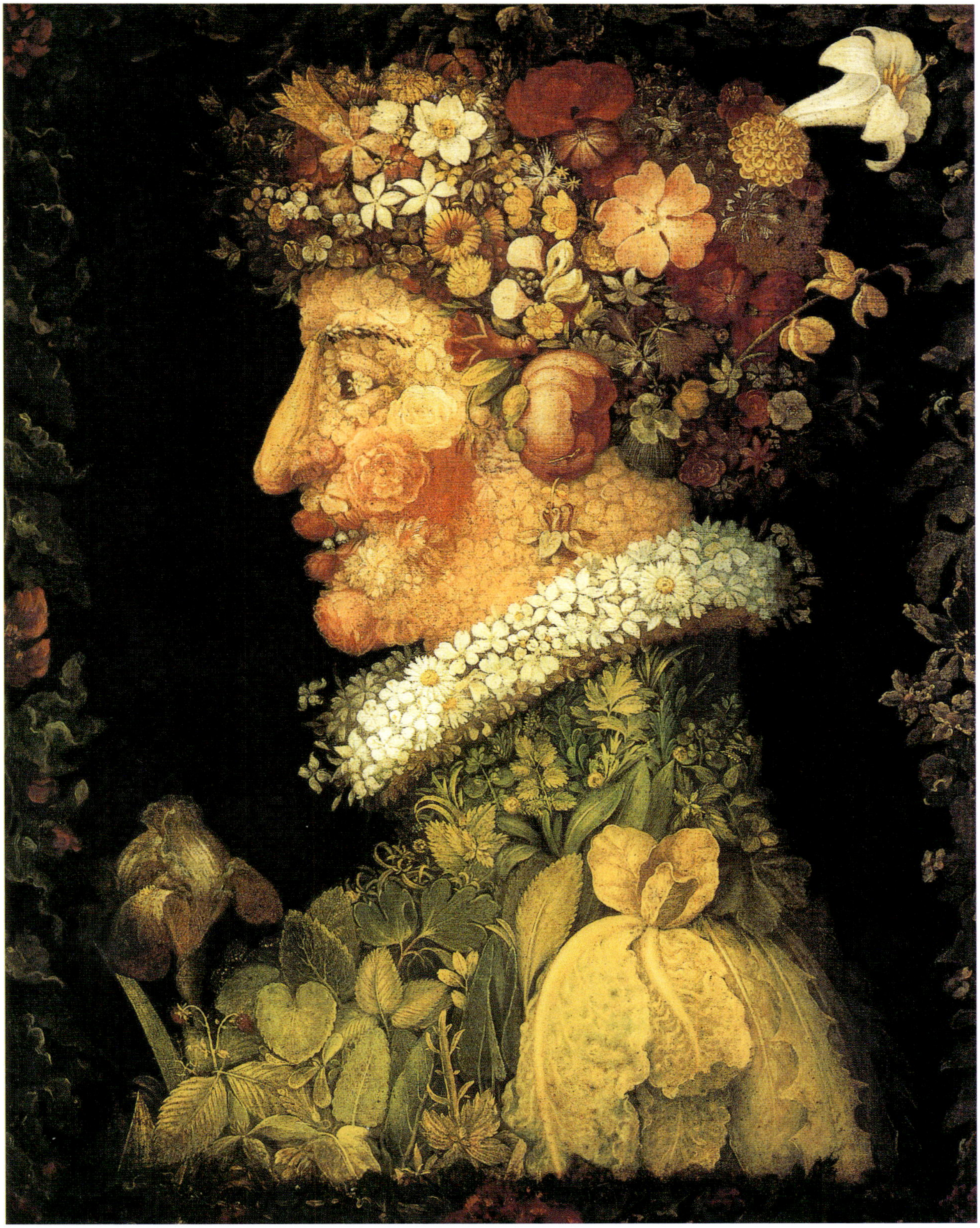

„Frühling“, Öl auf Leinwand, 1573, 76 × 63,5 cm

Dies ist das erste in einer Serie von Porträts, die den Jahreszeiten gewidmet sind. Auf jedem Gemälde finden sich passende saisonale Früchte und Objekte. Jede Frucht hat einzigartige Merkmale, eine Bedeutung und einen Zweck als Element des Kaiserreiches. Zehn Jahre zuvor schuf Arcimboldo eine sehr ähnliche Serie von Jahreszeitenporträts, also war dieses Motiv zu seiner Zeit vermutlich sehr beliebt.

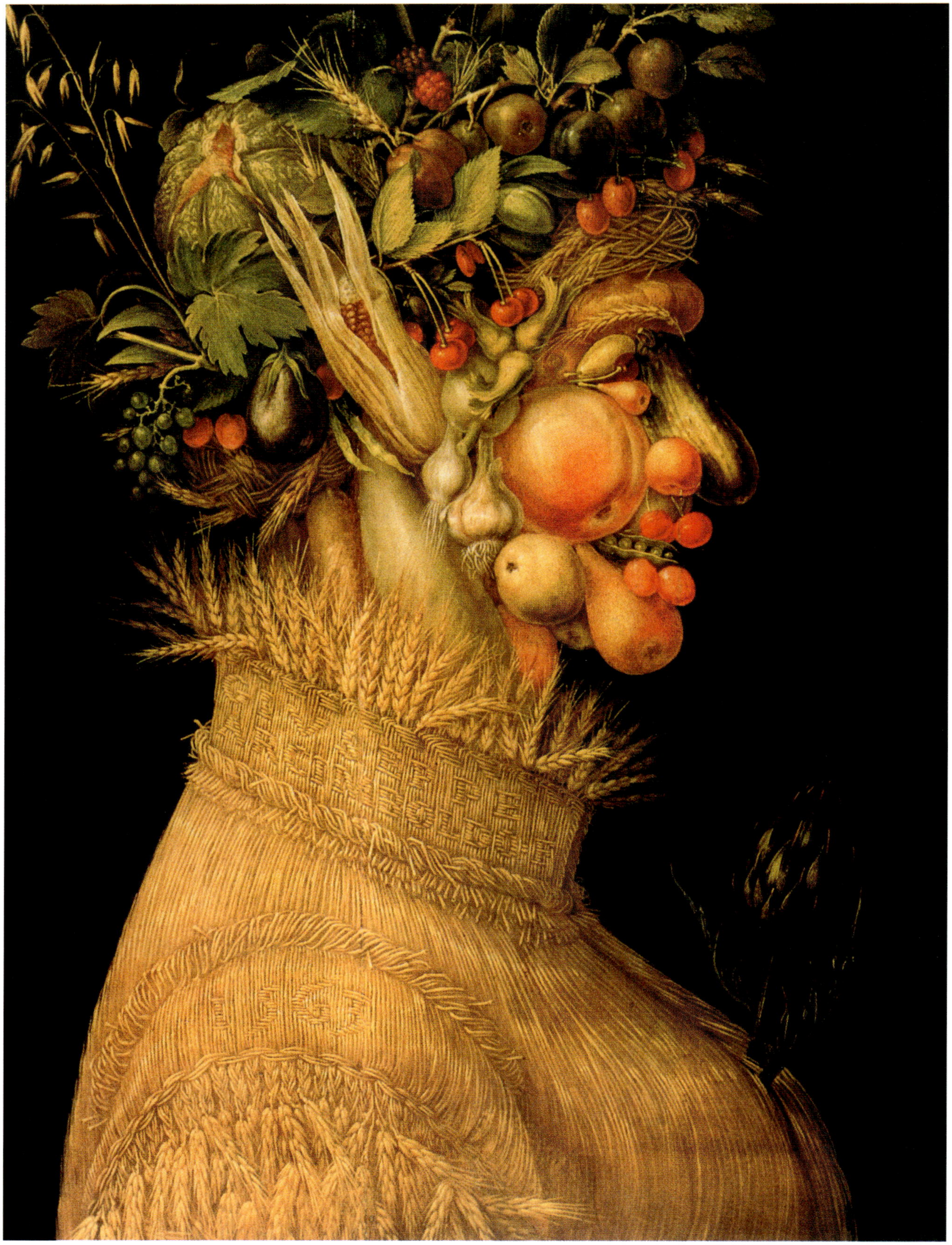

„Sommer“, Öl auf Leinwand, 1573, 76 × 63,5 cm

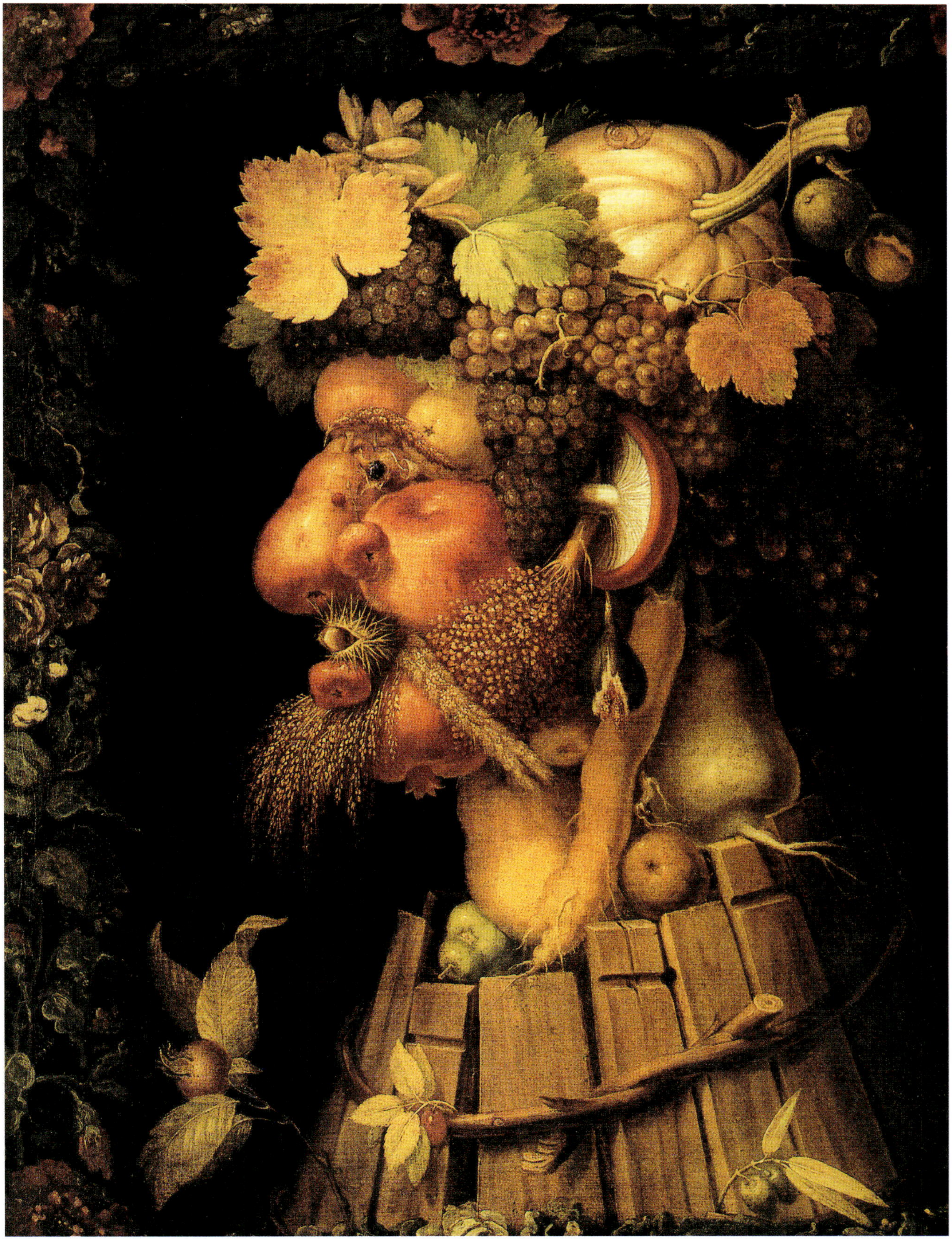

„Herbst“, Öl auf Leinwand, 1573, 76 × 63,5 cm

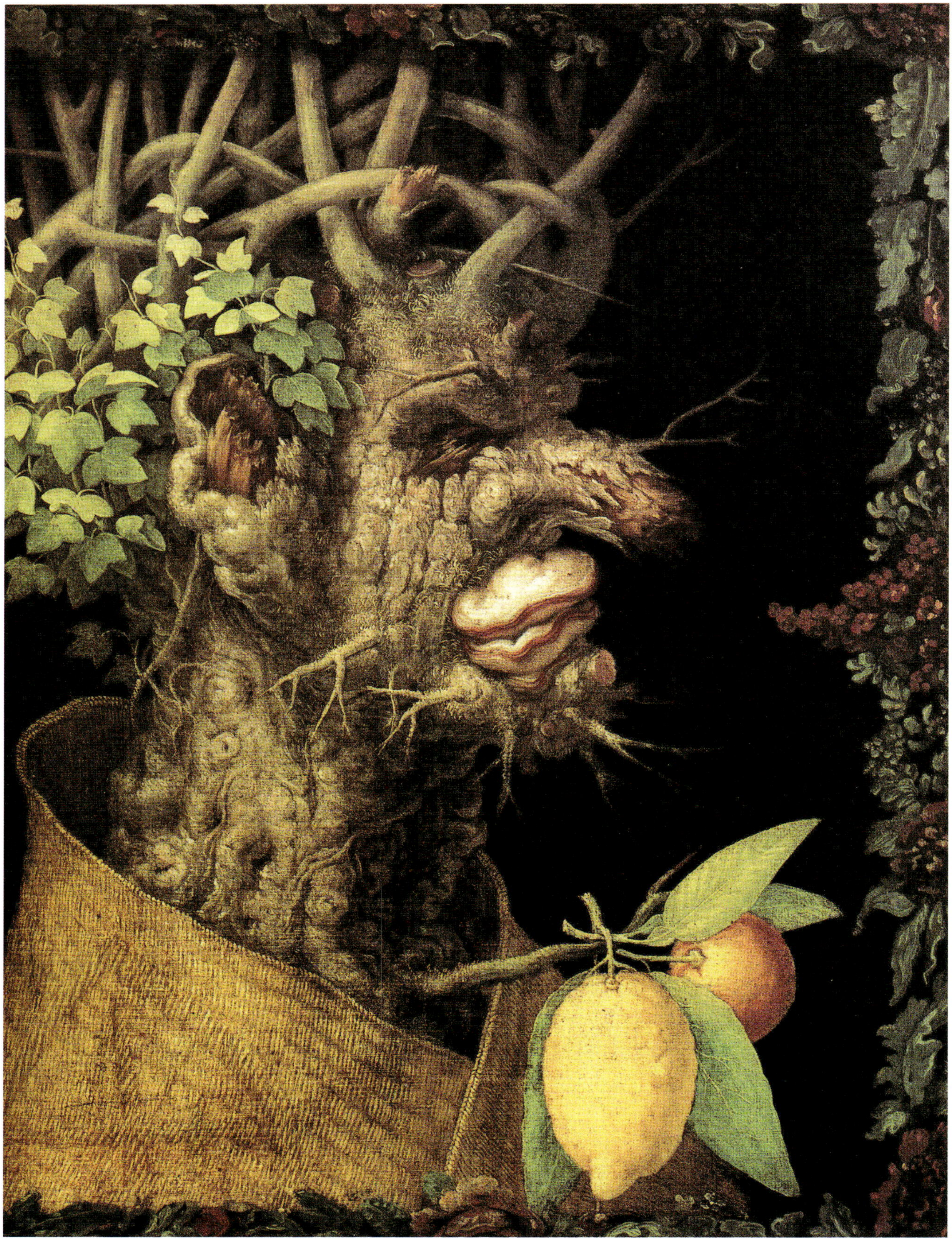

„Winter“, Öl auf Leinwand, 1573, 67 × 51 cm

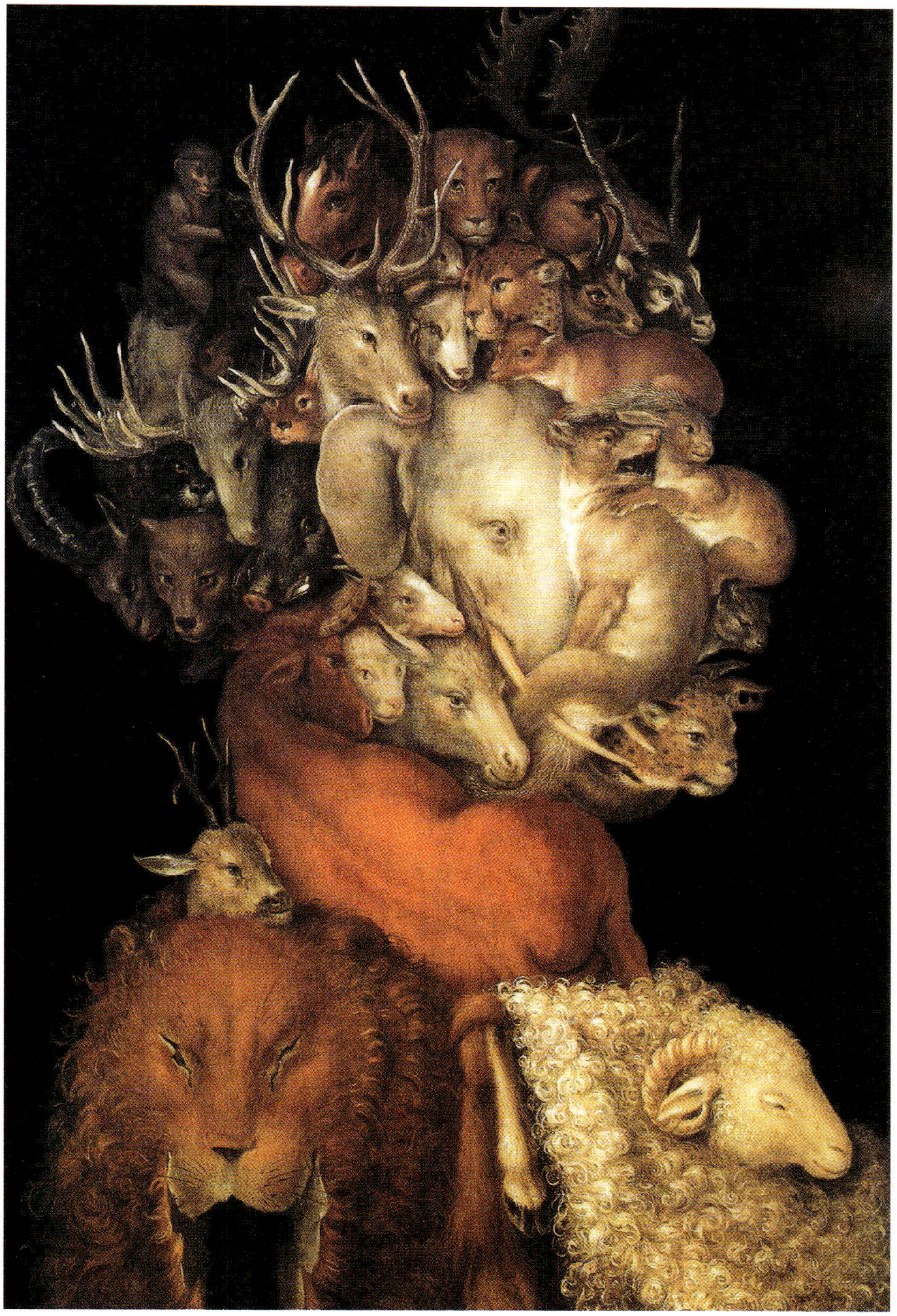

„Erde“, Öl auf Tafel, ca. 1570, 70 × 48,5 cm

Diese Porträtserie ist den vier Elementen der Natur nach Aristoteles gewidmet (Erde, Luft, Feuer, Wasser).

Die große Zahl an Tieren ist schier unglaublich; jedes symbolisiert eine menschliche Tugend, die Arcimboldo in seine Porträts einarbeitete. Auf der Stirn sieht man eine indische Gazelle, ein Rehkitz, einen Leoparden, einen Hund, einen Damhirsch, einen Hirsch und die große Bestie. Der Steinbock, ein Tier aus den Tiroler Bergen, befindet sich im Nacken, gleich neben dem Rhinozeros, dem Maultier, dem Affen, dem Bären und dem Keiler. Über der Stirn sind ein Elch, eine Löwin und ein Pferd zu sehen. Die gehörnten Tiere bilden eine königliche Krone um die Stirn. Die Wange wird teilweise von einem Elefanten eingenommen. Unterhalb davon befindet sich ein Esel, der den Kiefer abschließt. Der vordere Teil der Wange besteht aus einem Wolf mit offenem Maul, der ein Kaninchen fängt. Der Löwe ist das Zeichen des Königs von Böhmen und der Widder das des Goldenen Vlies’.

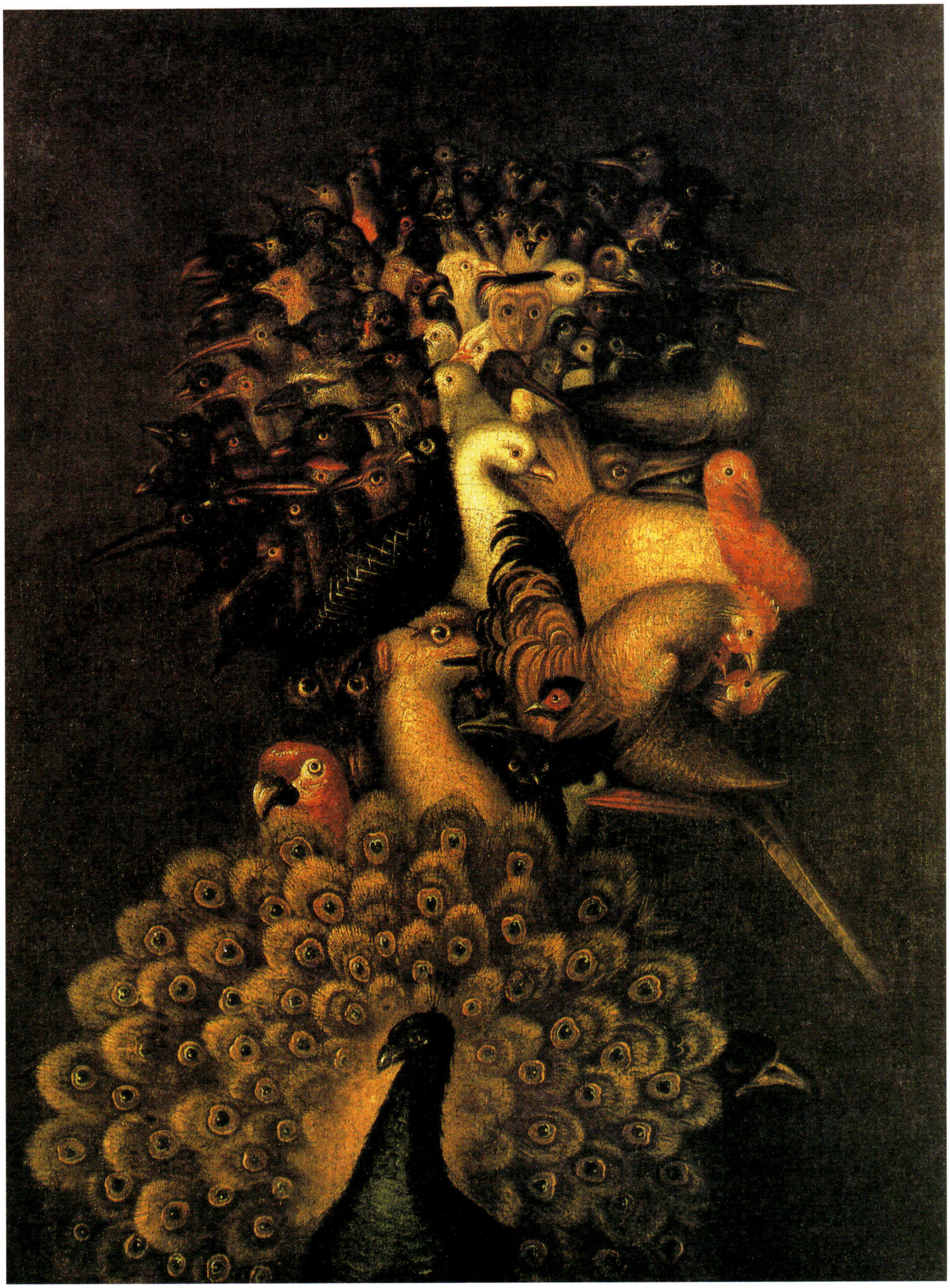

„Luft", Öl auf Leinwand, 1566, 74,5 × 56 cm

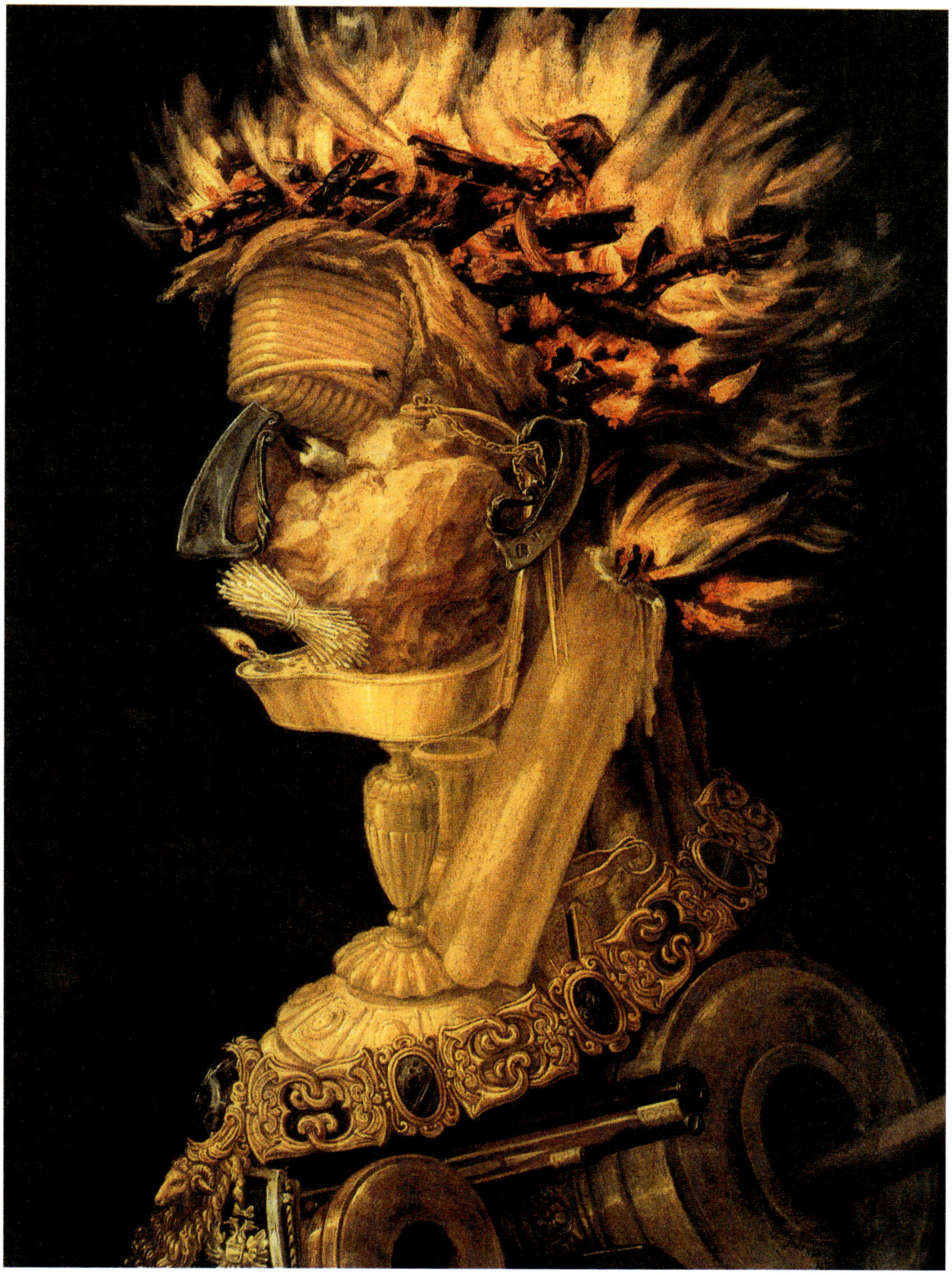

„Feuer", Öl auf Tafel, 1566, 67 × 51 cm

Dieses komplexe allegorische Gemälde enthält eine Anspielung auf den Krieg zwischen Österreich und den Türken, der sich 1566, als dieses Werk entstand, stark intensiviert hatte. Maximilian hatte seiner mächtigen Armee Befehl gegeben, die Grenzen seines Reiches gegen die Angriffe türkischer Truppen unter der Führung von Suleiman dem Prächtigen zu verteidigen.

Das Bild zeigt zum Feuermachen benötigte Utensilien (Zange, Lunte, Kerzen und Feuersteine). Ebenso enthalten sind Feuerwaffen (eine Pistole, eine kleine Kanone und ein Mörser für Schießpulver) und Symbole des Heiligen Römischen Reiches (der zweiköpfige Adler und das Goldene Vlies, das im Nacken hängt).

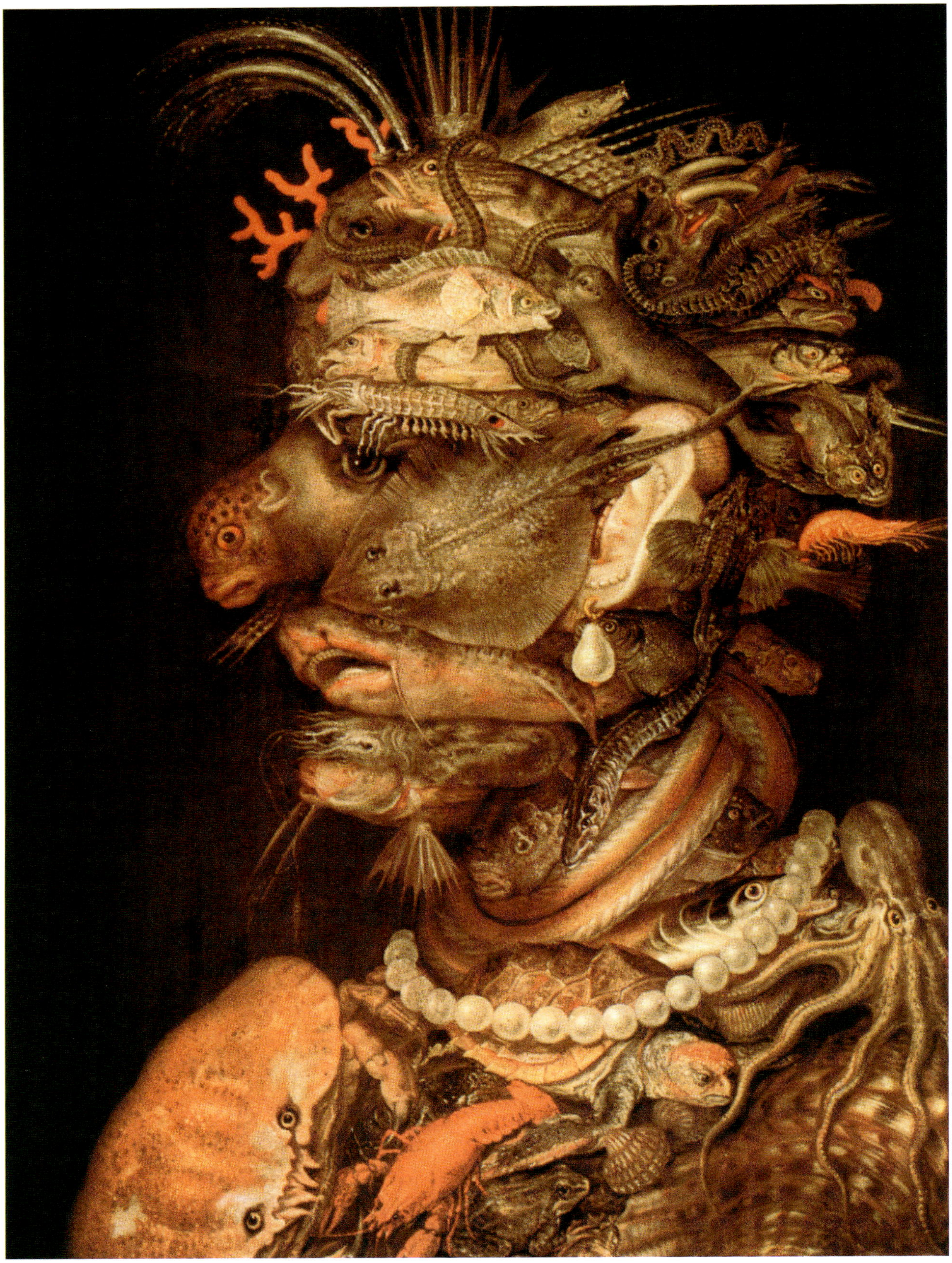

„Wasser", Öl auf Tafel, 1566, 67 × 51 cm

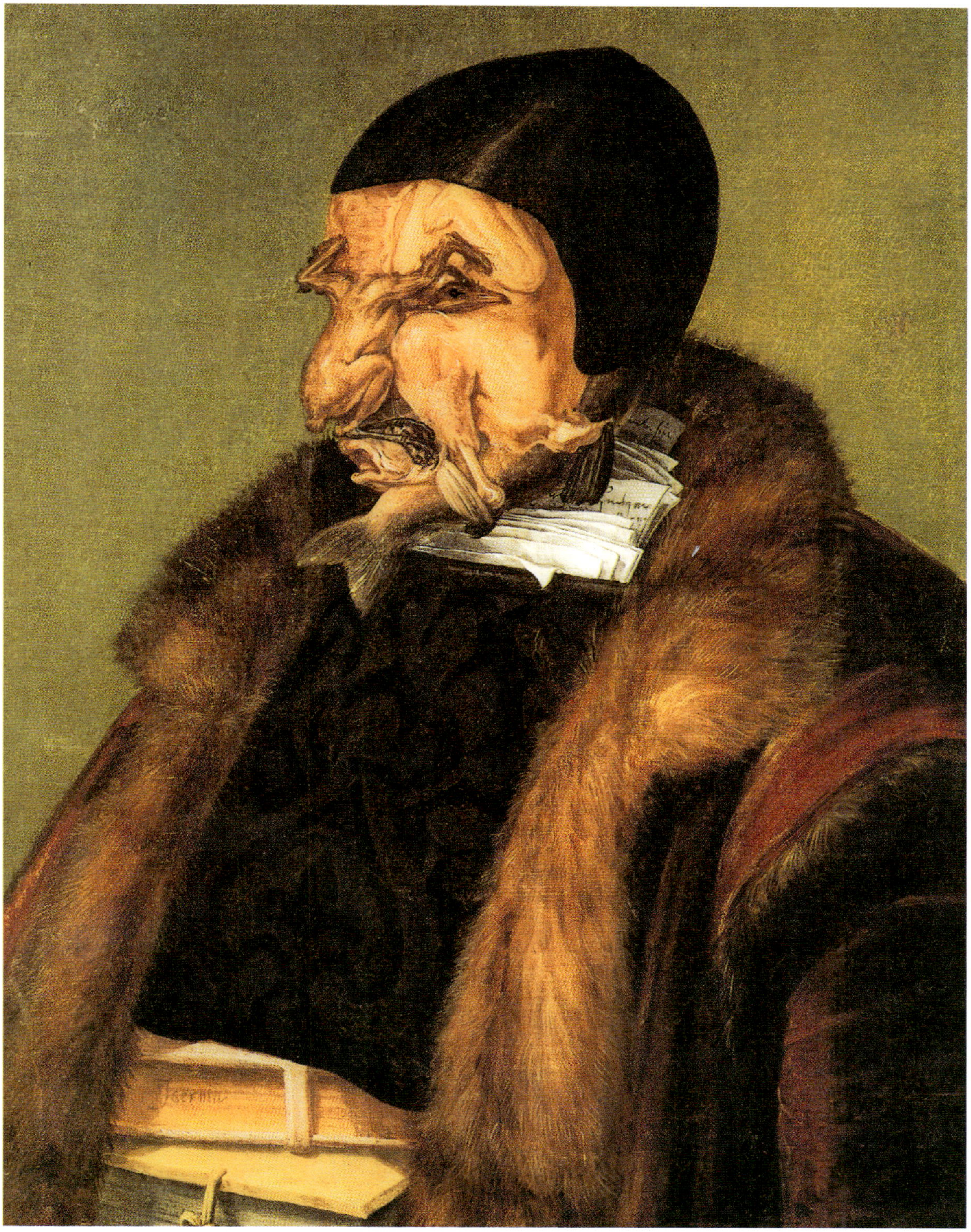

„Der Jurist", Öl auf Leinwand, ca. 1566, 64 × 51 cm

Motiv dieses Porträts war der kaiserliche Vizekanzler Johann Ulrich Zasius, einer der engsten Berater Maximilians II. Ein Zeitgenosse schrieb: „Am lächerlichsten war das Porträt, das er auf Geheiß Kaiser Maximilians von einem gewissen Doktor anfertigte, dessen Gesicht von der Franzosenkrankheit entstellt war und auf dessen Kinn nur mehr ein paar klägliche Haare sprießten. Er porträtierte ihn aus verschiedenen gegrillten Tieren und Fischen, und das tat er so gut, dass jeder sofort erkannte, dass dies das wahre Abbild eines guten Juristen darstellte. Welches Vergnügen es dem Kaiser bereitete und welches Gelächter es am Hof auslöste, davon brauche ich wohl nicht zu erzählen."

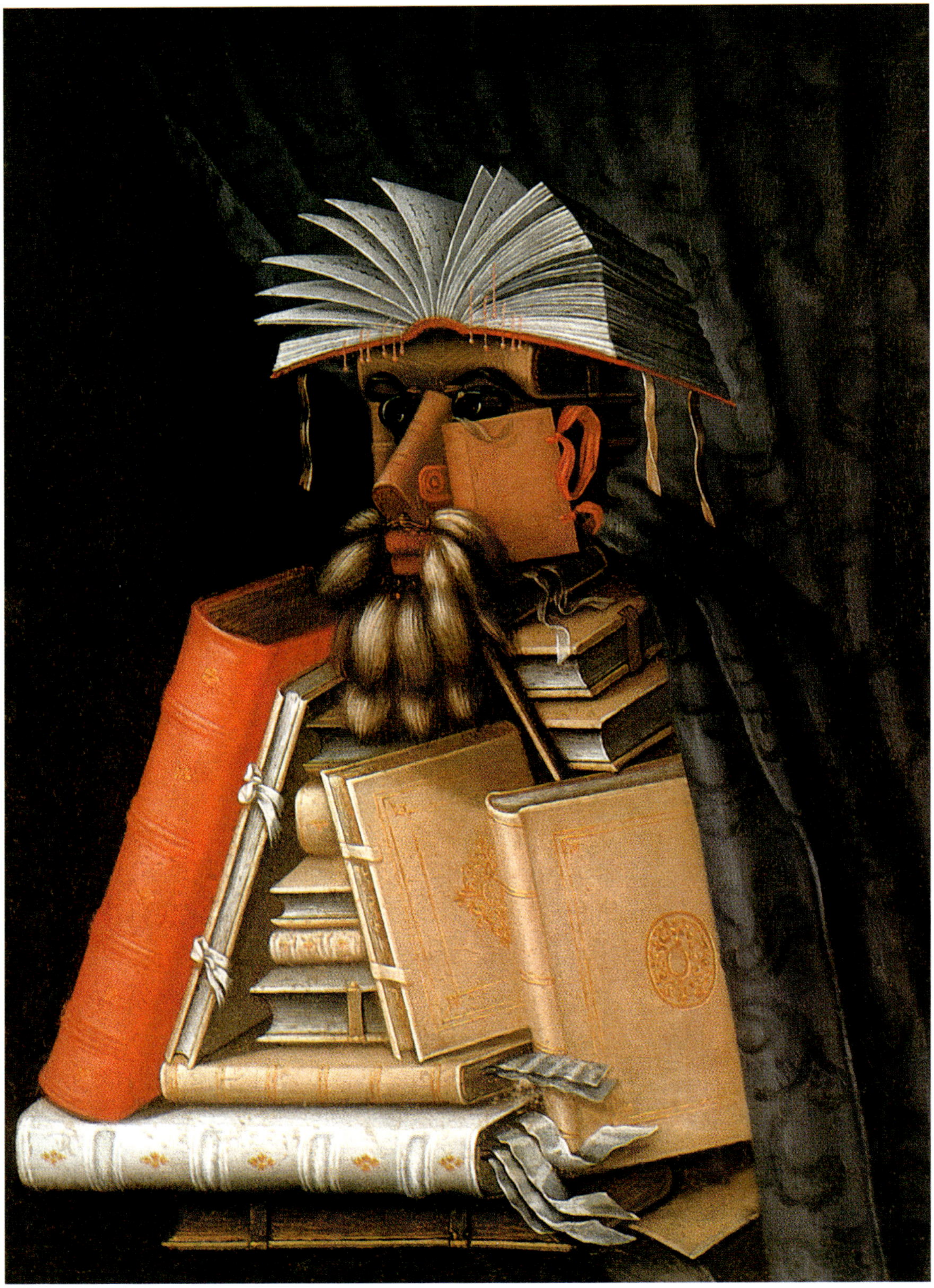

„DER BIBLIOTHEKAR", ÖL AUF LEINWAND, 1566, 97 × 71 CM

Dies ist Arcimboldos Karikatur des kaiserlichen Geschichtsschreibers und Bibliothekars Wolfgang Lazio (1514–1565), einem Numismatiker und bekannten Bücherliebhaber. Dieses Porträt konstruierte Arcimboldo aus Büchern, wie etwa beim Kopf und bei der Nase, sowie einem offenen Buch obenauf. Bücherstützen bilden die Augen, schwere Folianten den Torso.

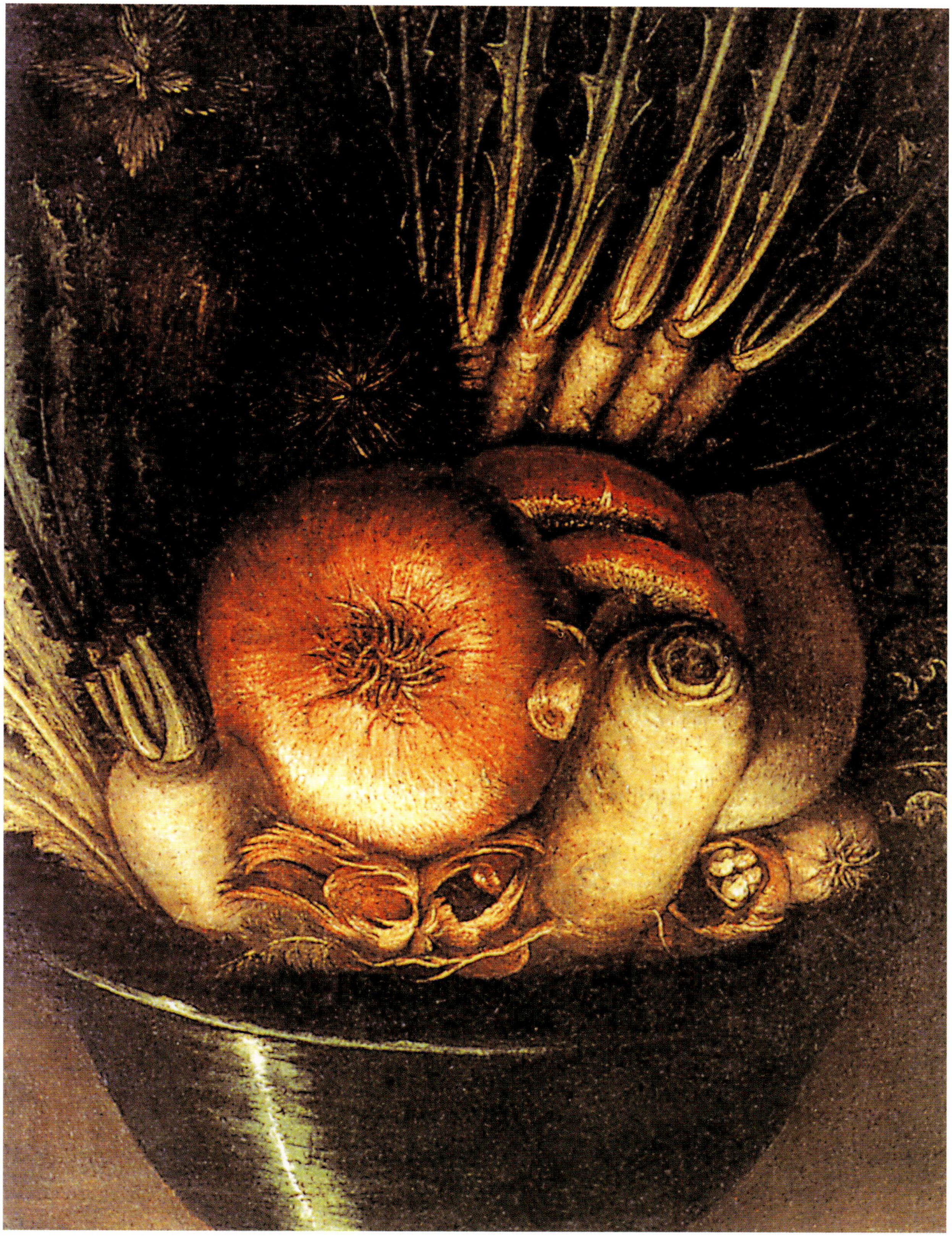

„Der Gemüsegärtner", Öl auf Tafel, ca. 1590, 35 × 24 cm

Dies ist Arcimboldos zweites Kopfüber-Porträt. Wenn man die Schüssel mit den Rüben umdreht, sieht man einen Gemüsegärtner. 20 Jahre zuvor fertigte Arcimboldo ein ähnliches Porträt von einem Koch an. Kopfüber-Porträts waren damals sehr beliebt auf Münzen, mit denen man sich über den Papst lustig machte, der sich beim Umdrehen in einen Teufel verwandelte.

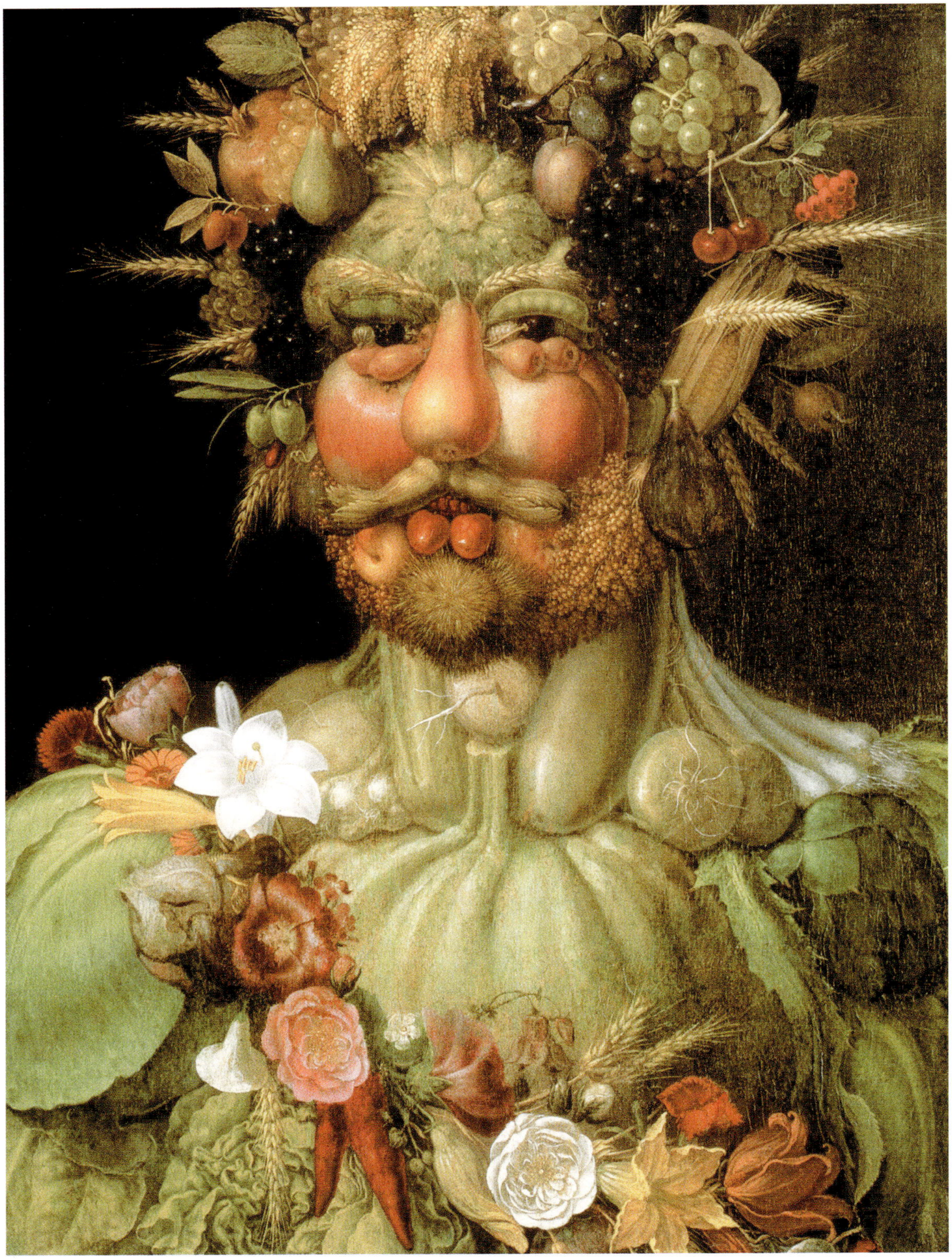

„VERTUMNUS“, ÖL AUF HOLZ, CA. 1590–1591, 71 × 57,5 CM

Dieses Gemälde halten viele für Arcimboldos Meisterwerk der fantastischen Porträtkunst. Es ist ein allegorisches Porträt seines Herrn Rudolfs II. als römischer Gott der Metamorphose in Natur und Leben. Rudolfs Gesicht besteht aus Obst und Blumen, was das perfekte Gleichgewicht und die Harmonie zwischen Natur und Mensch symbolisiert, für die seine Herrschaft steht. Alle schätzten dieses Werk, besonders Rudolf II., der Arcimboldo nach der Fertigstellung des Bildes einen der höchsten Orden verlieh.

KAPITEL 2

Salvador Dalí

(1904–1989)

Visuelle Überraschung

DER GROSSE SPANISCHE SURREALIST SALVADOR DALÍ war von optischen Tricks und Täuschungen fasziniert. Während seiner illustren und exzentrischen Karriere experimentierte er mit verborgenen Bildern, deren Bedeutung auf mehrere Arten wahrgenommen werden konnte. Zwischen 1929 und 1940 schuf Dalí 33 Skizzen und Gemälde mehrdeutiger Art. Solche Bilder und das Element der Überraschung waren für den Surrealismus kennzeichnend.

Dalí meinte, dass er zu seinen doppeldeutigen Bildern durch ein Gespräch mit einem Künstlerkollegen über Giuseppe Arcimboldos Porträts inspiriert wurde. Dalí behauptete, seine „paranoiden" Bilder würden eine gewisse Verwandtschaft mit Arcimboldos Technik, Bilder mit doppelter Bedeutung zu schaffen, aufweisen. Doch ein Vergleich der beiden zeigt Unterschiede in Technik und Komposition. Zu Arcimboldos Technik gehörte die klare Definition von Merkmalen. Dalí hingegen setzte hauptsächlich Figur/Hintergrund-Umkehrungen ein, wie sie von den frühen Gestaltpsychologen verbreitet wurden, die sie in ihre Theorie des Denkens und der Wahrnehmung integrierten.

Neben den doppeldeutigen Bildern interessierte sich Dalí stark für kompliziertere Illusionen, in denen unter anderem ungewöhnliche Eigenschaften der Perspektive eine Rolle spielen, wie etwa bei *Anamorphosen*. Die gedehnten Formen – für gewöhnlich eingesetzt, um verborgene Botschaften wie politische Statements und erotische Abbildungen zu verbergen – passten genau zu Dalís Bestreben, optische Überraschung und Entdeckerfreude zu wecken. Mitte der 1970er-Jahre schuf Dalí eine Serie von fünf anamorphen Bildern, mit denen er diese Technik auf ein völlig neues Niveau hob. Statt einfach nur ein Bild zu dehnen oder zu verzerren manipulierte Dalí das flache Bild so, dass es eine völlig andere Bedeutung erhielt als das „verborgene", das sich erst in einem korrekt platzierten zylindrischen Spiegel offenbarte. Dalí kreierte diese Werke, indem er in den Spiegel blickte, während er auf der waagerechten Fläche malte. Das war nicht einfach, denn im Spiegel werden die Bewegungen der Hand umgekehrt: Man sieht das Bild aufrecht, muss es jedoch umgedreht malen.

Ende der 1970er, nachdem er von seinen Experimenten mit der neu entwickelten Technik der Holografie enttäuscht war, widmete sich Dalí stereoskopischen Effekten aus dem 19. Jahrhundert. Er fertigte eine Vielzahl von Bilderpaaren, die zu einer dreidimensionalen Szene wurden, wenn sie der Betrachter optisch miteinander verschmolz. Um das 3D-Bild zu sehen, musste der Betrachter entweder über Spiegel schauen oder durch Speziallinsen, die den Effekt des binokularen Sehens (Stereopsis) erzeugten. Es war auch möglich, den Effekt ohne spezielle Apparate nur durch freies Betrachten der Bilder, um sie zu verschmelzen, zu erleben. Wiederum passte dieser optische Trick gut zu Dalís Leidenschaft für verborgene Bilder und Überraschendes.

Man kann Dalís Bedeutung kaum überschätzen; ohne Zweifel war er einer der originellsten und ungewöhnlichsten Maler des 20. Jahrhunderts. Seine Meisterwerke, in denen sich eine Vielzahl optischer Tricks findet, zählen zu den großartigsten Beispielen für künstlerischen Ausdruck und Symbolkraft.

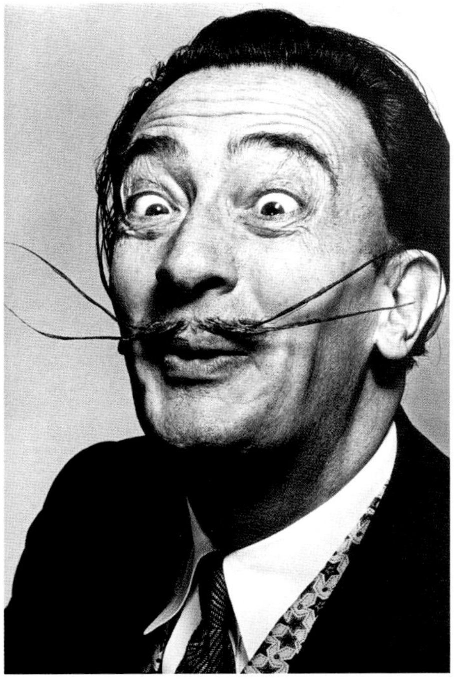

Salvador Dalí 1954

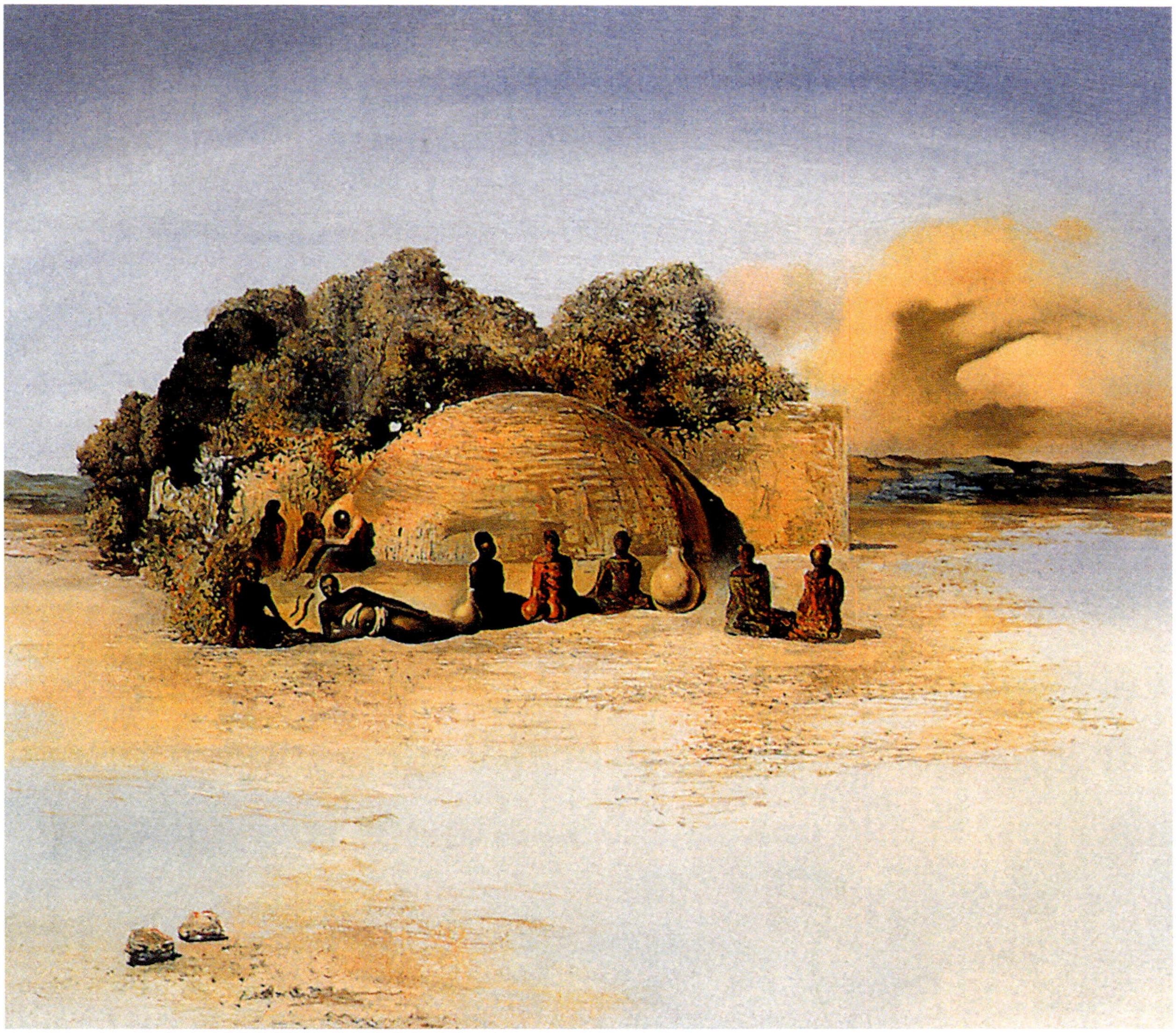

„Paranoides Gesicht“, Öl auf Tafel, 1934–1935, 62 × 80 cm

Die Inspiration zu dieser Ansichtskarte eines afrikanischen Dorfes waren Eingeborene, die vor einer Hütte sitzen.

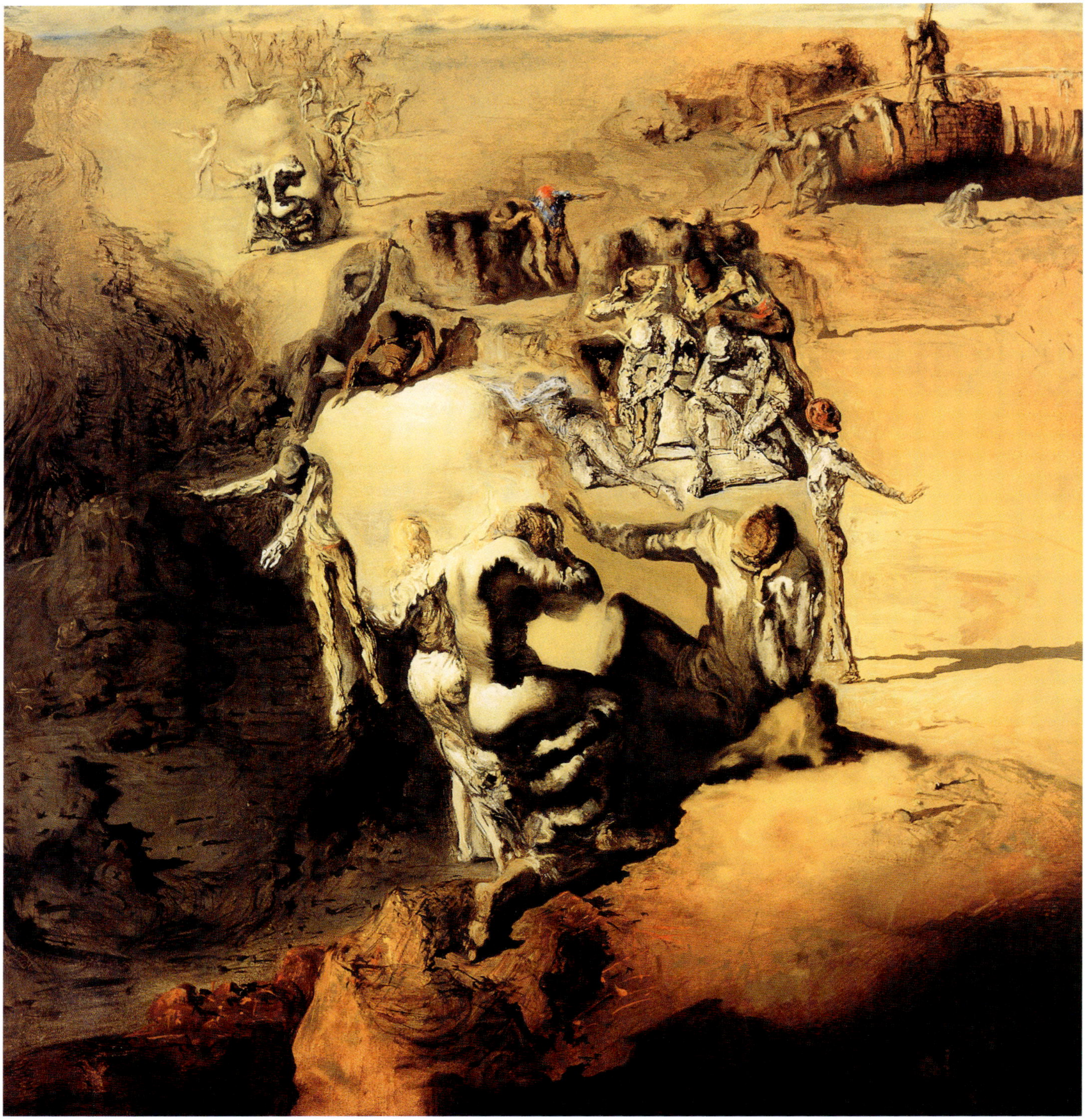

„DER GROSSE PARANOIKER", ÖL AUF LEINWAND, 1936, 62 × 62 CM

Dalí zufolge sollte „Der große Paranoiker", auf dem kleine Figuren große Gesichter bilden, die größten Paranoiker des Mittelmeerraumes symbolisieren.

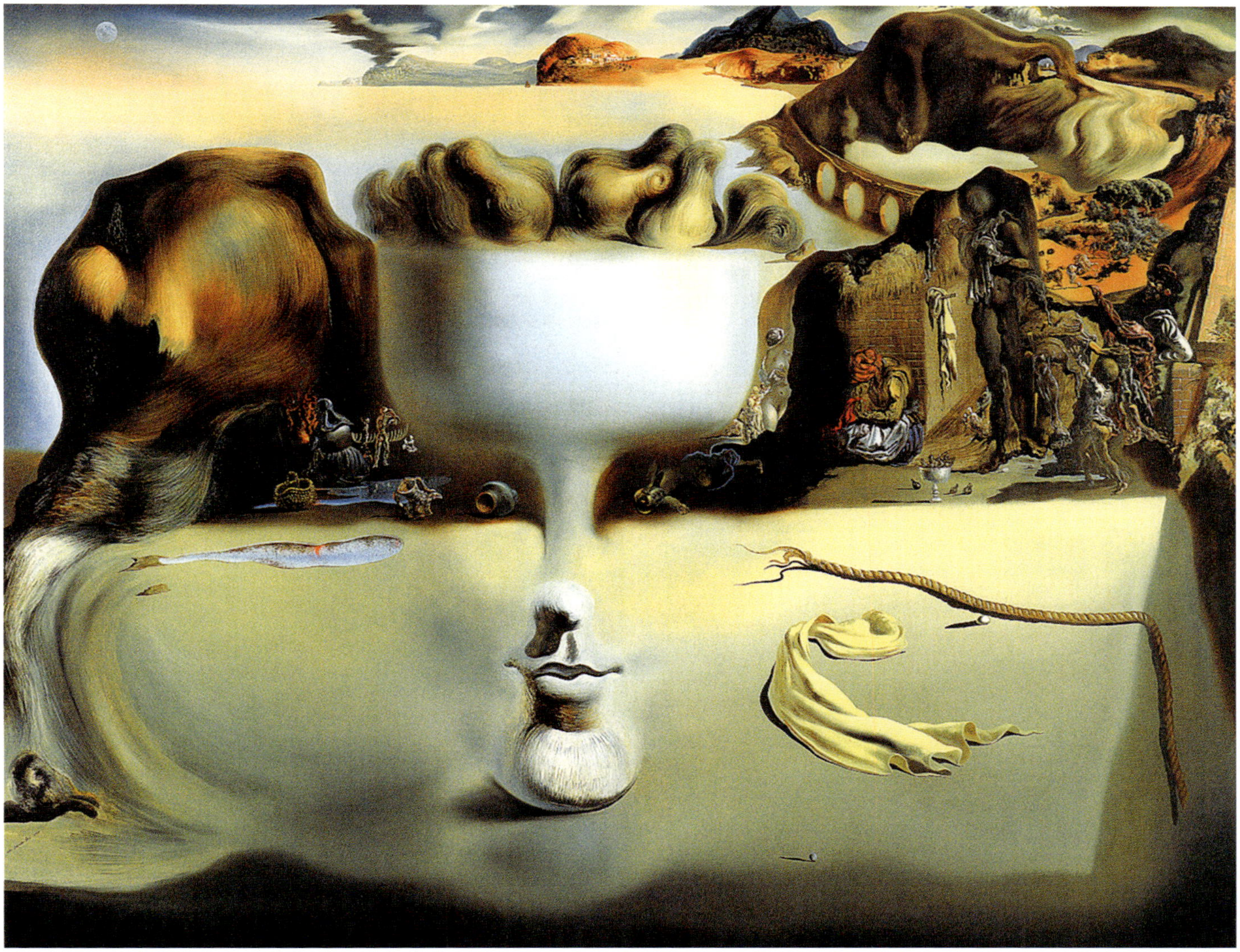

„Erscheinung von Gesicht und Obstschale an einem Strand", Öl auf Leinwand, 1938, 114,5 x 144 cm

In dieser Komposition sehen wir einen Strand, einen Hund, eine Obstschale und eine Landschaft im Hintergrund. Die Schale enthält ein illusionäres Gesicht (es taucht in mehreren Werken Dalís auf). Es soll sich um seinen besten Freund, Frederico Garcia Lorca, handeln, einen spanischen Dichter, der 1936 von den Faschisten erschossen wurde. Aus der Nähe offenbart sich eine komplexe Symbolik: die Augen des Hundes sind Tunnel, sein Halsband ein Aquädukt. Der Kopf besteht aus diskreten Elementen: ein Auge ist der Rand eines Kruges; Nase, Mund und Kinn werden aus einer Frucht und dem Rücken einer sitzenden Gestalt gebildet.

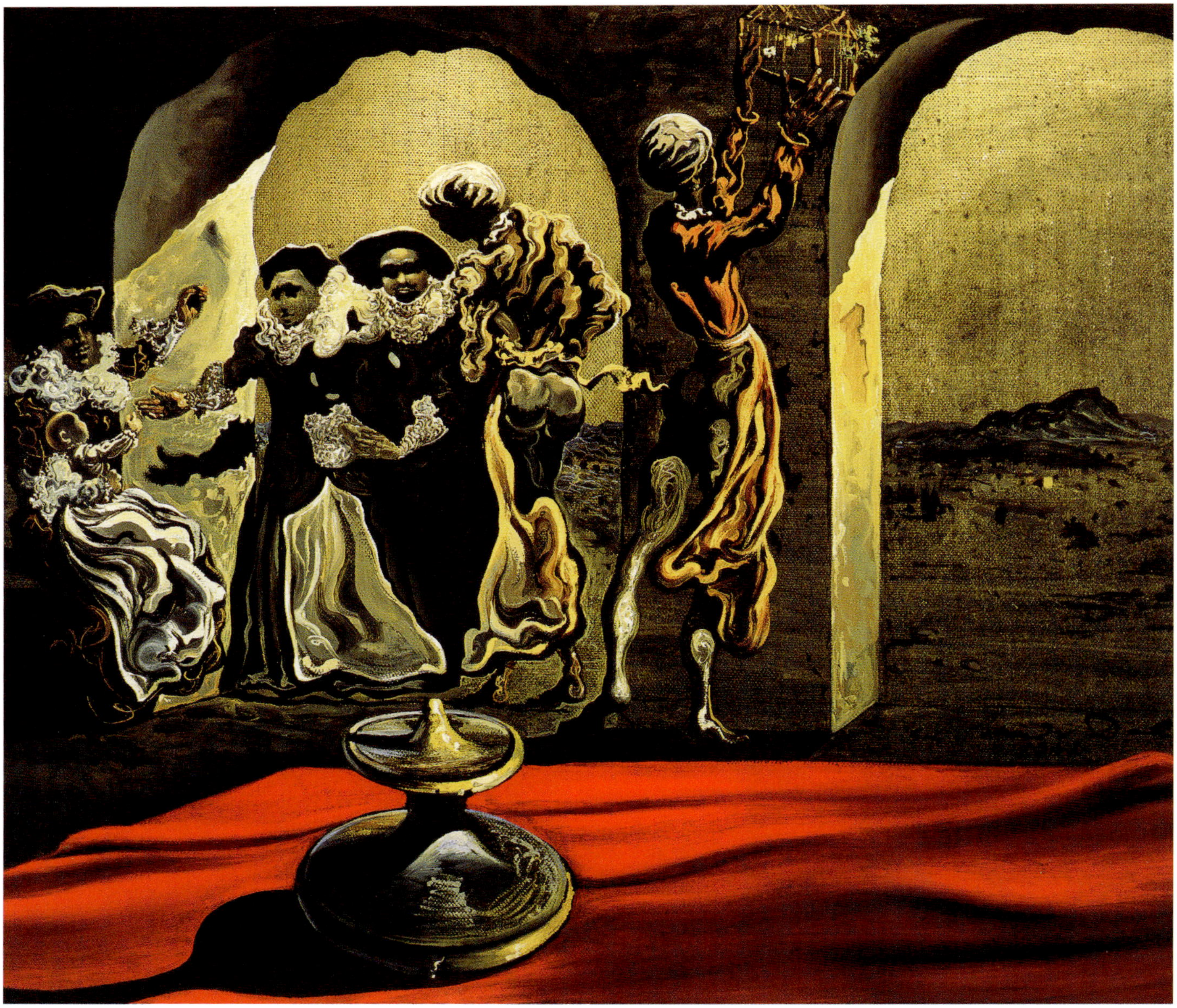

„DAS VERSCHWINDEN DER BÜSTE VON VOLTAIRE“, ÖL AUF LEINWAND, 1941, 46,3 × 55,4 CM

„Das Verschwinden der Büste Voltaires“ entstand gegen Ende jener Periode, in der Dalí von illusionären Bildern fasziniert war. Trotzdem ist dieses Werk ohne Zweifel sein berühmtestes Beispiel für diese Technik. In diesem Gemälde besteht die Voltaire-Büste von Houdon, dem großen Aufklärungsphilosophen des 18. Jahrhunderts, aus mehreren Nonnen, was wiederum einen humoristischen Bezug auf Voltaire darstellt, der einige der berühmtesten Klassiker zu Freidenkertum und Atheismus verfasste.

Wenn man das Bild aus der Ferne betrachtet oder „defokussiert“, erkennt man die Voltaire-Büste leichter.

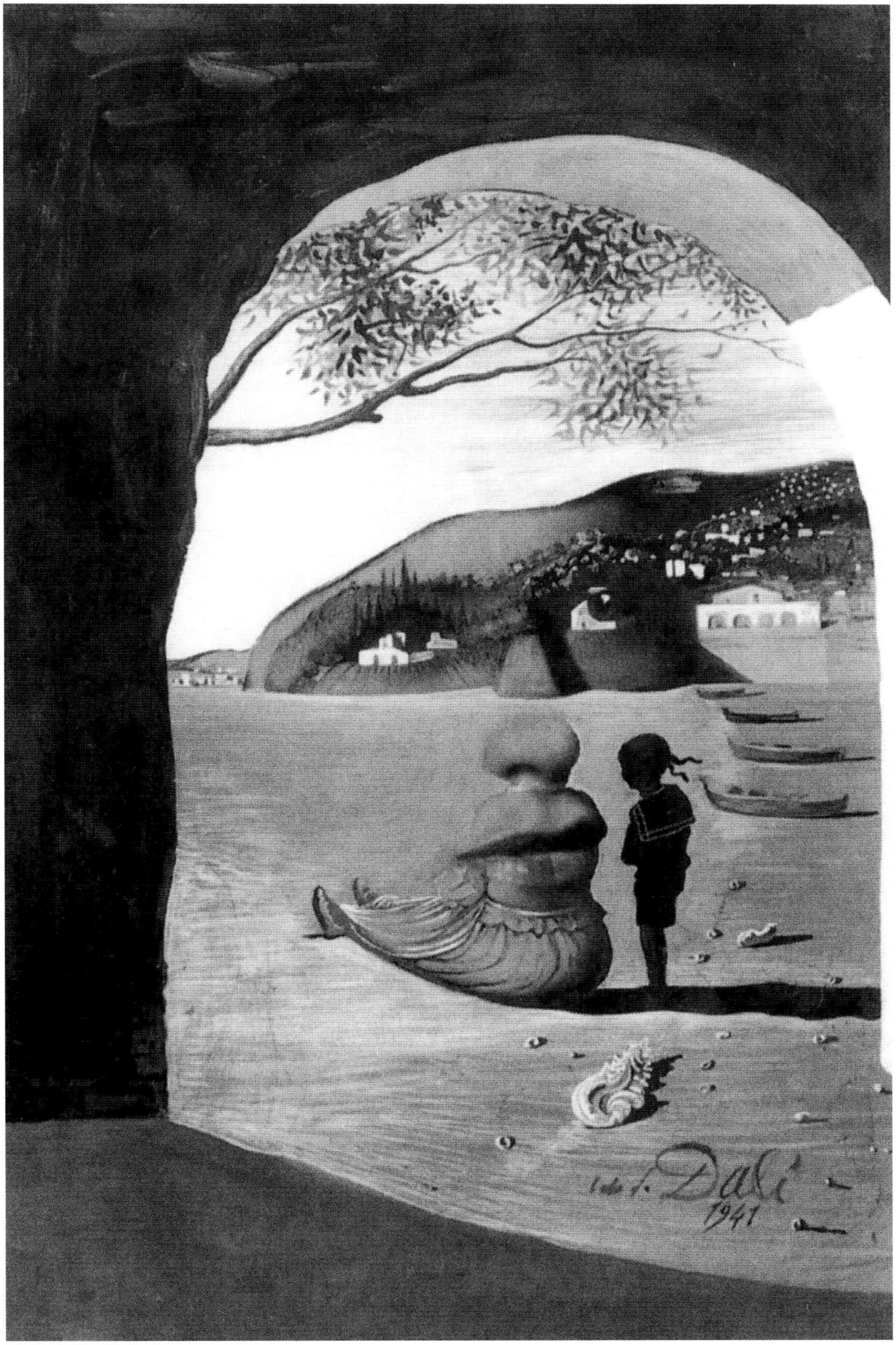

„Mysteriöser Mund erscheint auf dem Rücken meines Kindermädchens“,
Gouache auf Papier, 1941, 44,5 x 30,5 cm

Laut Dalí hatte der Rücken des Kindermädchens große symbolische Bedeutung für ihn, welche in seinen Erinnerungen an sein eigenes Kindermädchen wurzelte.

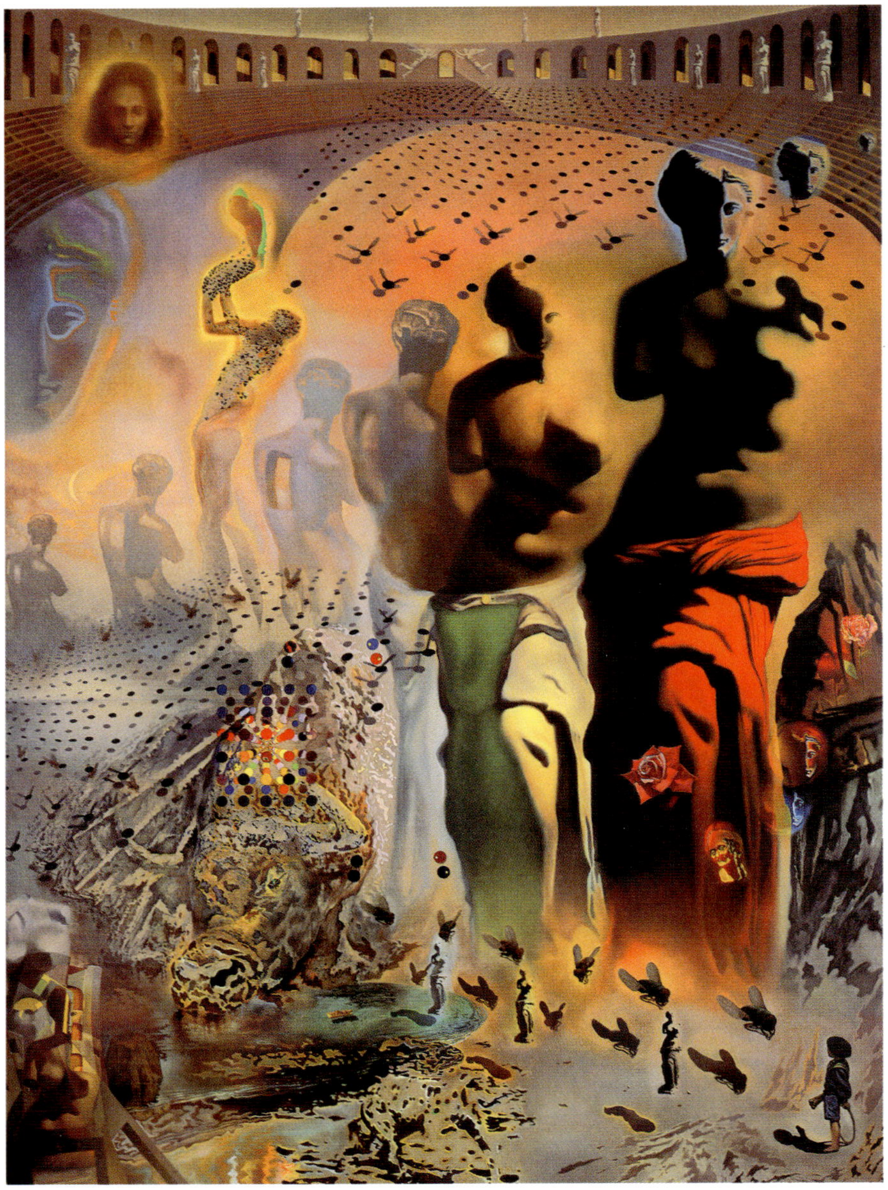

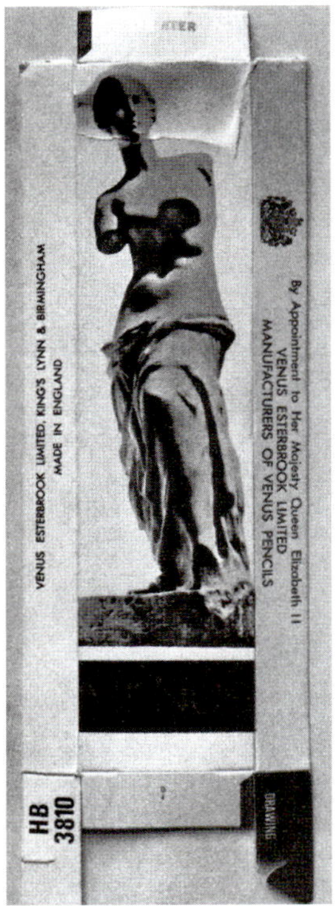

Dalí wurde zu „Der halluzinogene Torero“ durch ein Nachbild inspiriert, das er beim Betrachten eines Bildes der Venus von Milo auf einer Bleistiftschachtel hatte. Er zeigte das Bild seiner Frau Gala, die es auch anderen zeigte, doch niemand konnte das Bild so klar erkennen wie er.

„Der halluzinogene Torero“, Öl auf Leinwand, 1968–1970, 399 × 300 cm

In diesem späten Meisterwerk hält Dalí den Moment fest, in dem Sterbende ihr ganzes Leben vor sich sehen.

Der Torero erscheint in einer Wiederholung der Statue der Venus von Milo (ein häufiges Motiv in Dalís Arbeiten), die sein Gesicht bilden, wobei aus seinem rechten Auge eine einzelne Träne fließt. Der Tod des Toreros in der Arena ist ein Standardmotiv in Kunst und Alltag Spaniens. Manche Gelehrten glauben, dass jener Torero, „der im Sterben liegt, ja eigentlich bereits tot ist“, Dalís älteren Bruder darstellt, der vor Dalís Geburt starb.

Das Gemälde spielt auch auf Werke an, die Dalí Jahrzehnte zuvor schuf. Dalí erscheint rechts unten als kleiner Junge. Im Vordergrund schwebt die Voltaire-Büste aus dem „Sklavenmarkt“. Die Fliegen sind die legendären Fliegen des hl. Narziss, die angeblich aus seinem Grab aufsteigen, wenn eine fremde Macht in Spanien einfällt. Dalí wollte die „Toureninvasion am Cabo Creus“ darstellen, „die auch die Fliegen des hl. Narziss nicht stoppen konnten“.

In diesem Bild zeigt sich auch Dalís Interesse an der visuellen Wahrnehmung. In der Mitte unten enthält das Gemälde das berühmte Figur/Hintergrund-Foto eines verborgenen Dalmatinerhundes. Dalís Anspielung an diese bekannte Demonstration weist den Betrachter darauf hin, dass solch leere, bedeutungslose Bilder mehr enthalten könnten, als man annimmt.

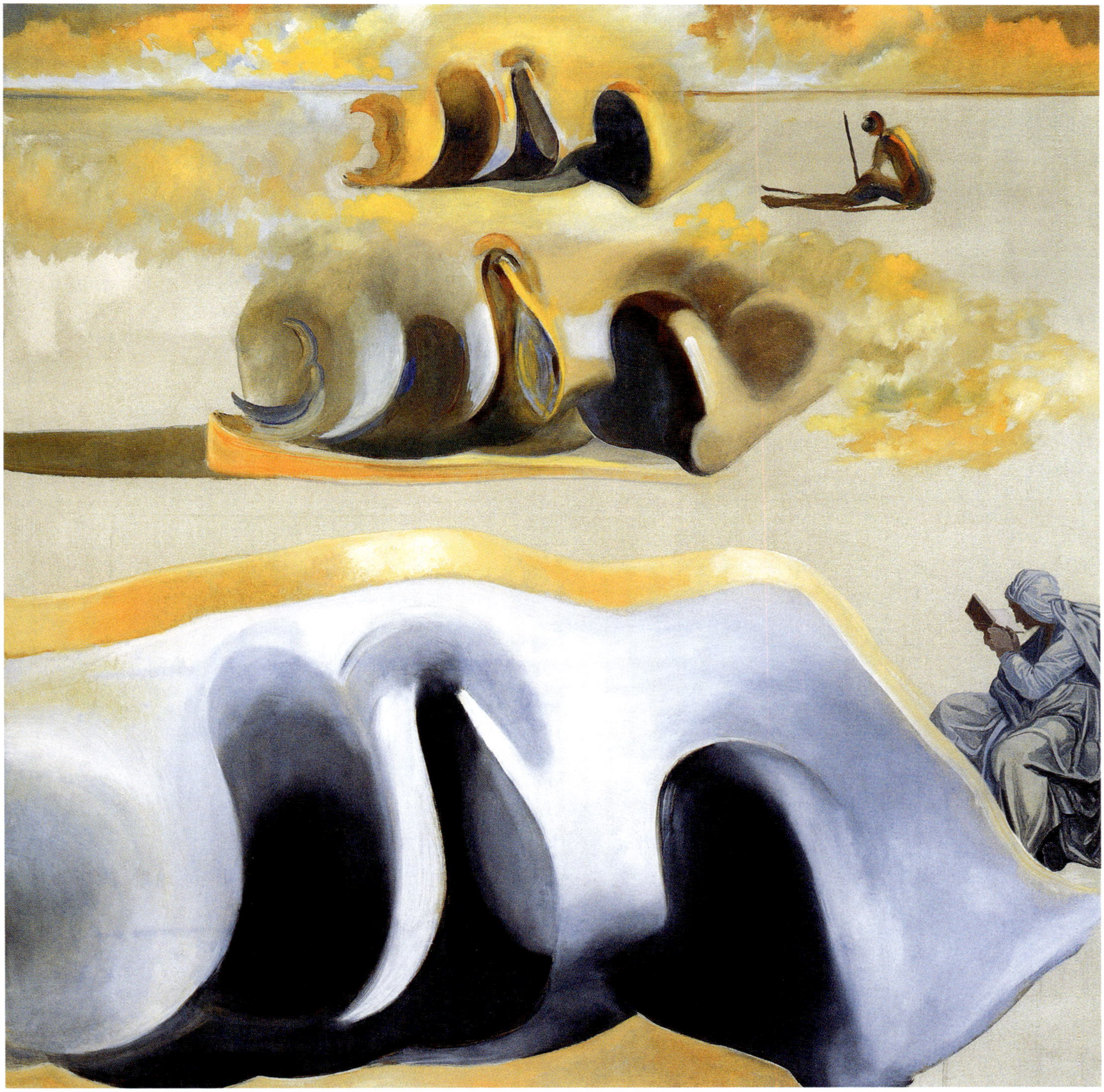

„Die drei glorreichen Rätsel Galas (zweite Version)“, Öl auf Leinwand, 1982, 100 × 100 cm

Dies ist eines der letzten mehrdeutigen Bilder Dalís. Die sich wiederholenden Felsformationen können als Nase, Mund und Kinn eines Kopfes interpretiert werden.

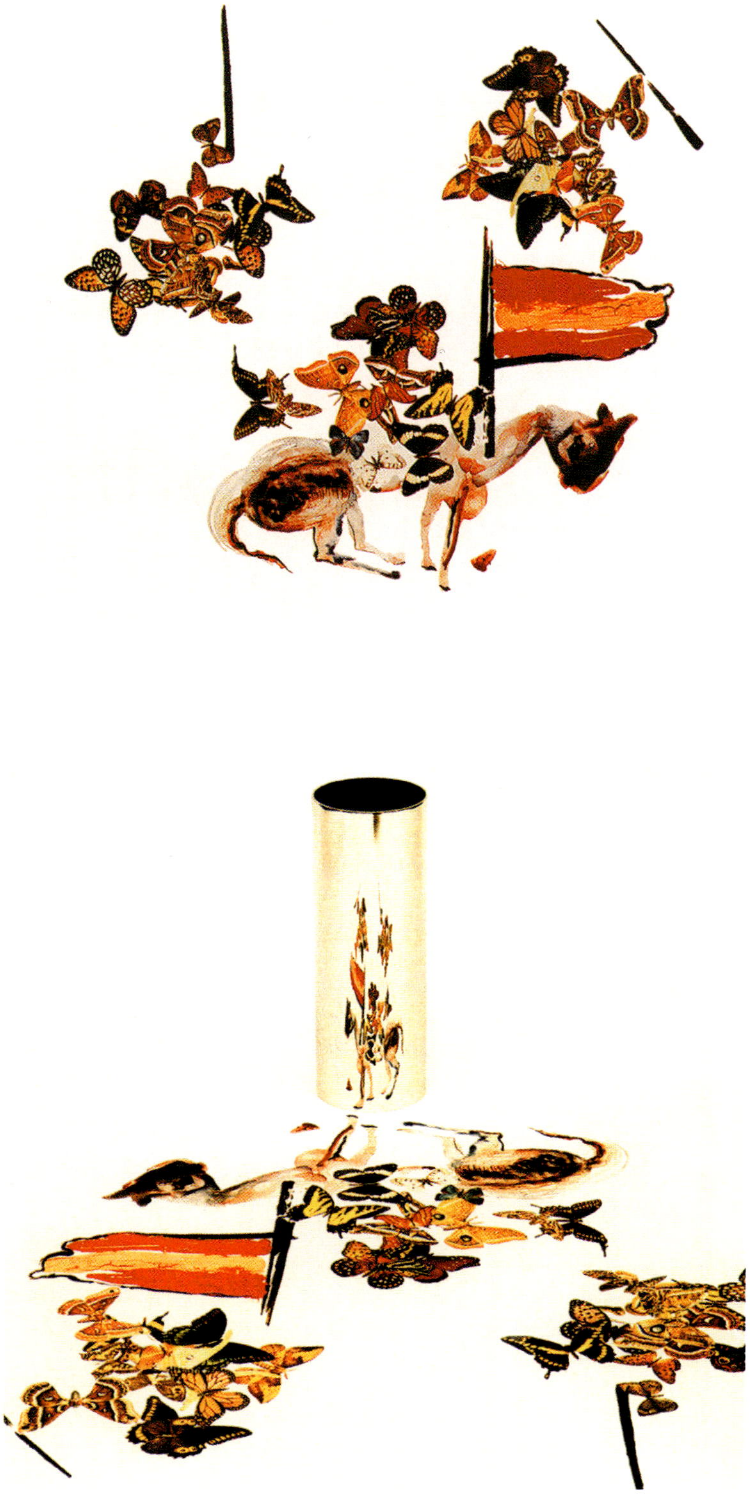

„Matthäus“, Farblithografie mit Zylinder, 1974, 88 × 64 cm

In dem Bild ohne Spiegel sind Schmetterlinge zu sehen, eines von Dalís Lieblingsmotiven. Doch wenn Sie das Spiegelbild im Zylinder betrachten, verwandeln sich die Schmetterlinge in zwei Krieger und einen Fahnenträger zu Pferd.

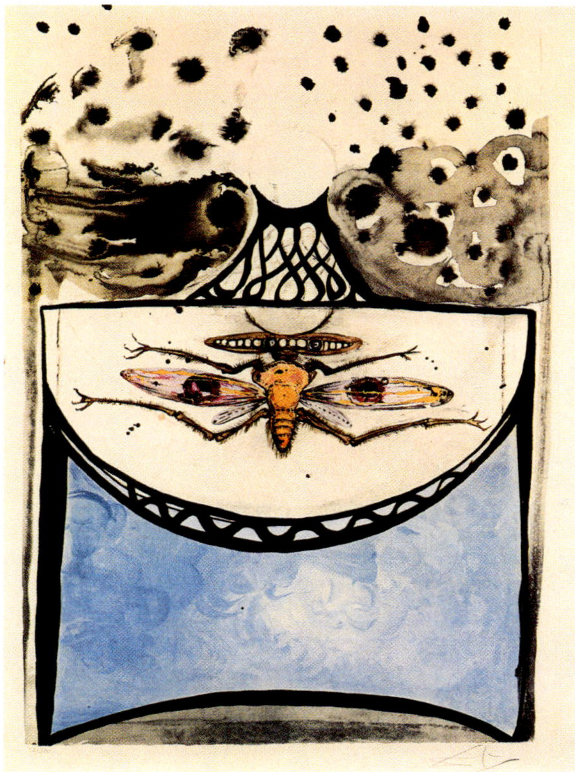

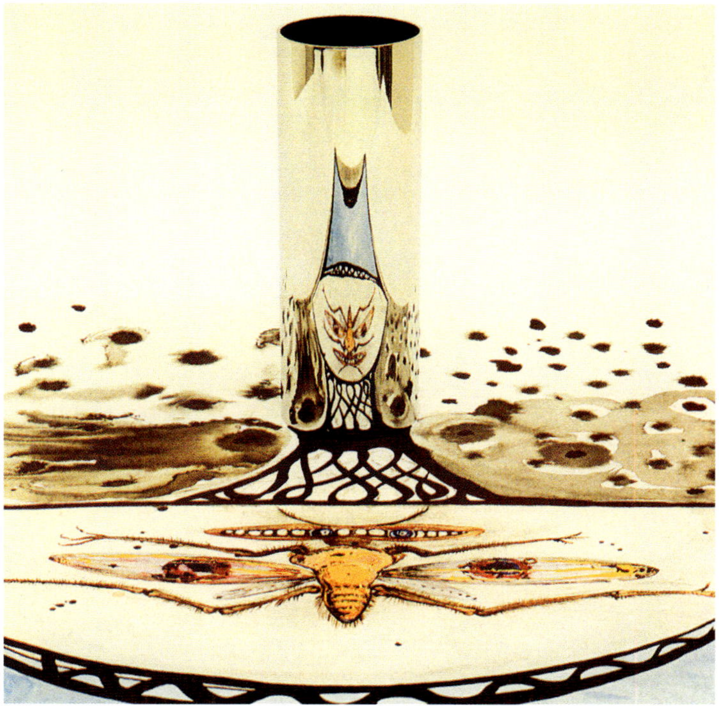

„Harlekin“, Farblithografie mit zylindrischem Spiegel, 1974, 88 × 64 cm

Ein Insekt verwandelt sich in das Gesicht eines Clowns.

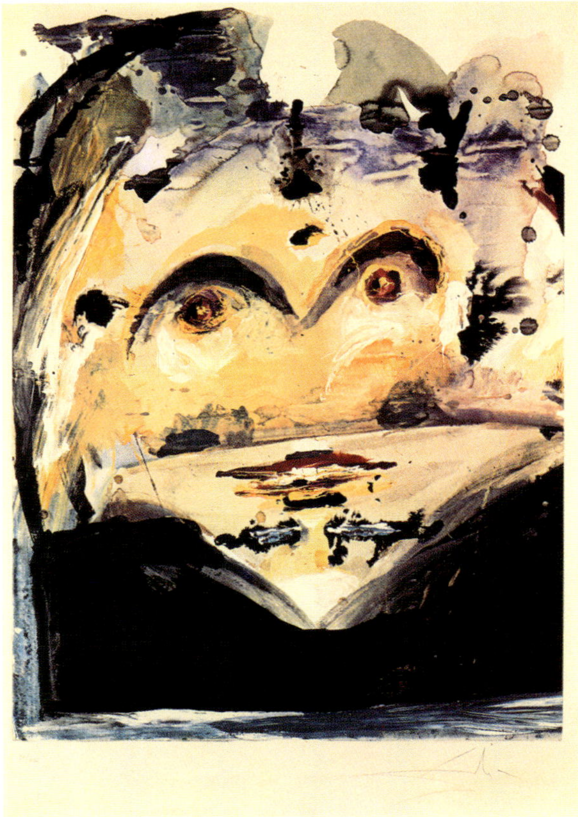

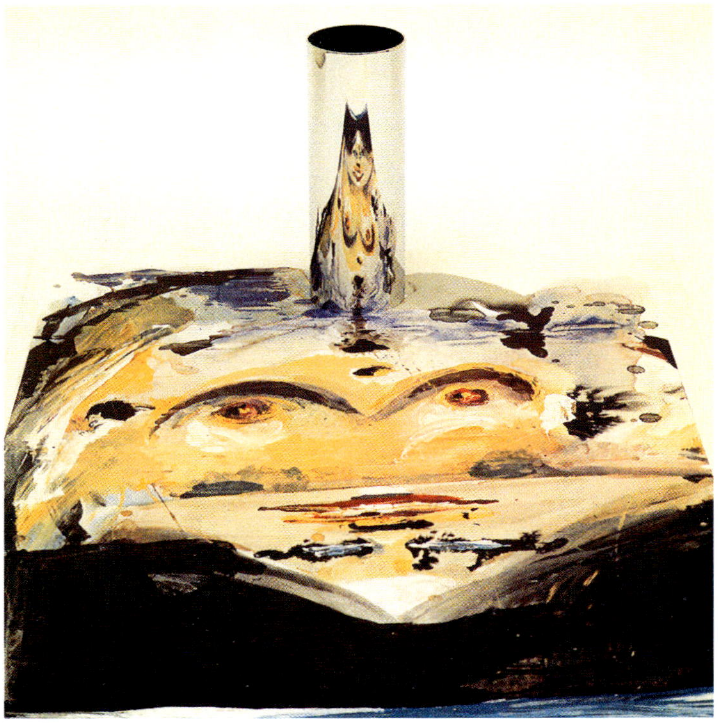

„Mann und Frau", Farblithografie mit zylindrischem Spiegel, 1974, 88 × 64 cm

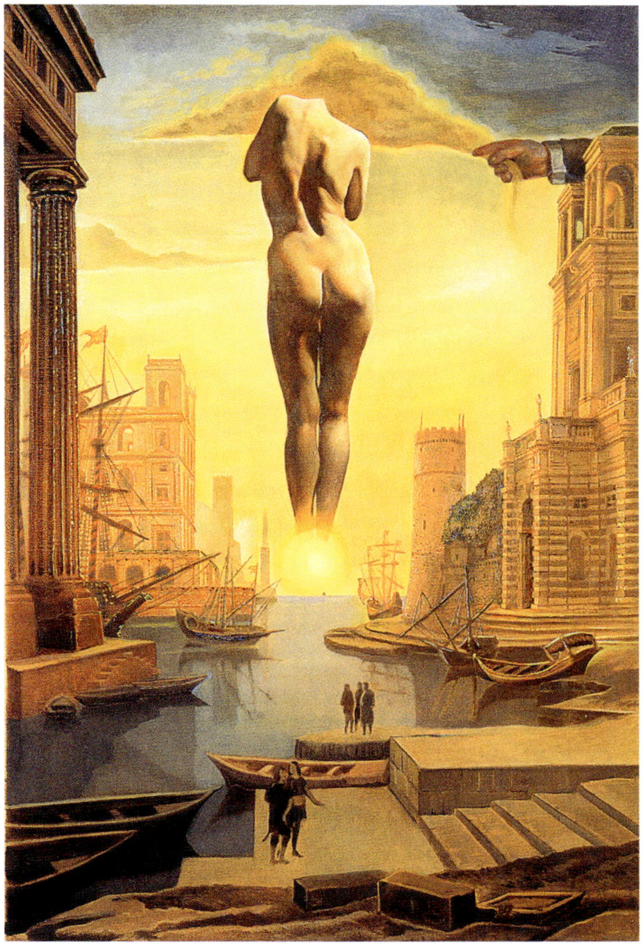 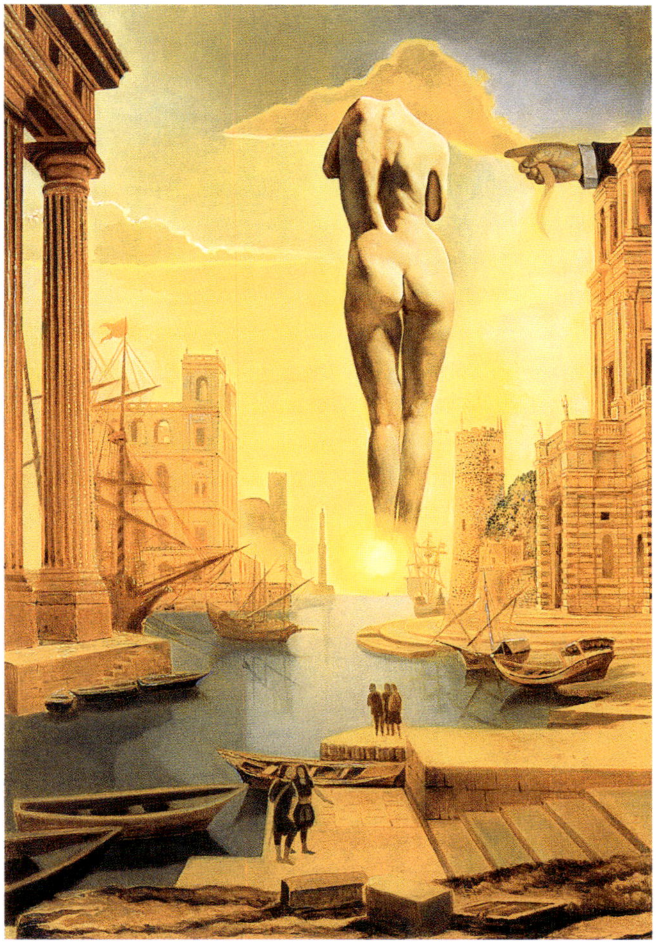

„Dalís Hand zieht das Goldene Vlies in Wolkenform hinweg, um Gala die vollkommen nackte Morgenröte zu zeigen, die weit, weit hinter der Sonne liegt“, zwei stereoskopische Tafeln, Öl auf Leinwand, 1977, 60 × 60 cm

Wenn man diese beiden Bilder beim Betrachten miteinander verschmelzen lässt (Sie sollten den Sehabstand so wählen, dass zwischen den beiden Bildern eine dritte Version erscheint), sieht man die mittlere Version dreidimensional.

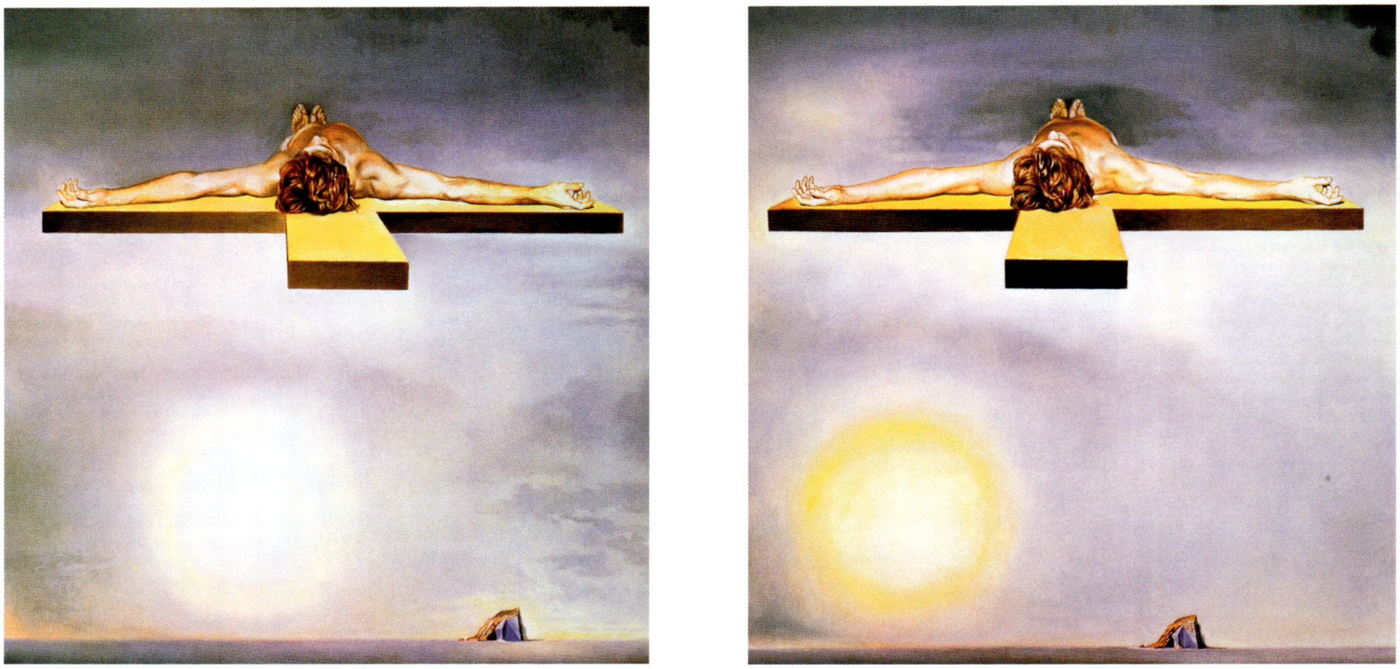

„GALAS CHRISTUS“, ZWEI STEREOSKOPISCHE TAFELN, ÖL AUF LEINWAND, 1978,
100 × 100 CM

Wenn man diese beiden Bilder beim Betrachten miteinander verschmelzen lässt (Sie sollten den Sehabstand so wählen, dass zwischen den beiden Bildern eine dritte Version erscheint), sieht man die mittlere Version dreidimensional.

K A P I T E L 3

Sandro Del Prete

(1937–)

Perspektivenwechsel

„Del Prete setzt auf geniale Weise den bekannten psychologischen Effekt ein, bei dem es um den Unterschied geht zwischen ‚sehen' (meistens der erste Eindruck) und ‚ansehen' (die nähere Betrachtung), wenn man Dinge sorgfältiger im Kopf erwägt. Genau dieser Sinneseindruck ist es, der seiner Arbeit den ‚besonderen Wert' verleiht."

Abraham Tamir

„Für illusionistische Zeichnungen ist profundes Wissen über die Gesetze der Perspektive unbedingt erforderlich: man entscheidet, ob man sich an die Regeln hält oder sie verändert und eine falsche Linie wählt, die die Perspektive verändert und, einfach ausgedrückt, zu einer ‚optischen Täuschung' führt."

Sandro Del Prete

DER SCHWEIZER KÜNSTLER SANDRO DEL PRETE ist ein Meister in der Kunst, Gestalten, Situationen und Prozesse darzustellen, die es real nicht geben kann. Seine Werke sind Studien zur Wahrnehmung und zeigen, wie wir Dinge stets auf eine bestimmte Weise sehen. Del Prete über seinen Zugang:

Ich war stets fasziniert von der Frage, wie das Auge das Sehen möglich macht. Die visuelle Wahrnehmung liefert uns Informationen über Gestalt, Größe, Bewegung und Farbe von Objekten, doch diese können täuschen. Ich frage mich ständig: Ist die Welt wirklich so, wie wir sie sehen? Wie würden wir sie sehen, wenn wir vier Augen hätten? Diese Gedanken beschäftigen mich bei meiner Arbeit. Es war sehr schwierig, diese Gedanken in Begriffe zu fassen. Es ist ein ständiger Kampf mit einer Wirklichkeit, von der wir so wenig wissen. Es war ein ermüdender Prozess für mich, die normalen Sehgewohnheiten abzulegen. Es brauchte viel Zeit und persönliche Erfahrung und wiederholte Bestätigung durch meine Frau, die mir bei meinem Lernprozess immer geholfen hat.

Wenn man Del Pretes skurrile und überraschende Welten betrachtet, erinnert man sich automatisch an die Arbeiten von M. C. Escher, doch es muss betont werden, dass sich Del Pretes Zeichnungen stark von Eschers Werken unterscheiden, was Thema, Stil, Stimmung und Technik betrifft. Tatsächlich überschneiden sich die beiden Künstler kaum. Natürlich bewundert Del Prete die grafischen Arbeiten Eschers sehr. Er schrieb:

> Ich war sicher, dass Escher und ich Seelenverwandte waren, da unsere Gehirne anscheinend sehr ähnlich funktionierten und analysierten. Ich verstand daher sehr gut, was in Escher vorgegangen sein muss, als er begann, Alltagsphänomene zu zerlegen, neu erkannten Gesetzen künstlerischen Ausdruck verlieh und erstaunliche Effekte erzielte, indem er ungewöhnliche Kombinationen auf immer neue Weise zu Papier brachte. Doch es gibt auch Unterschiede zwischen uns: Ich versuche, ästhetisch ansprechende Bilder mit attraktiven, manchmal witzigen Figuren zu schaffen. Der Betrachter wird in meinen Bildern kaum mathematische Präzision finden, die jedoch in Eschers Bildern stets präsent ist.

Del Prete wurde 1937 in Bern, Schweiz, geboren und besuchte die Schule Freiburg, Deutschland, wo er ein Wirtschaftsdiplom erwarb. Doch seine Leidenschaft für Grafik und Malerei blieb bestehen und mit 23 Jahren studierte er sechs Monate an der Kunstakademie in Florenz, Italien. Nach seiner Rückkehr in die Schweiz schuf er religiöse und symbolische Kunst. Leider war dieser kein wirtschaftlicher Erfolg beschieden, sodass er gezwungen war, sein Leben mit seiner neuen Frau durch einen profanen Versicherungsjob zu finanzieren.

Von seiner Passion konnte er jedoch nicht lassen. Zu Beginn der 1960er-Jahre schuf er Illustrationen, aus denen sich später seine „illusionären“ Bilder entwickeln sollten. In dieser Zeit beobachtete er die Augen eines Chamäleons, die gleichzeitig in zwei Richtungen blicken konnten. „Ich fragte mich, was das Tier wirklich sah, welches Bild es sich von seiner kleinen Welt machte. Hieraus entstand mein Interesse an verschiedenen Perspektiven.“ Del Prete begann zu experimentieren, zeichnete Szenen und Objekte, die man gleichzeitig von zwei Blickpunkten aus betrachten konnte.

Daraus ging eine neue Art von Darstellungen hervor, bei denen Begriffe wie vorne, hinten, oben, unten, rechts und links nicht mehr anwendbar waren. Die einzelnen Teile waren in sich korrekt dargestellt, doch das Gesamtbild erschien irgendwie unmöglich. Eines seiner frühesten Bilder aus dieser Periode ist „Fensterblick", das er 1961 fertigstellte. Viele Jahre später integrierte er die doppelte Perspektive in seinem erfolgreichen Werk „Das gekrümmte Schachbrett".

Del Prete experimentierte mit anderen Täuschungen, in denen Objekte aus dem Rahmen des Bildes ausbrechen, und mehrdeutigen Bildern, deren Aussage je nach Wahrnehmung zwischen verschiedenen Möglichkeiten wechselte.

1981 veröffentlichte Del Prete seine erste Sammlung von Schwarz-Weiß-Bleistiftzeichnungen im Eigenverlag. Sie war so erfolgreich, dass er 1987 eine zweite Sammlung veröffentlichte.

Seine Leidenschaft, Hingabe und harte Arbeit begann sich zu lohnen. 1984 hatte er eine bahnbrechende Ausstellung seiner so genannten „Illusionskunst" bei der Phänomene-Schau in Zürich. Mit voller Unterstützung seiner Frau Yolanda widmete er sich nun vollständig dem Erschaffen illusionärer Bilder. Im selben Jahr noch eröffnete er eine Galerie in Bern, die sich als sehr erfolgreich erwies. Mit Hilfe eines Sponsors kreierte er einige Jahre später Illusoria-Land, sein eigenes Museum für optische Täuschungen samt angeschlossener Kunstgalerie in Ittigen, Schweiz.

Obwohl einige Kritiker Del Pretes technische Handwerkskunst bemängelten, muss angemerkt werden, dass seine Bilder und „unmöglichen" Konstrukte höchst originell sind. Leider eigneten sich mehrere Künstler rasch Del Pretes illusionäre Zeichnungen an und machten starke Anleihen, ohne ihre Quellen zu nennen. Doch zum Glück hat Del Prete in den letzten Jahren endlich die internationale Anerkennung erlangt, die ihm gebührt. Sein Platz als höchst origineller Künstler der optischen Täuschung ist ihm nun sicher. Weitere Werke und ein Interview mit Del Prete sind auf http://neuro.caltech.edu/~seckel/mod/ zu finden.

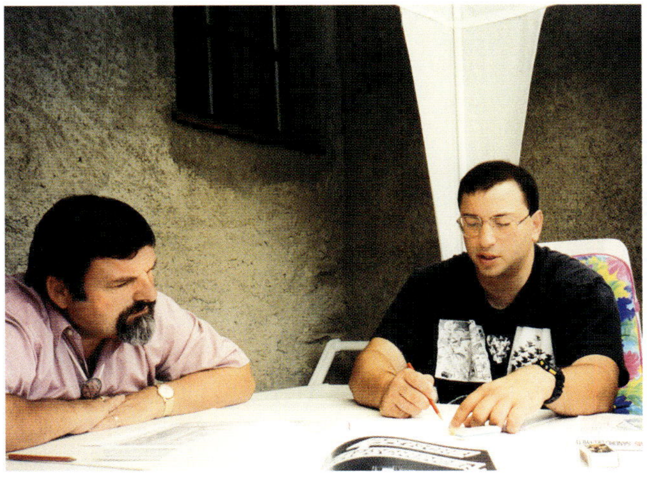

Sandro Del Prete (links) mit dem Autor Al Seckel in Ticino, Schweiz, 1994

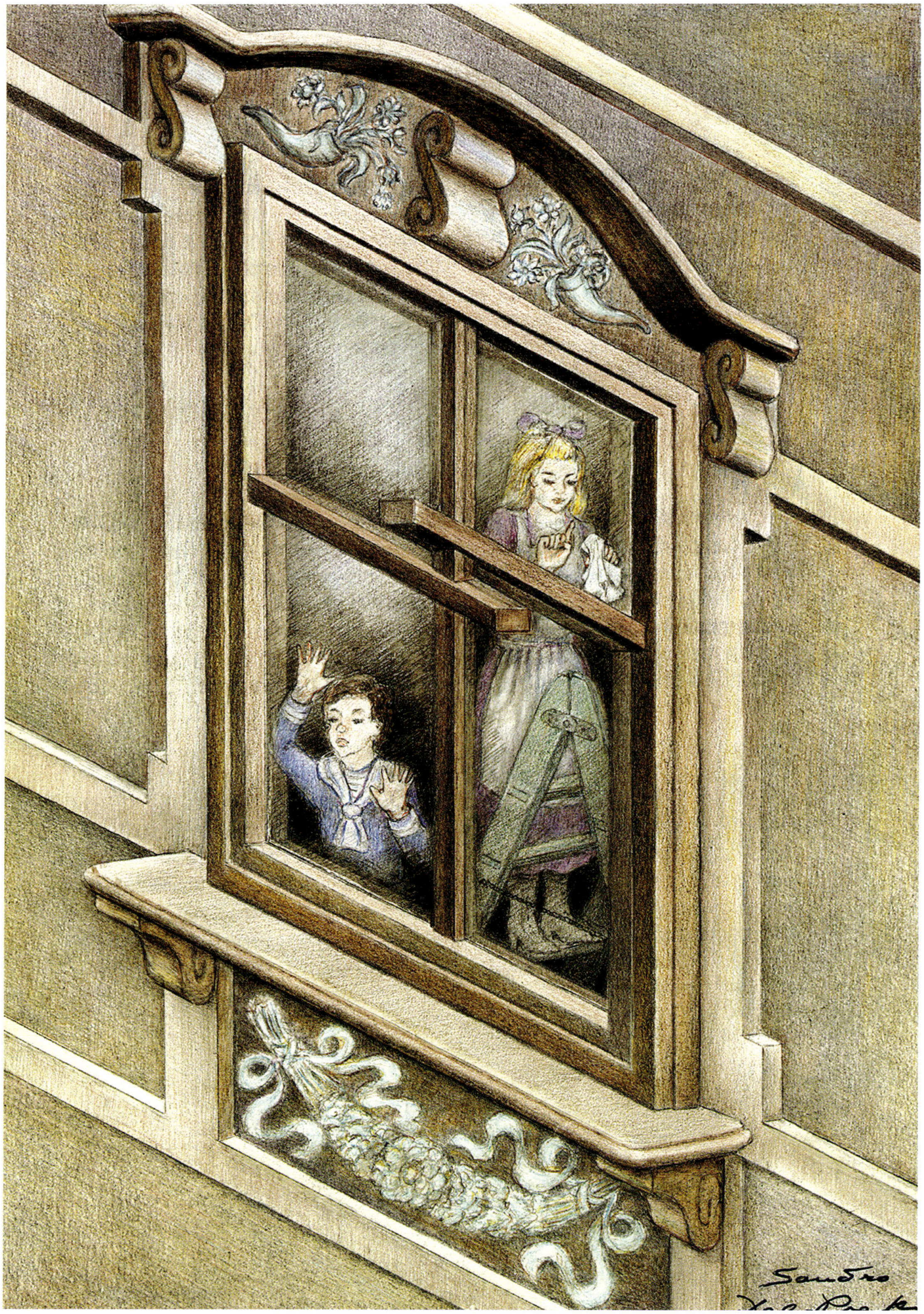

„Blick aus dem Fenster“, kolorierte Bleistiftzeichnung, 1961

Diese Zeichnung mit doppelter Perspektive war einer der ersten Versuche Del Pretes mit unmöglichen Szenen und basierte auf der mehrdeutigen Thiéry-Figur.

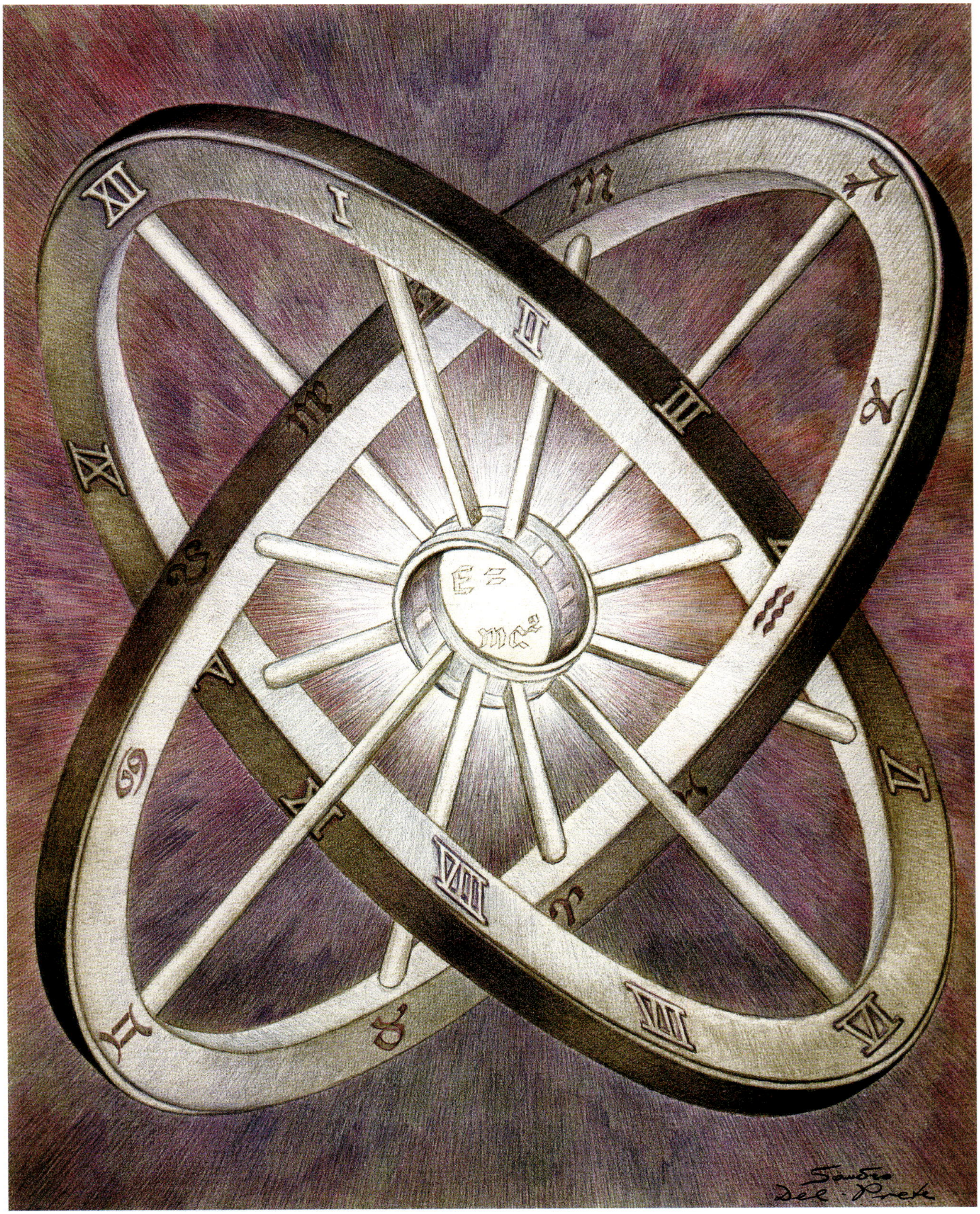

„Kosmische Räder", kolorierte Bleistiftzeichnung, 1961

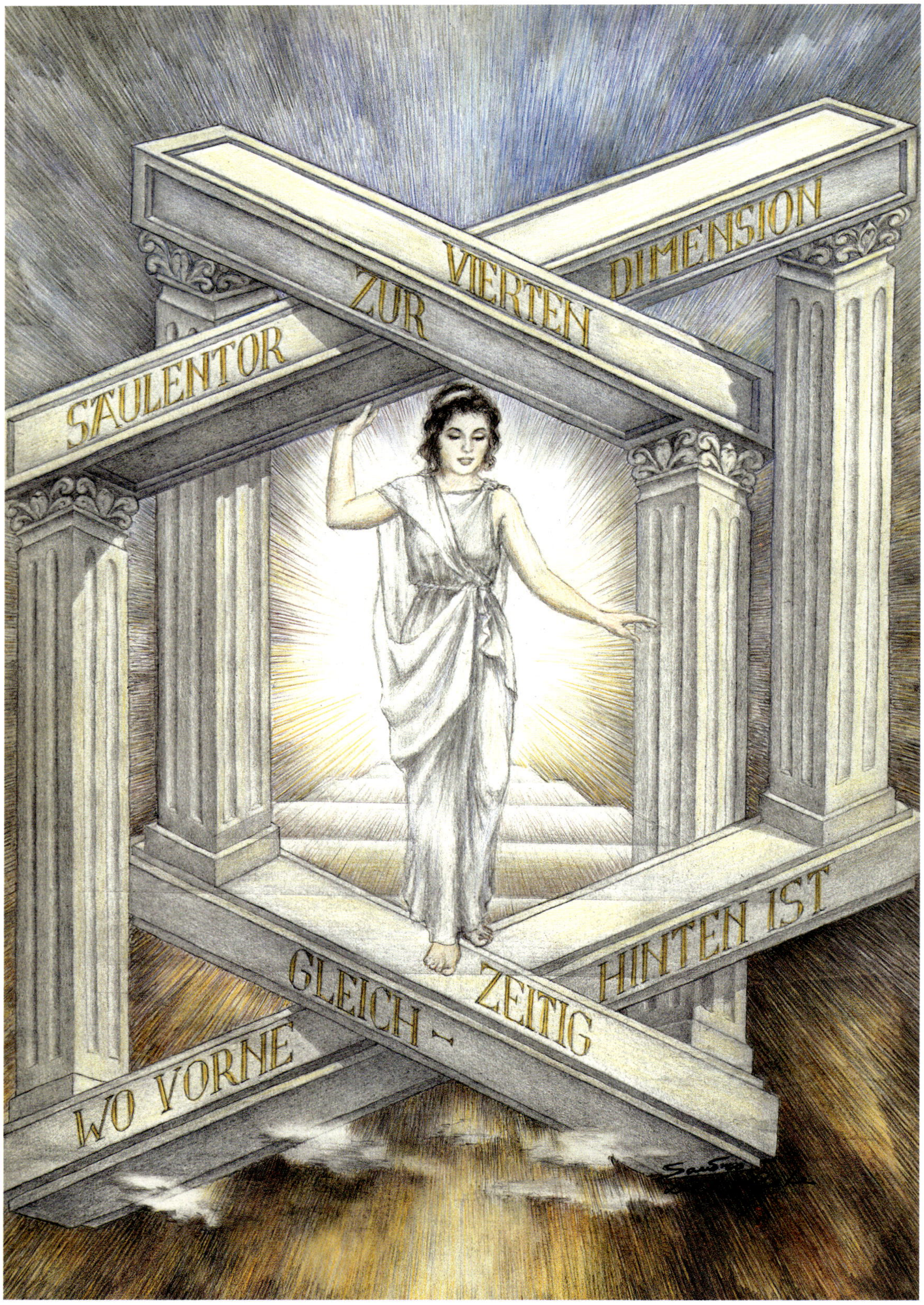

„Säulentor zur vierten Dimension“, kolorierte Bleistiftzeichnung, 1966

Dies ist Del Pretes Versuch, die Illusion einer vierten Dimension herzustellen, indem er die Richtungswahrnehmungen „vorne“ und „hinten“ neutralisiert. So hat der Betrachter den Eindruck, dass alle vier Ecken hinten liegen, obwohl das logisch nicht möglich ist.

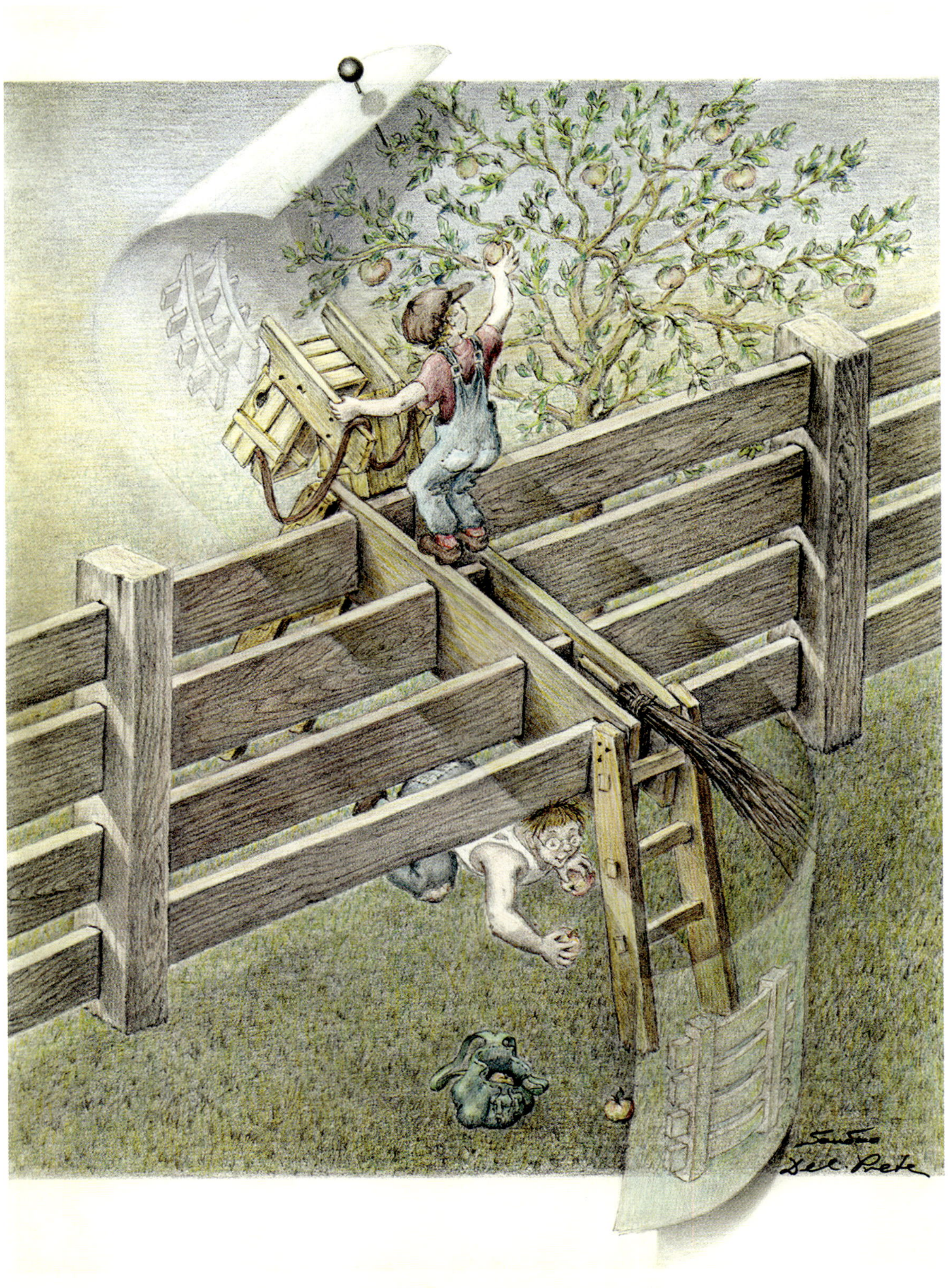

„Der Gartenzaun“, kolorierte Bleistiftzeichnung, 1969

Bedecken Sie die Enden des Zaunes, um die Illusion zu sehen. Die Bretter sind sowohl horizontal als auch vertikal ausgerichtet. Die Zeichnung basiert auf einem unmöglichen Dreieck.

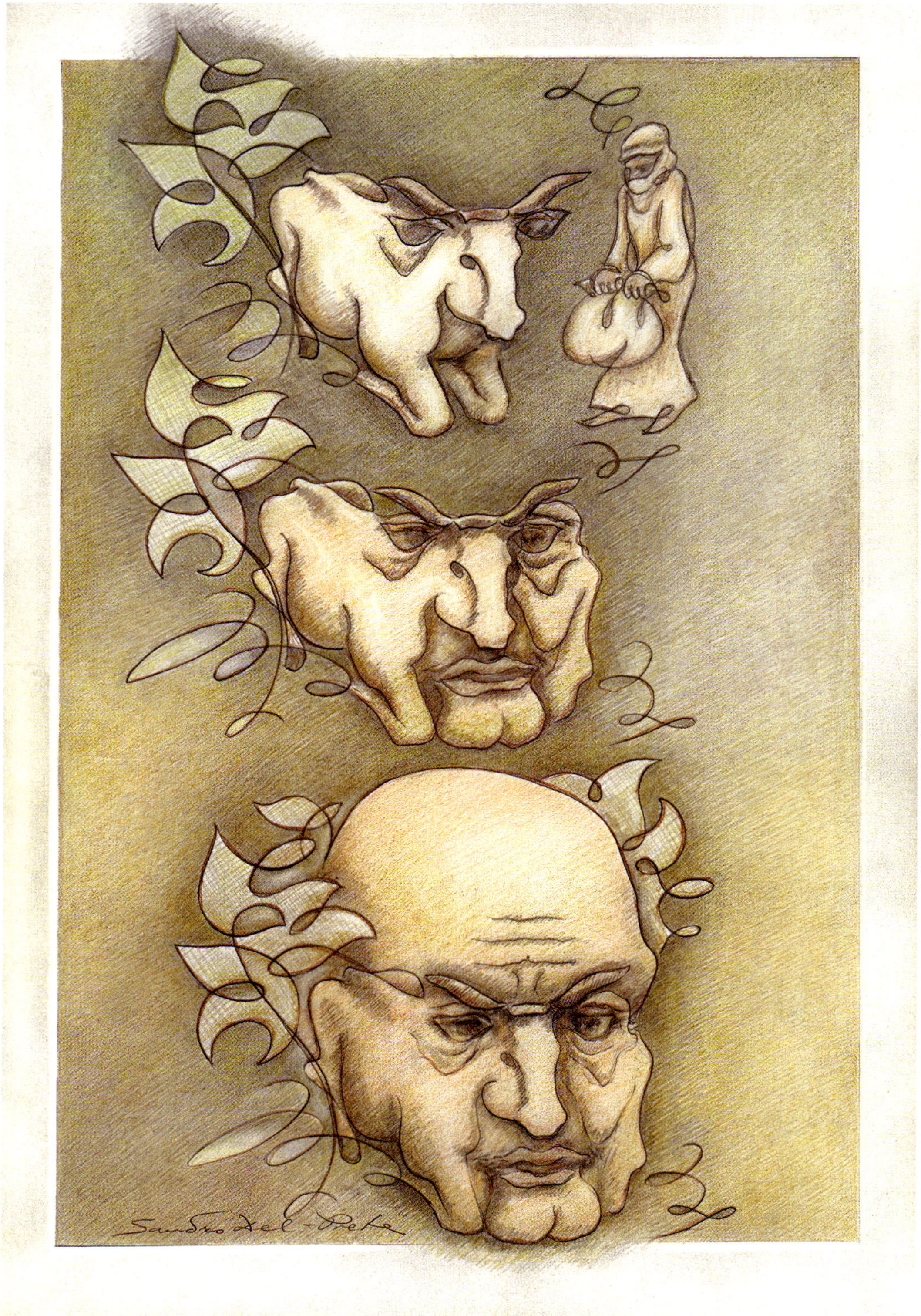

„Nomadin“, kolorierte Bleistiftzeichnung, 1973

Dies ist einer von Del Pretes ersten Versuchen, ein mehrdeutiges Bild zu transformieren. Obwohl man in diesem Bild dasselbe Element nicht weniger als dreimal sieht, verwandelt es sich aufgrund von wichtigen Beifügungen. Ganz oben ruht ein Ochse unter einem Strauch. In der Mitte bietet eine Nomadin dem Ochsen einen Wassersack an. Ganz unten sieht man das ausdrucksvolle Gesicht eines Gelehrten: der Unterschied besteht in den zusätzlichen Linien für Oberkopf und Stirn.

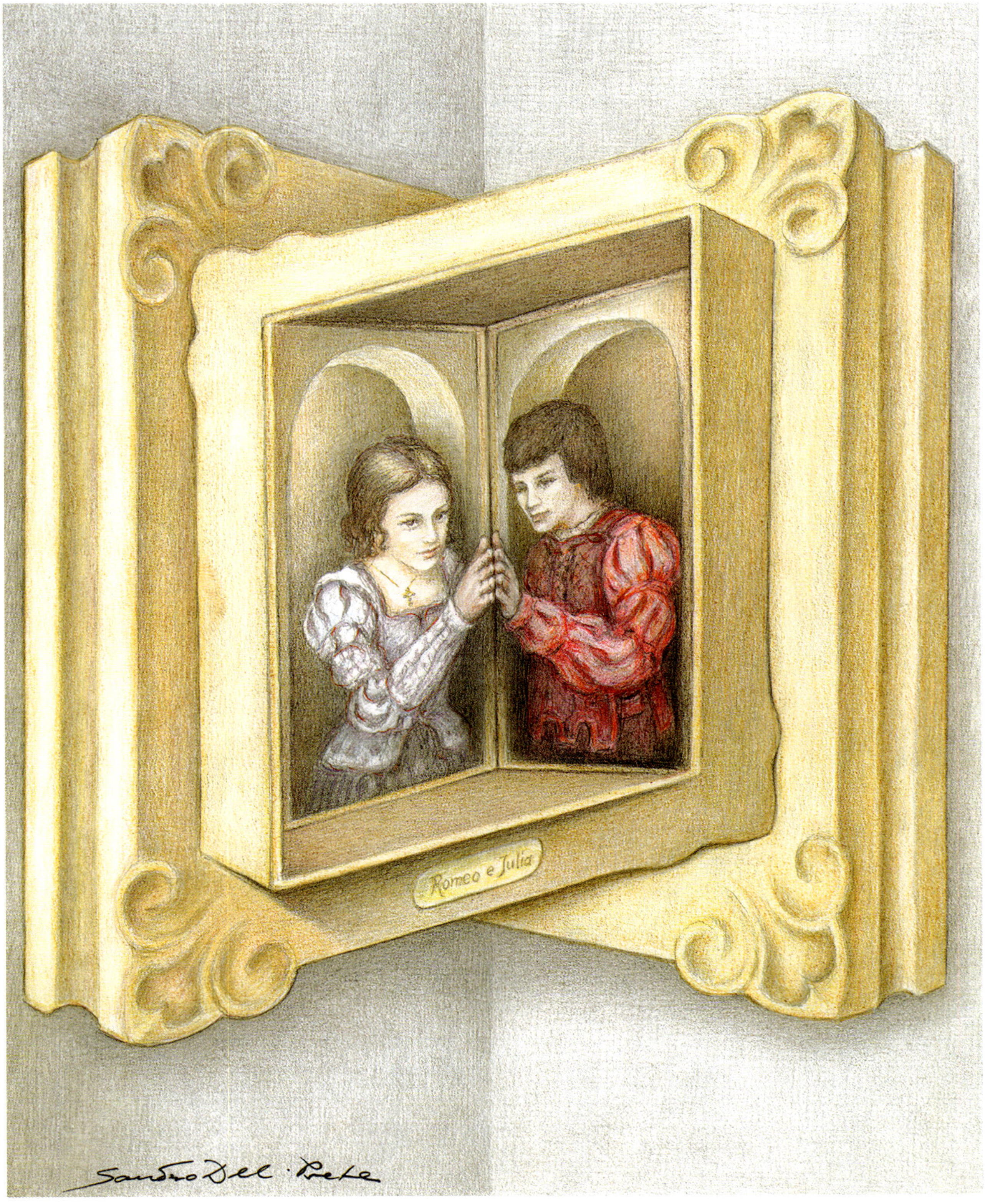

„Romeo und Julia“, kolorierte Bleistiftzeichnung, 1974

Laut Del Prete stellt dieses Werk „ein realistisches Bild des uralten Themas der unmöglichen Liebe“ dar. Auch die beiden Hände treffen sich auf unmögliche Weise, und zwar in der Ecke, die nach hinten weist; die Finger scheinen jedoch nach vorne gerichtet.

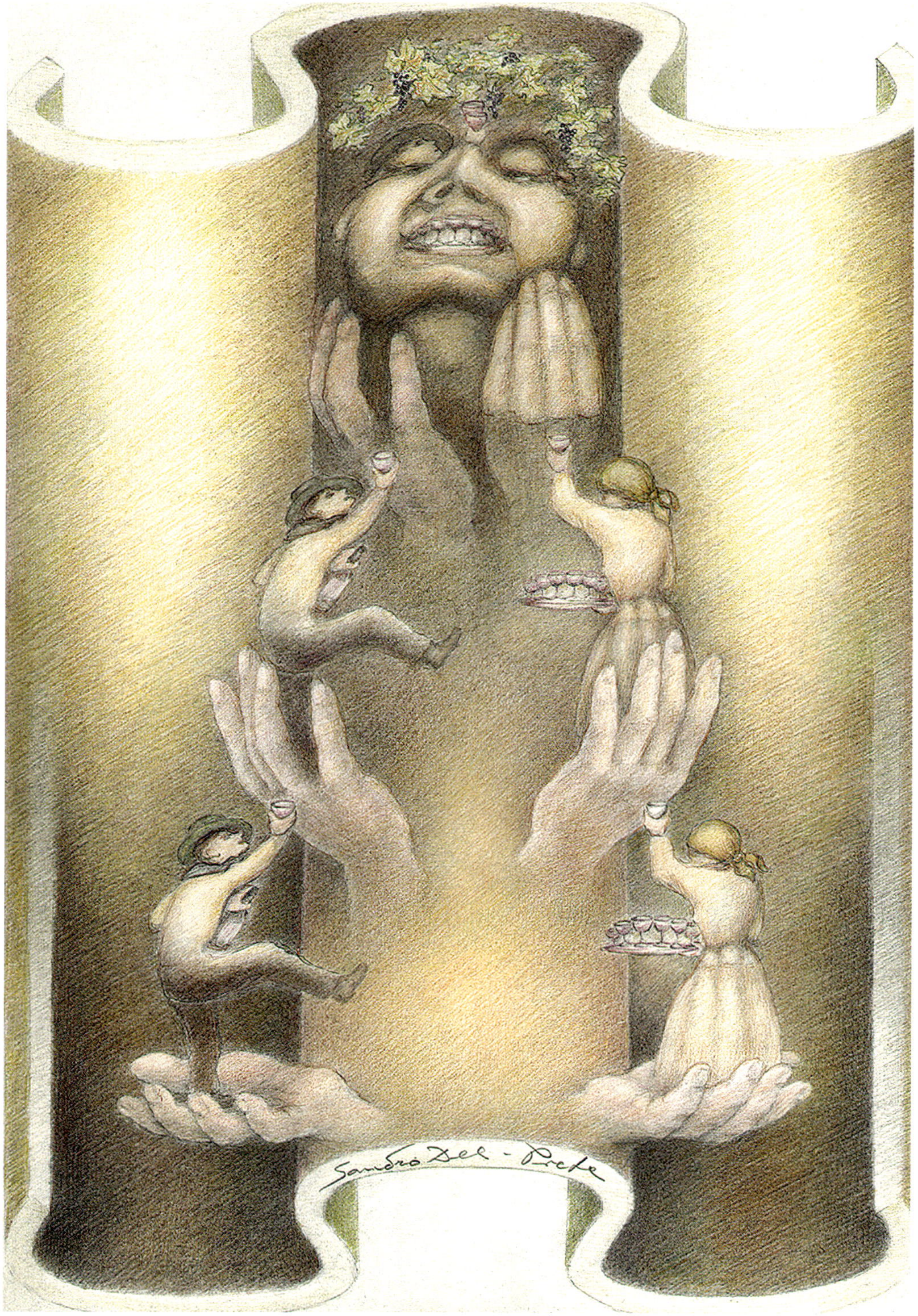

„Das Fest des Bacchus", kolorierte Bleistiftzeichnung, 1974

Dieses Bild enthält eine bemerkenswerte Transformation, die vom unteren Rand der Illustration nach oben verläuft. Unten sieht man zwei kleine Figuren: links hält ein Mann ein Weinglas, rechts trägt eine Frau ein Tablett mit Weingläsern. Es herrscht festliche Atmosphäre, wenn Bacchus in Erscheinung tritt. Er hält die zwei fröhlichen Figuren in seinen Händen. Er bringt sie langsam zusammen, sodass sie miteinander anstoßen können. Die Transformation ist vollständig. Wenn Sie das berauschte Gesicht des Bacchus näher betrachten, werden Sie die beiden Feiernden entdecken.

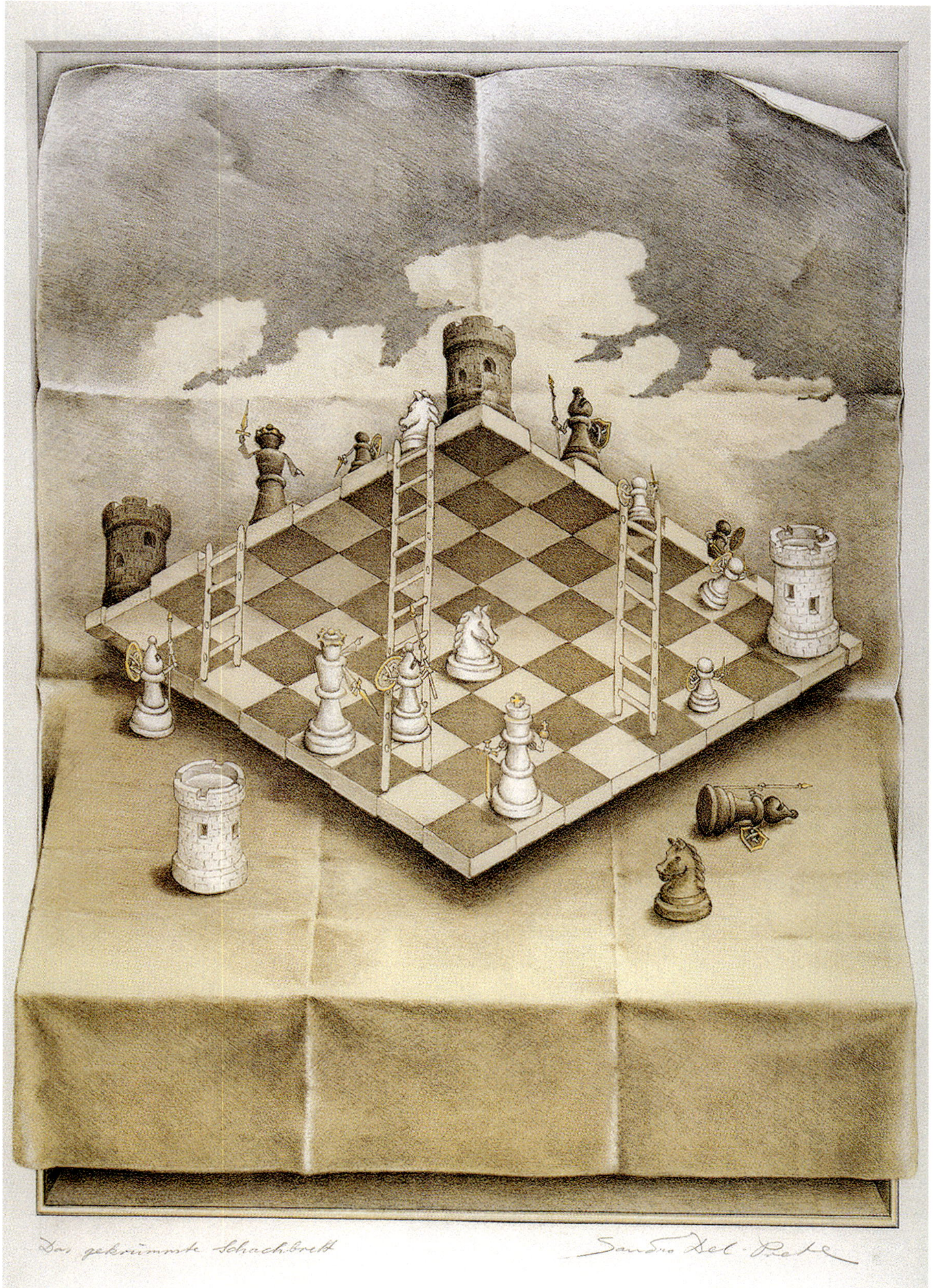

„Das gekrümmte Schachbrett“, kolorierte Bleistiftzeichnung, 1975

Dies ist vermutlich Del Pretes bekannteste Arbeit, von der spätere Künstler starke Anleihen gemacht haben. Es enthält dieselbe doppelte Perspektive wie das ältere Werk „Blick aus dem Fenster“, sowohl beim Schachbrett als auch bei den Leitern.

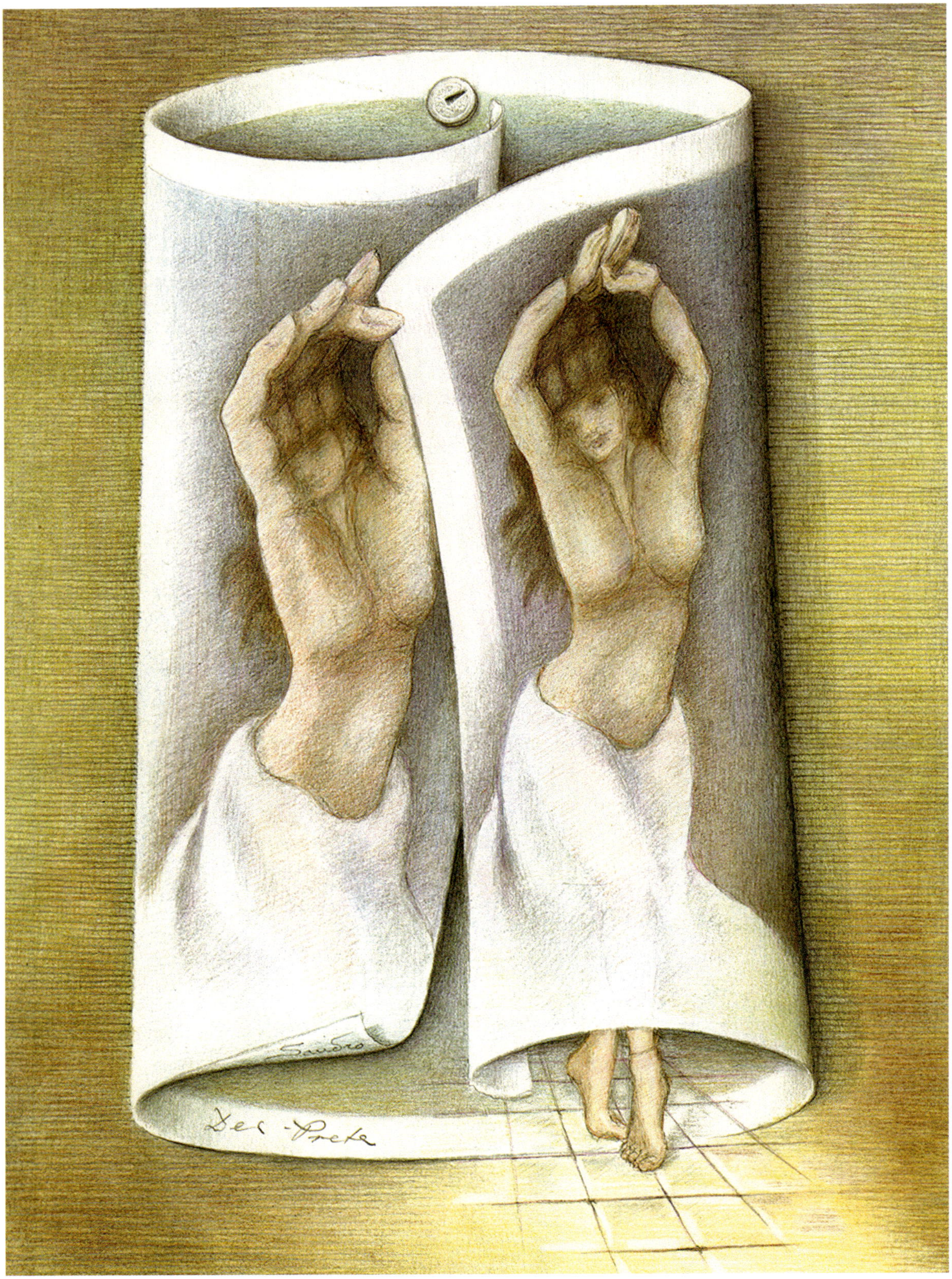

„DIE HAND UND DIE TÄNZERIN", KOLORIERTE BLEISTIFTZEICHNUNG, 1978

Links sieht man die Hand der Tänzerin, die ein Bild der Tänzerin auf der rechten Blatthälfte hält. Auf der Handfläche der Hand links kann man gerade noch Gesicht und Oberkörper der Tänzerin erkennen. Die Hand verwandelt sich in die Tänzerin, indem die mittleren Finger leicht verändert werden.

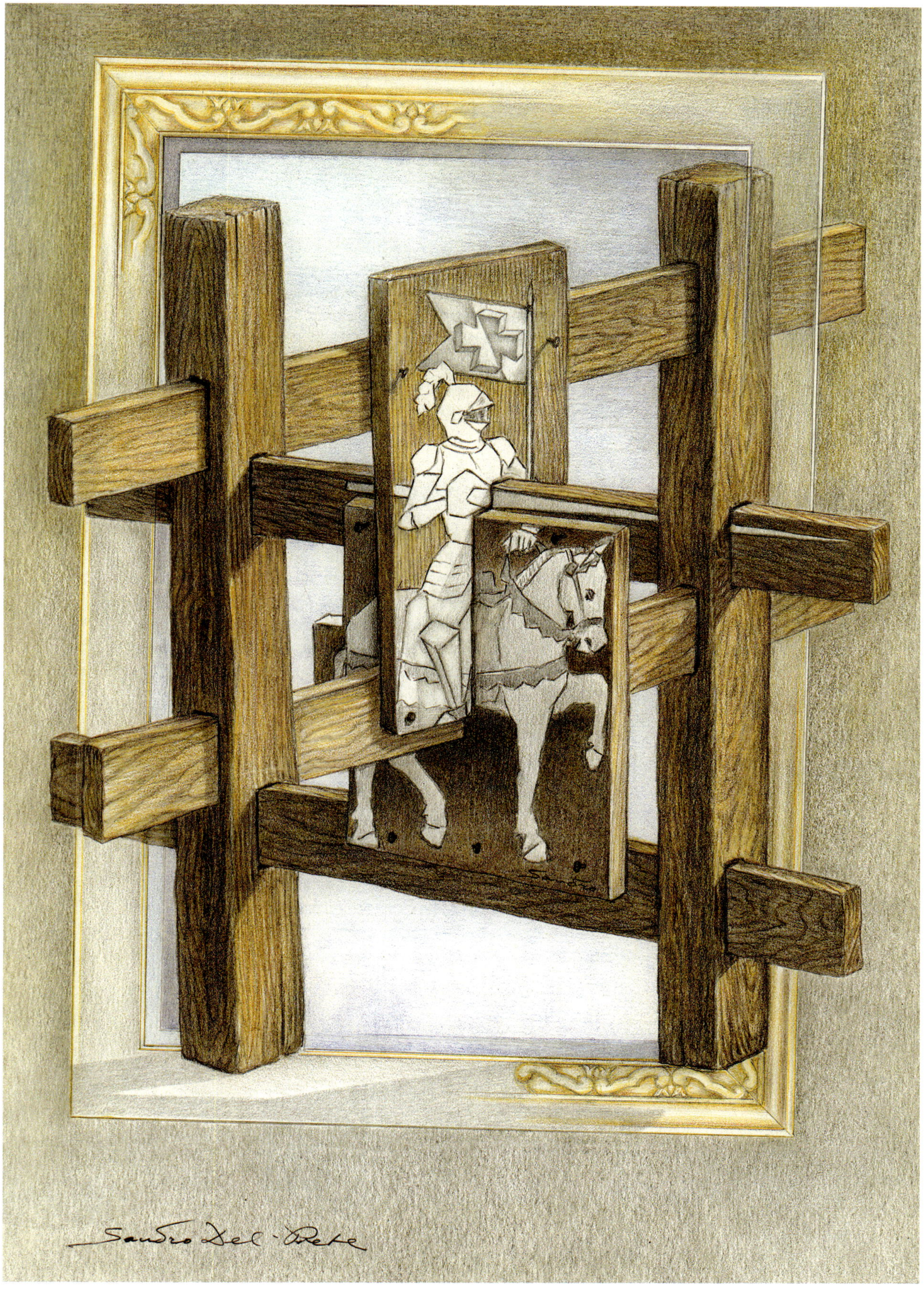

„Der Kreuzritter des Lattenzauns“, kolorierte Bleistiftzeichnung, 1978

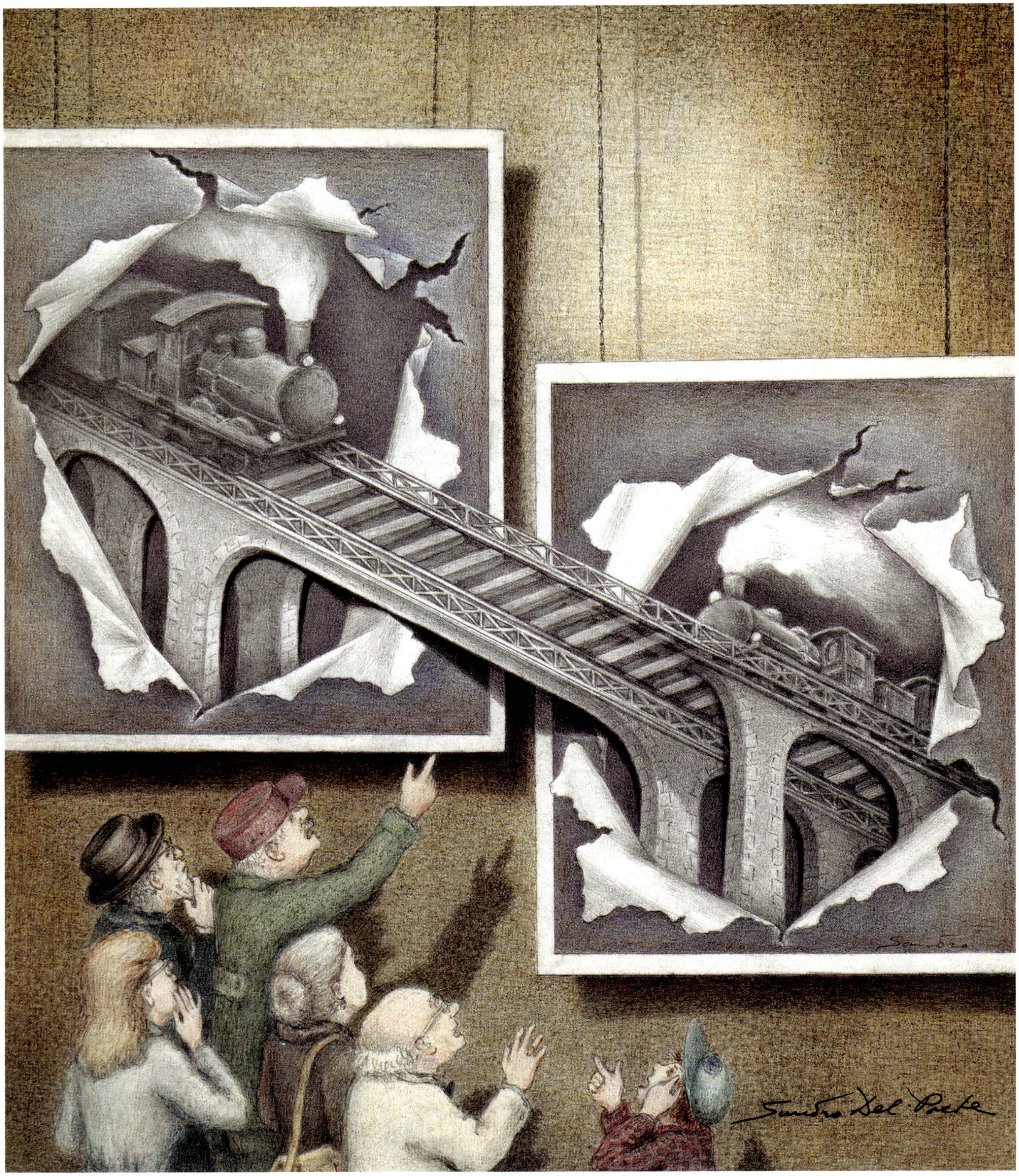

„Zwischenfall auf einer Eisenbahnbrücke", kolorierte Bleistiftzeichnung, 1981

Hier ist ein weiteres Beispiel für Del Pretes unmögliche doppelte Perspektive. Werden die Züge zusammenstoßen? Außerdem lässt der Künstler die Szenerie auf skurrile Weise aus ihrem eigenen Rahmen ausbrechen – der ebenfalls aus einem Bild besteht.

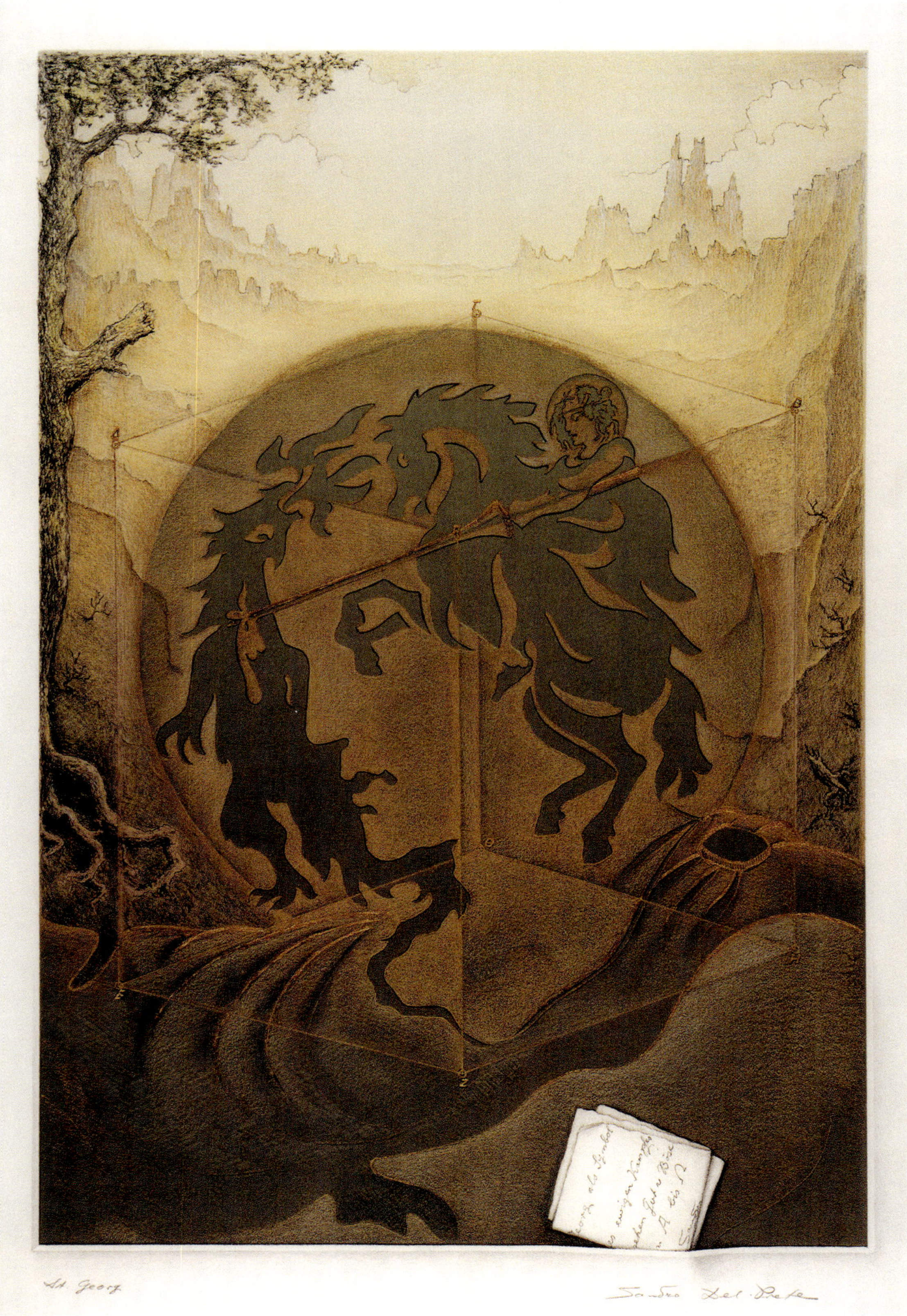

„Der heilige Georg und der Drache“, kolorierte Bleistiftzeichnung, 1986

In diesem Bild finden wir eine Umkehrung in der Wahrnehmung von Figur und Hintergrund. Entdecken Sie sowohl das Porträt des hl. Georg als auch die Szene, in der er den Drachen tötet? Die Kampfszene befindet sich im Haar des hl. Georg.

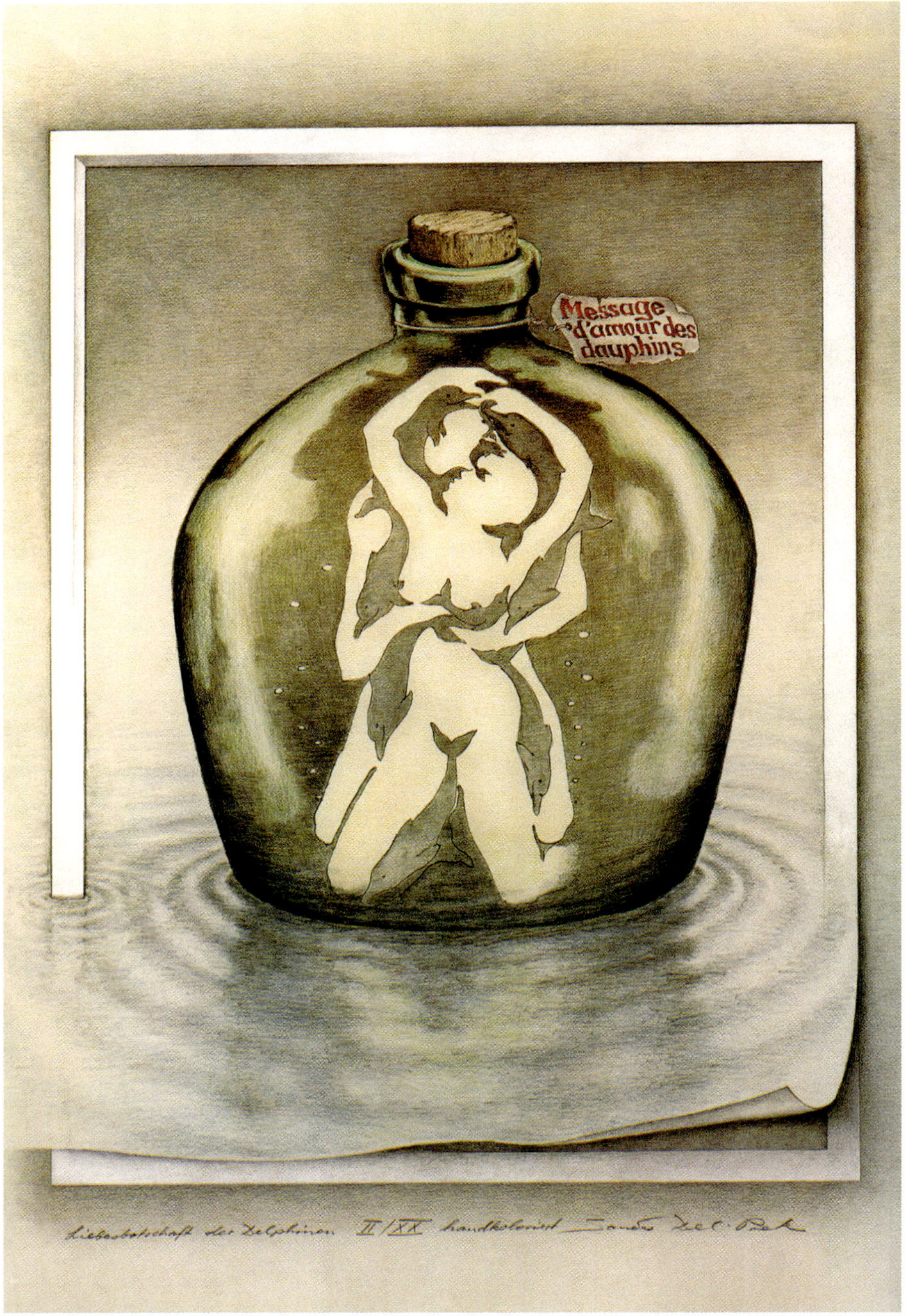

„Die Botschaft der Delfine“, kolorierte Bleistiftzeichnung, 1987

In diesem Bild findet sich eine Figur/Hintergrund-Umkehrung. Sie ist ein tolles Beispiel dafür, wie die Erfahrung den Blick formt. Wenn man jung und unschuldig ist und noch nicht „verdorben“ wurde, sieht man vermutlich eine Gruppe von – ja! – Delfinen. Erwachsene wiederum sehen ein Paar in angedeuteter Umarmung. Wenn Sie die Delfine nicht erkennen können, kehren Sie Figur und Hintergrund um: Was normalerweise den Hintergrund ausmacht (dunkle Flächen), wird zu einer Gruppe kleiner Delfine.

Bei einer öffentlichen Ausstellung, die der Autor an der University of Cambridge hatte, machte es mir großen Spaß, Eltern und sehr kleine Kinder beim Diskutieren über die Aussage des Bildes zu beobachten. Die Erwachsenen fragten: „Welche Delfine?“ Dieses Bild wurde auch bei einer Ausstellung über Illusionen im Museum of Science in Boston gezeigt. Als man die Kuratoren fragte, ob es keine Kontroversen über das Bild gegeben hatte, meinten diese, dass sich einmal eine Gruppe von Nonnen beschwert hätte, doch sie wären sofort verstummt, als man ihnen sagte, dass die eigene Wahrnehmung auf bislang gemachten Erfahrungen beruht.

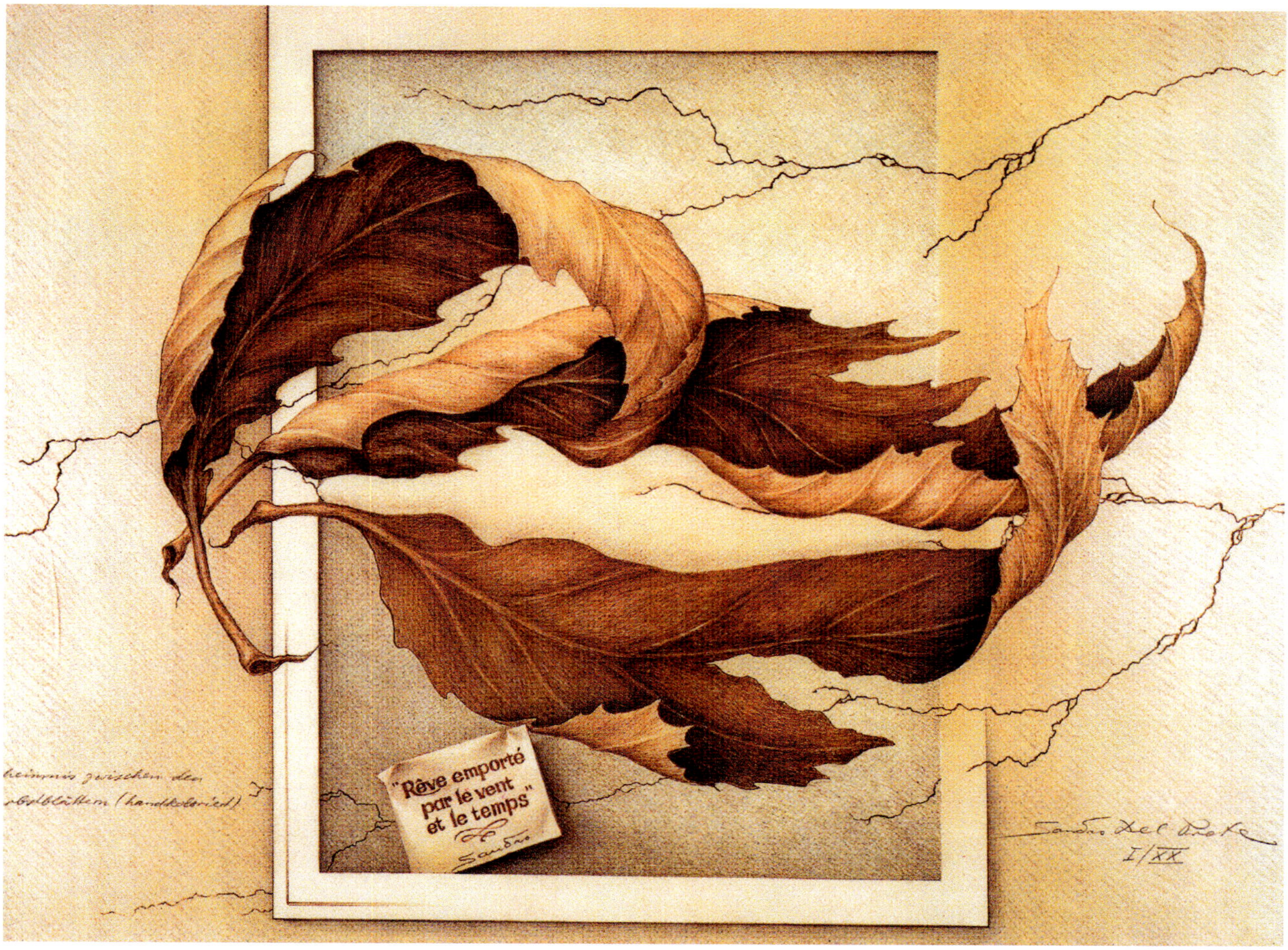

„Das Geheimnis zwischen den Herbstblättern“, kolorierte Bleistiftzeichnung, 1991

Zwischen den Blättern verborgen liegt eine nackte Frau.

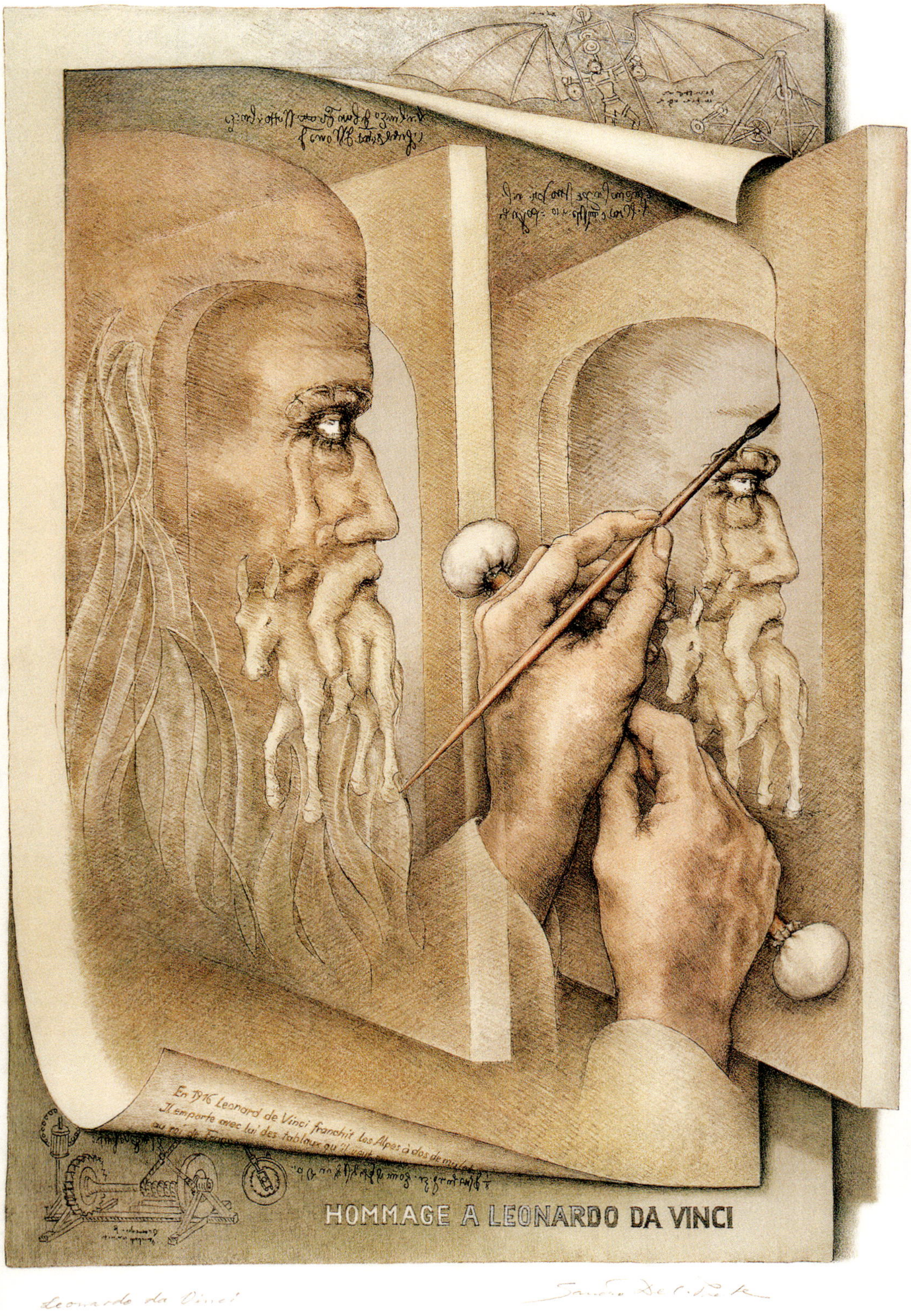

„Hommage an Leonardo da Vinci“, kolorierte Bleistiftzeichnung, 1992

Diese mehrdeutige Darstellung basiert auf da Vincis Reise durch die Alpen 1516 auf einem Maultier. Auf dieser Reise führte da Vinci einige wertvolle Gemälde mit sich, wie die „Mona Lisa“, die er dem König von Frankreich überreichen wollte. Hier zeigt Del Prete da Vincis Ritt, während da Vinci gleichzeitig an einer Zeichnung arbeitet. Das Doppelbild, sowohl in dem Profil als auch im Reiter, kann man entweder als da Vincis Selbstporträt sehen oder als seinen Maultierritt durch die Alpen.

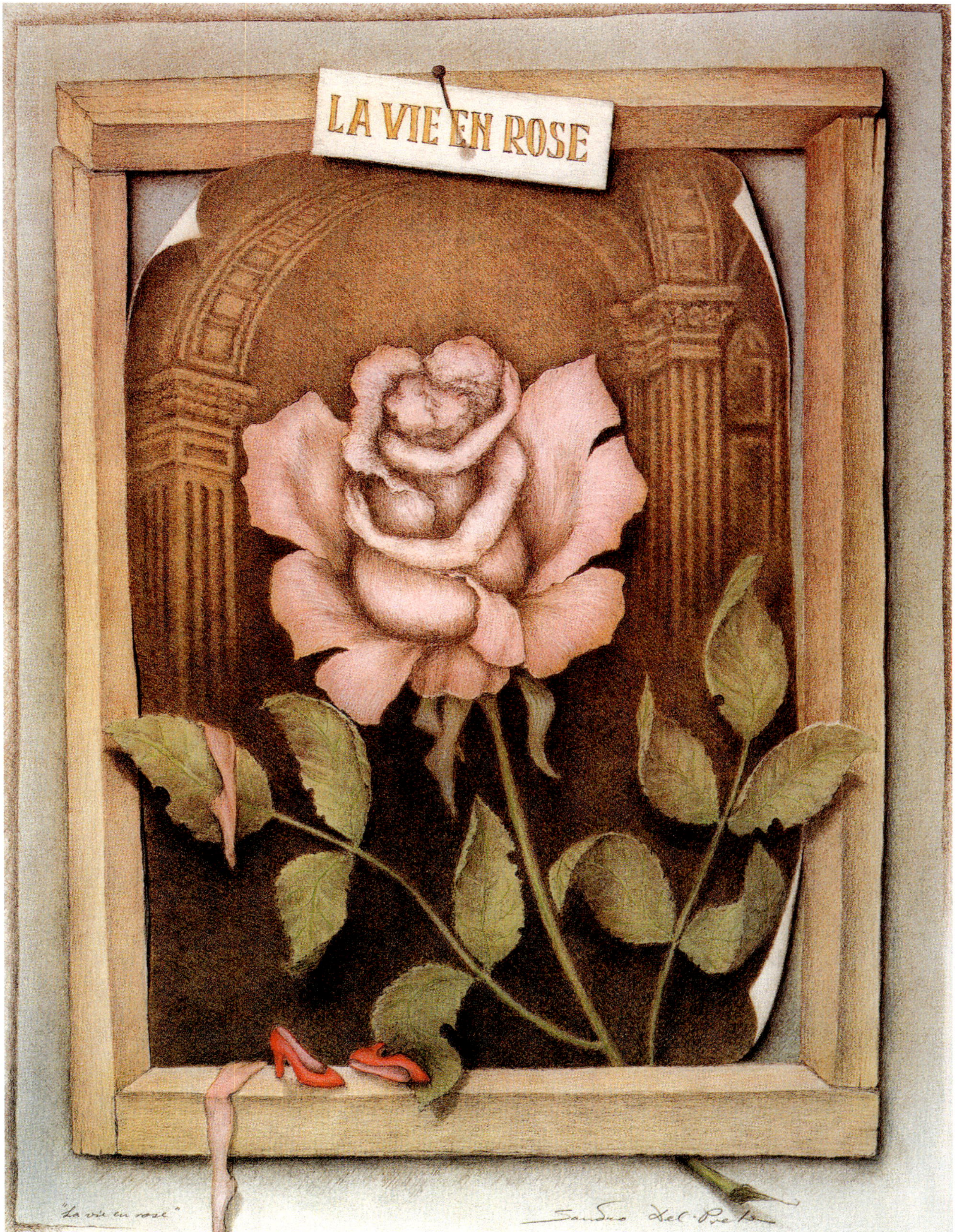

„Das Erblühen der Liebe", kolorierte Bleistifzeichnung, 1994

Entdecken Sie das Pärchen, das sich in der Rosenblüte verbirgt?

KAPITEL 4

Jos De Mey

(1928–)

Paradoxe Welten

„Kunst, die nur den Geist befriedigt, ist interessant. Kunst, die nur das Auge befriedigt, ist künstlich. Daher versuche ich stets, etwas Interessantes und zugleich ästhetisch Anspruchsvolles zu schaffen." Jos De Mey

DER BELGISCHE KÜNSTLER JOS DE MEY ist ein Meister darin, unmögliche Welten zu erschaffen, die nur auf seiner Leinwand existieren können. Seine Welten sind zugleich realistisch und unrealistisch; darin liegt ihr großes Paradoxon.

De Mey ist stolz auf sein flämisches Erbe und liebt es, Szenen in typisch flämischer Umgebung zu malen. Diese bevölkert er mit Figuren aus den Werken von Pieter Bruegel, René Magritte und M. C. Escher. Die architektonischen Elemente, die Landschaften, die Gestalten und die Farbgebung haben starke flämische Wurzeln, im Gegensatz zu Escher, dessen klassische Arbeiten zum Großteil ohne Farbe auskamen und der vor allem italienische Architektur und Landschaften darstellte.

In vielen von De Meys Bildern finden wir eine Eule, ein Symbol für das Alter Ego des Künstlers. De Mey meint: „In der holländischen Sprache ist die Eule zugleich Symbol für das theoretische Wissen und für den Narren oder für einen, der vorgibt, einfältig zu sein."

Jos De Mey wurde 1928 im belgischen Dorf Sint-Denijs-Westrem geboren. Er studierte an der Akademie der bildenden Künste in Gent und wurde dort mit 22 Jahren Lektor für Innendesign und Farbe. Seine frühen Werke beschäftigten sich mit Möbeldesign und Architektur. 1956 besuchte er eine Escher-Ausstellung, die ihn sehr stark beeindruckte. Noch hatte Escher keine unmöglichen Figuren geschaffen, der Großteil seiner Arbeiten zeigte damals Mosaike oder Zerlegungen der visuellen Ebene. Von einem Kollegen erhielt De Mey 1959 den Artikel des Vater-Sohn-Gespanns Lionel and Roger Penrose über unmögliche Figuren (der gleiche Artikel, der Escher beeinflusst hatte). So wandte sich auch De Mey den unmöglichen Figuren zu, obwohl er in seiner beruflichen Laufbahn damals hauptsächlich Möbel entwarf.

Erst 1968 gab De Mey seine erfolgreiche Karriere als Innenarchitekt und -gestalter auf, um den risikoreicheren Weg des professionellen Künstlers einzuschlagen. Er wollte Dinge darstellen, die nur als „Gemälde" existieren konnten, und begann damit, farbenprächtige abstrakte illusionäre Figuren zu erschaffen, die auf denen von Armand Thiéry und Joseph Albers basierten. In seinen Frühwerken stellt De Mey im Allgemeinen Objekte in einem nicht existenten Raum dar, wie etwa in seinem Werk „Wunderschönes Gebäude für eine große belgische Stadt" (1979). Diese Gebilde besaßen weder eine Ober- noch eine Unterseite, weder eine rechte noch eine linke Seite.

Zur gleichen Zeit begann er mit unmöglichen Figuren zu experimentieren. Ab 1976 wurden seine Arbeiten viel figürlicher und er ging dazu über, sie in einen szenischen Rahmen zu stellen. Er wollte *Trompe-l'oeil*-Effekte integrieren, wobei er besonderes Augenmerk auf Licht und Schatten legte. Das war eine doppelte Herausforderung, da er sich in Ausbildung und Beruf stets auf Design, nicht auf figürliche Darstellung konzentriert hatte. Er musste sich neue Fähigkeiten aneignen, um eine realistische Umgebung für seine unmögliche Architektur schaffen zu können. Außerdem war er als Designer jahrelang darauf bedacht gewesen, Mehrdeutigkeiten zu vermeiden, die er nun erzeugen wollte. Durch seine unmöglichen, aber realistischen Bilder konnte sich De Mey von der anonymen, international vorherrschenden Abstraktheit abheben. „Ich durfte die Erfahrung machen, etwas darzustellen, das nicht sein konnte, es jedoch so überzeugend zu tun, dass man meinte, es könnte existieren... Wenn du auf etwas Unmögliches aufmerksam machen willst, musst du zuerst versuchen, dich selbst zu überlisten und dann dein Publikum, indem du dein Werk so präsentierst, dass das unmögliche Element verhüllt und von einem oberflächlichen Betrachter nicht bemerkt wird."

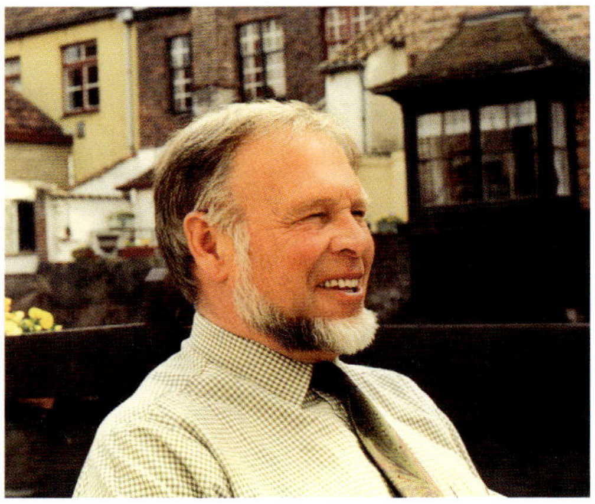

Jos De Mey, 1996

Für gewöhnlich tragen De Meys Werke lange Titel, die nicht nur das Werk beschreiben, sondern ihm häufig noch eine geheimnisvolle Dimension verleihen. Leider verlieren die meisten Titel durch die Übersetzung ihren Sinn, weil man die Wortspiele nur in der ursprünglichen Sprache versteht.

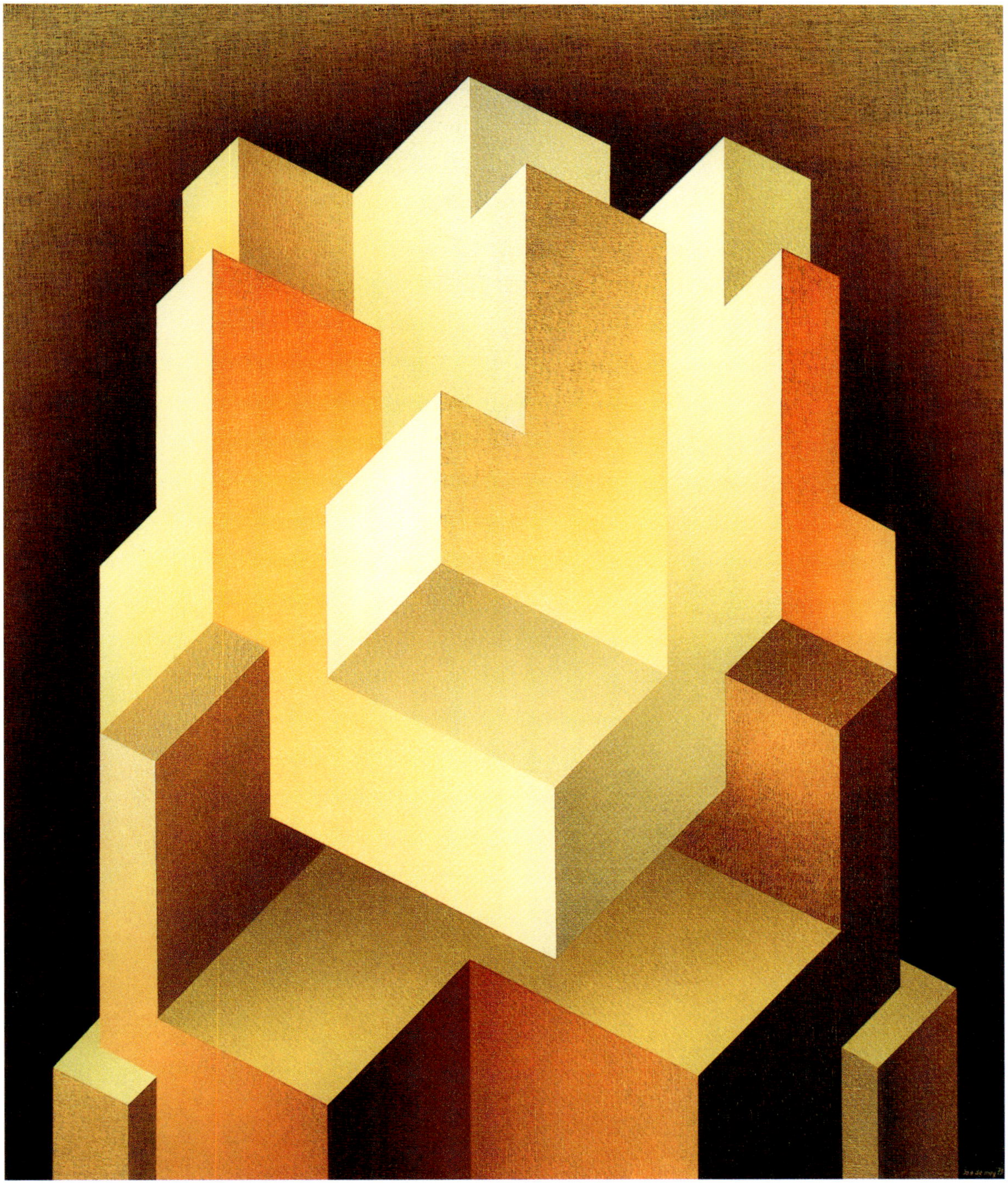

„Wunderschönes Gebäude für eine grosse belgische Stadt“,
Acryl auf Leinwand, 1979, 110 × 95 cm

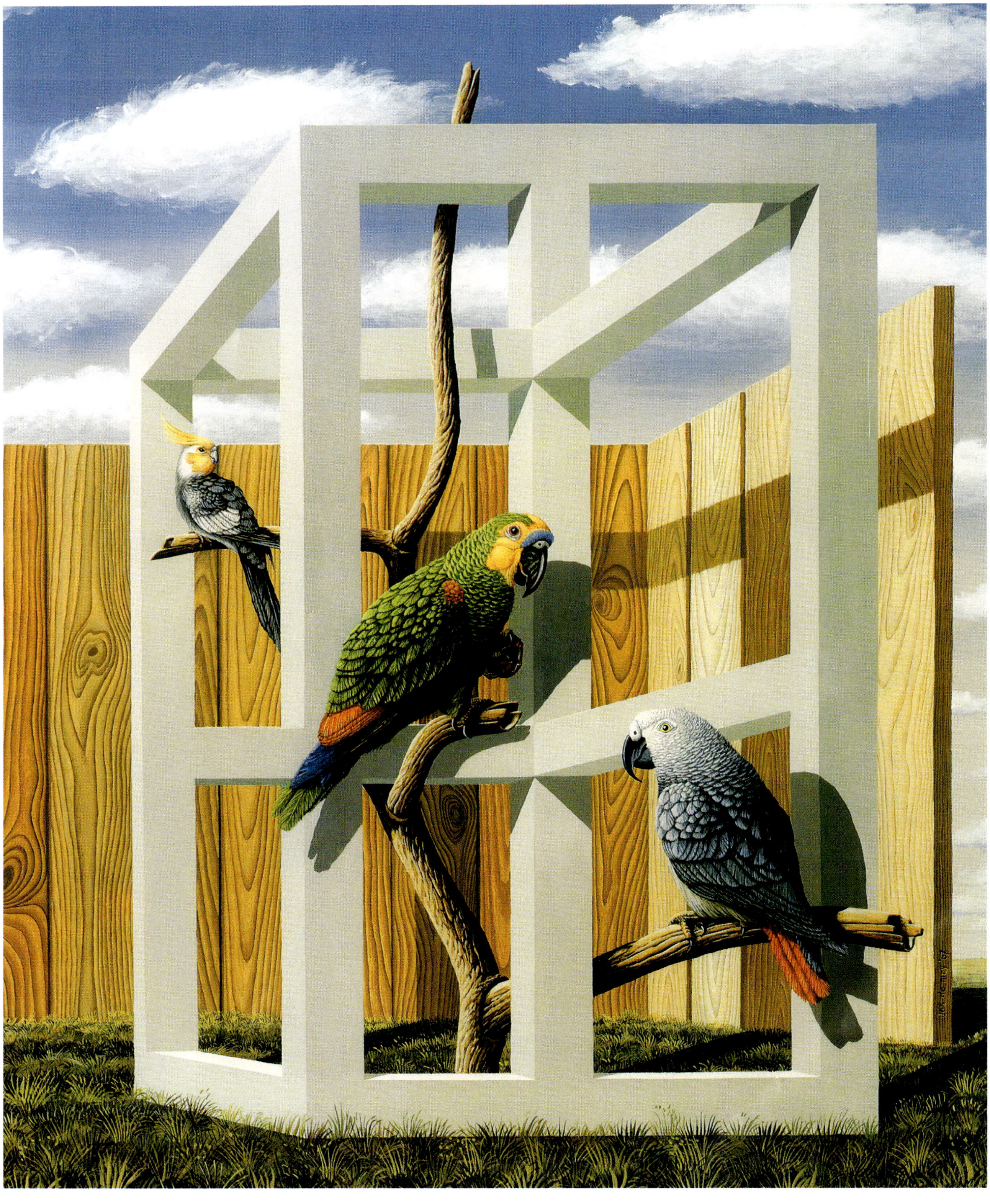

„Seltsame Gefängniskonstruktion für Papageien und Familie“,
Acryl auf Leinwand, 1987, 100 × 85,5 cm

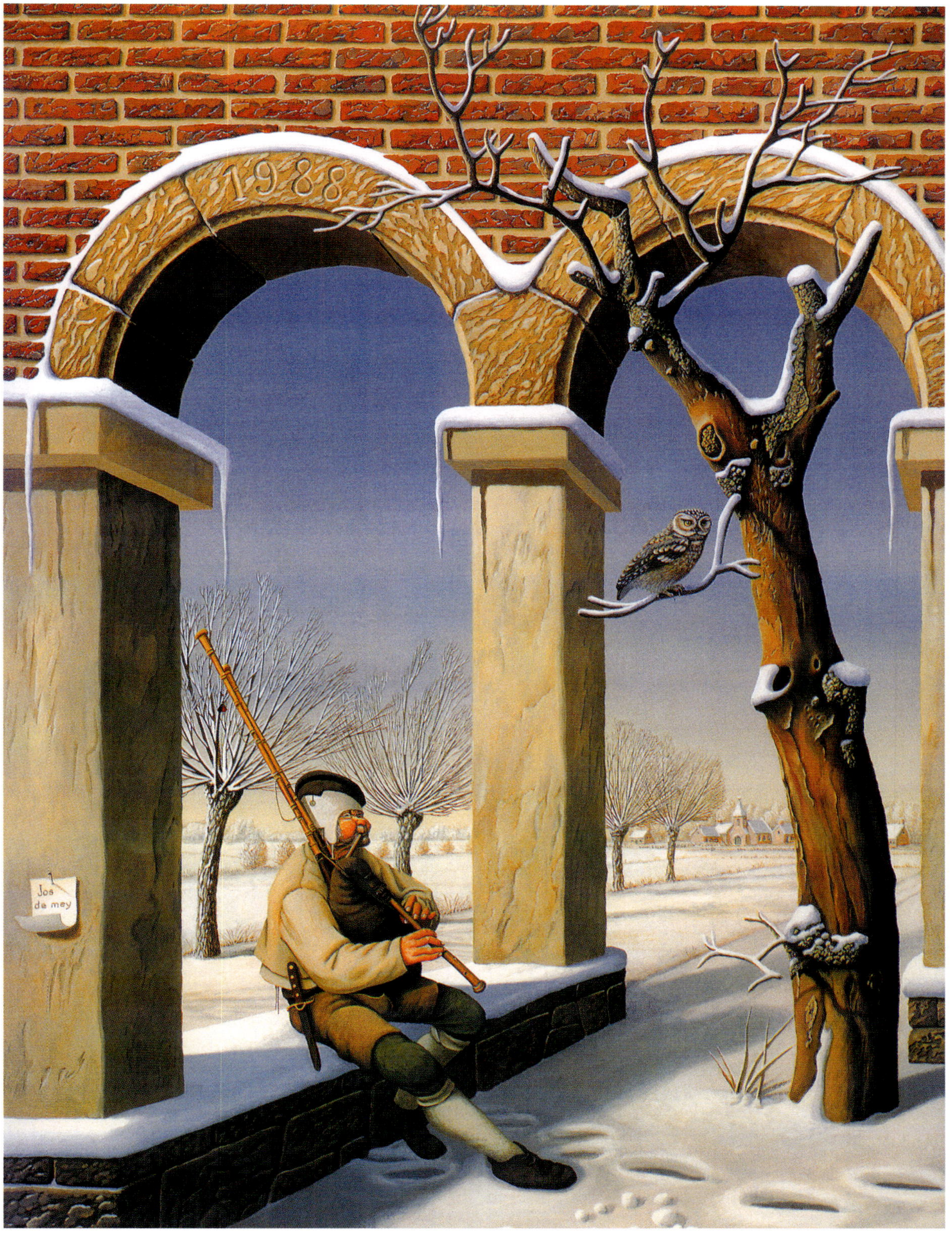

„Melancholische Melodie an einem flämischen Wintertag“,
Acryl auf Leinwand, 1988, 90 × 70 cm

Wie kommt die linke Säule nach vorne?

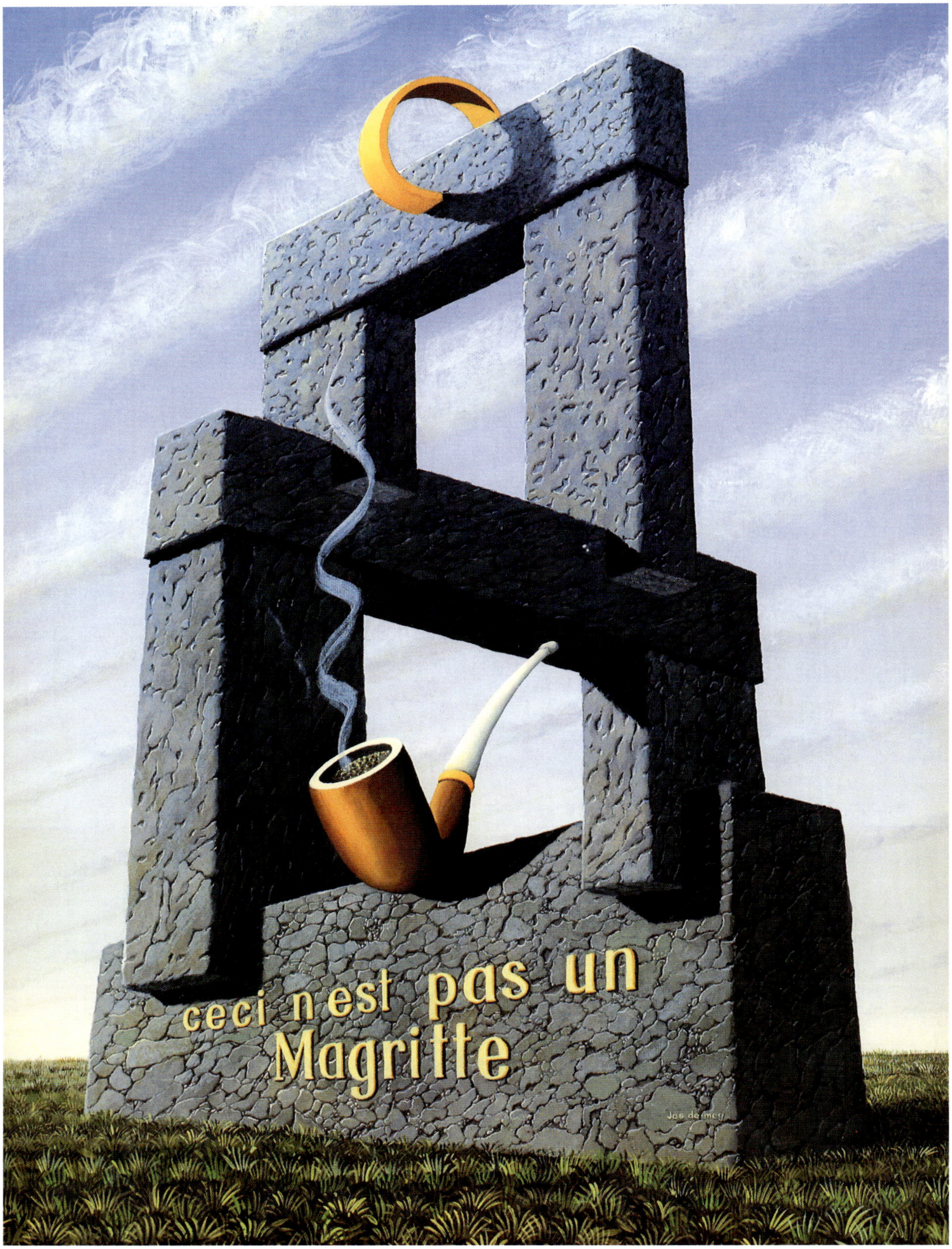

„DIES IST KEIN MAGRITTE", ACRYL AUF LEINWAND, 1989, 60 × 50 CM

Eine Anspielung auf René Magrittes berühmtes Spiel mit der Metaphorik, „Dies ist keine Pfeife" (*ceçi n'est pas une pipe*).

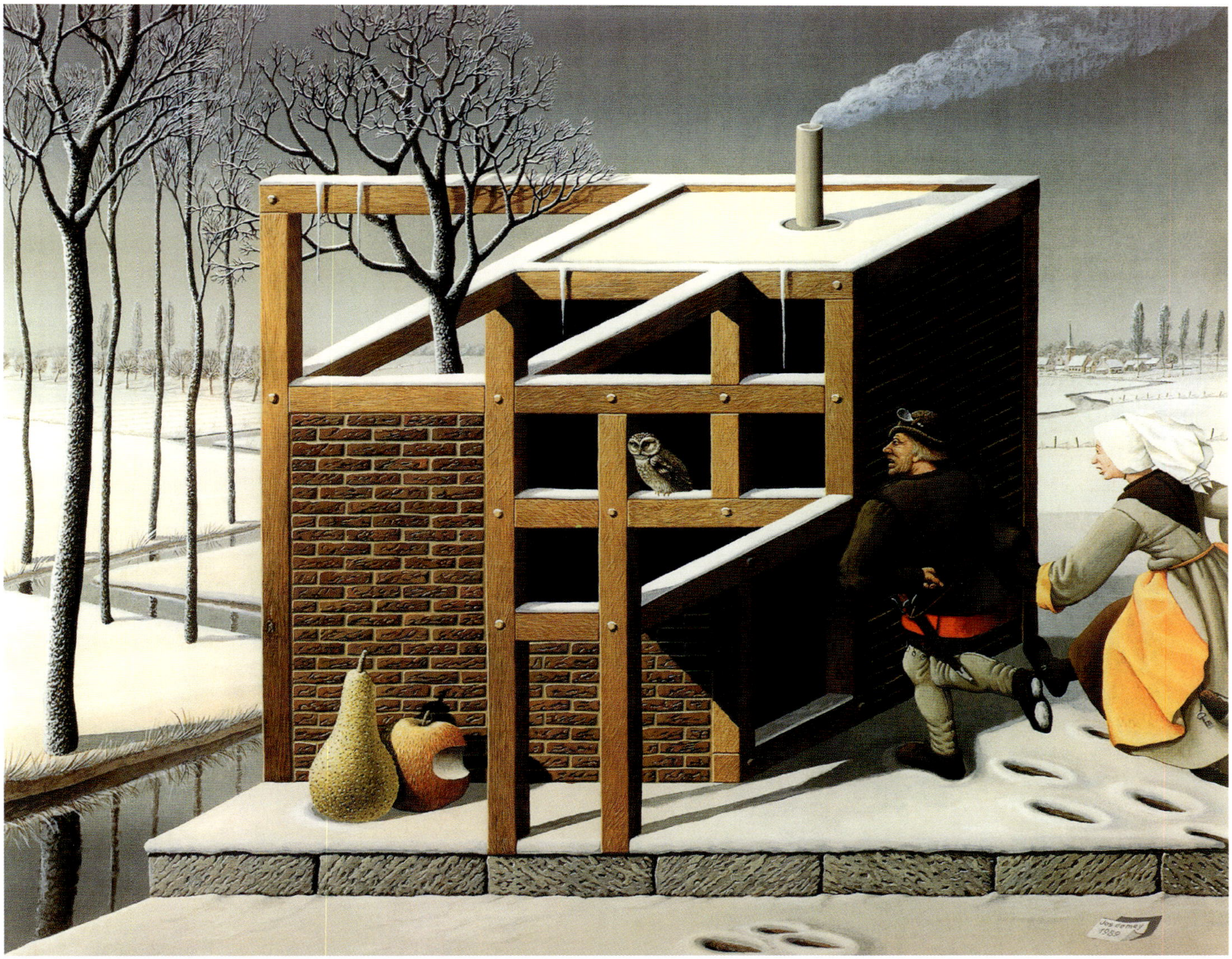

„Party für Bruegel in einer verschneiten Winterlandschaft“,
Acryl auf Leinwand, 1989, 70 × 90 cm

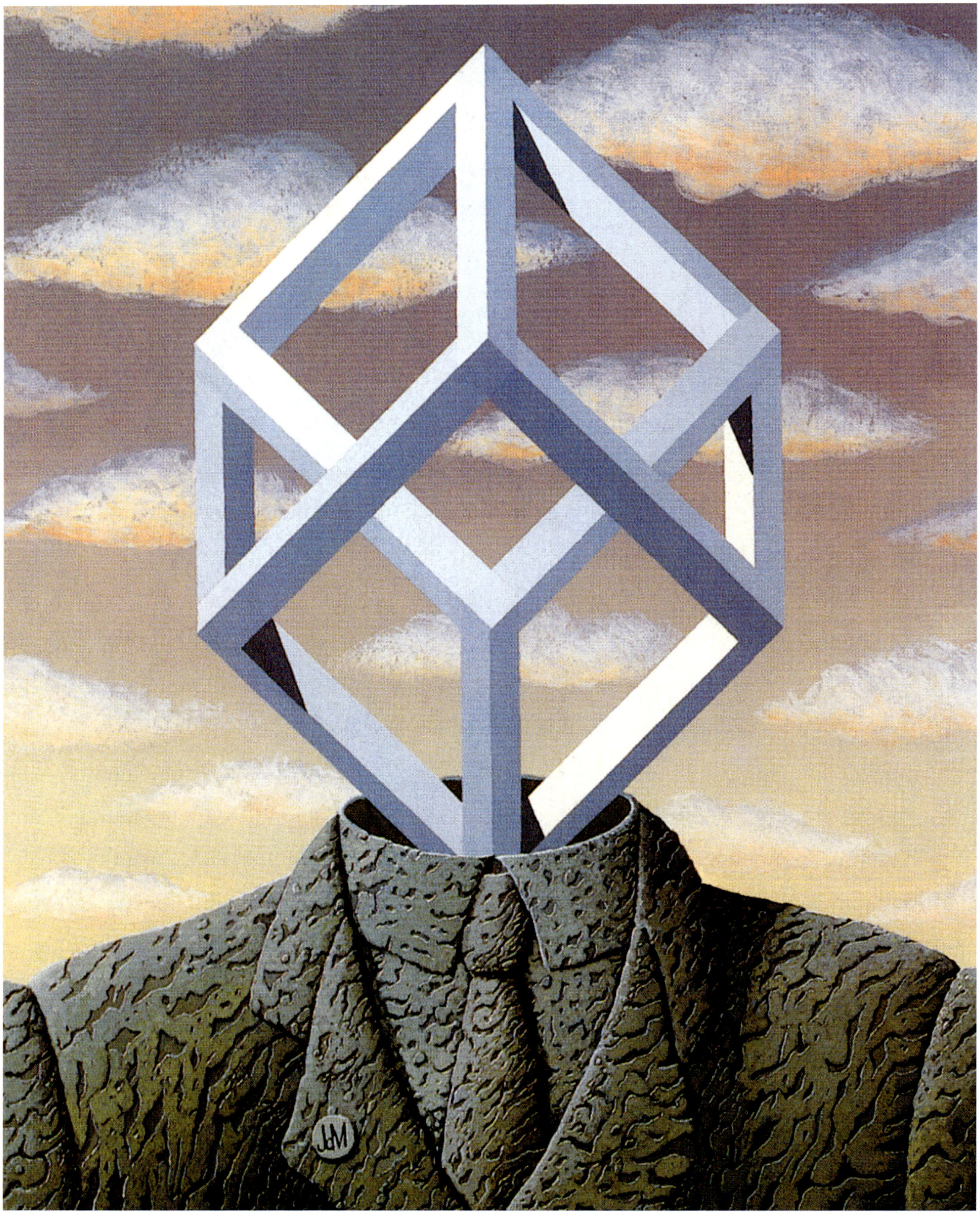

„Porträt eines Unsichtbaren“, Acryl auf Leinwand, 1989, 50 × 40 cm

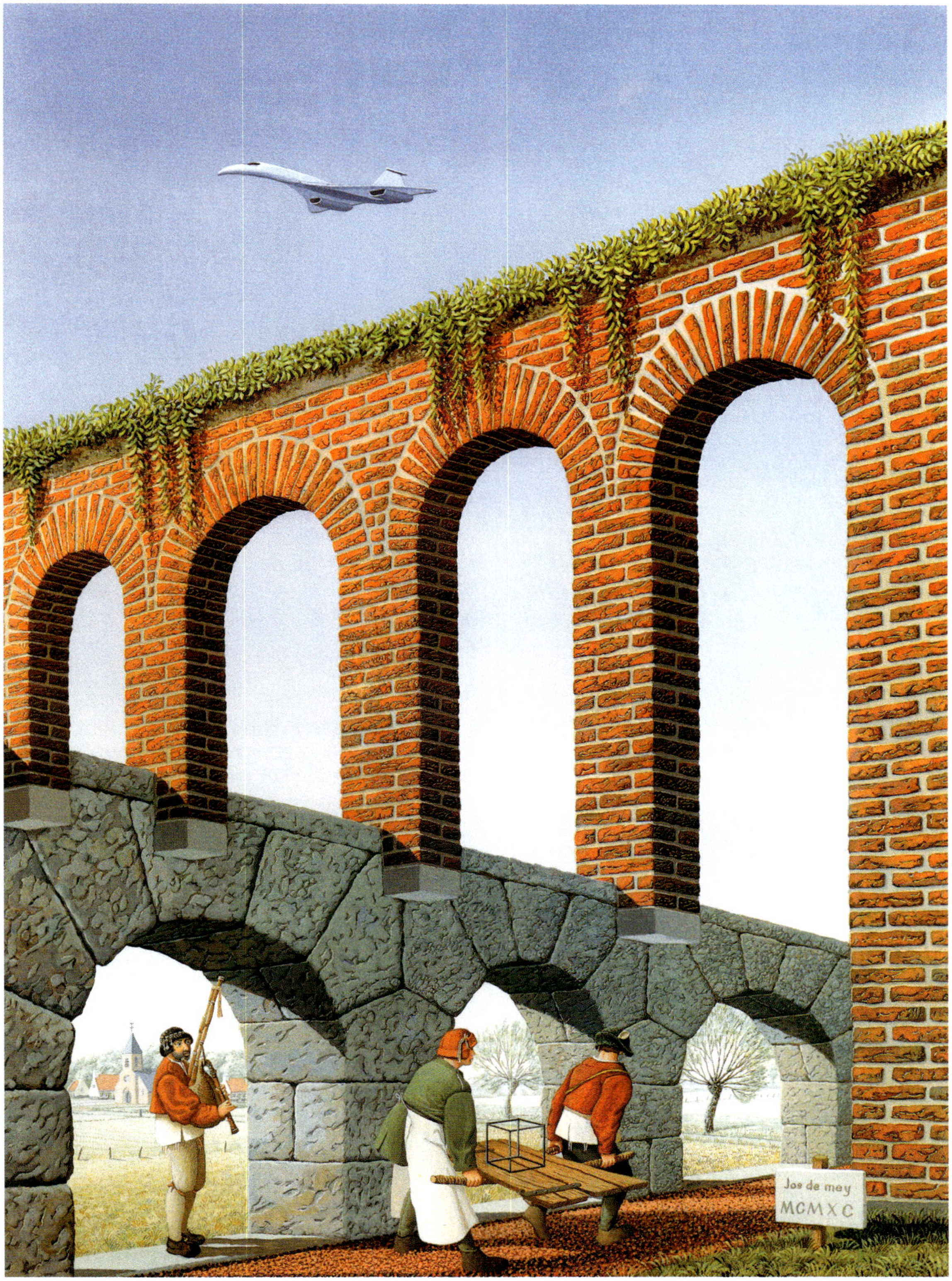

„Zwei Personen nehmen den langen Weg rund um ein Aquädukt“,

Acryl auf Leinwand, 1990, 80 × 60 cm

Das Fundament des Aquädukts steht im rechten Winkel zum oberen Teil. Diese Konstruktion ist ähnlich wie die von Escher in seinem ersten unmöglichen Bild „Belvedere“ (1961).

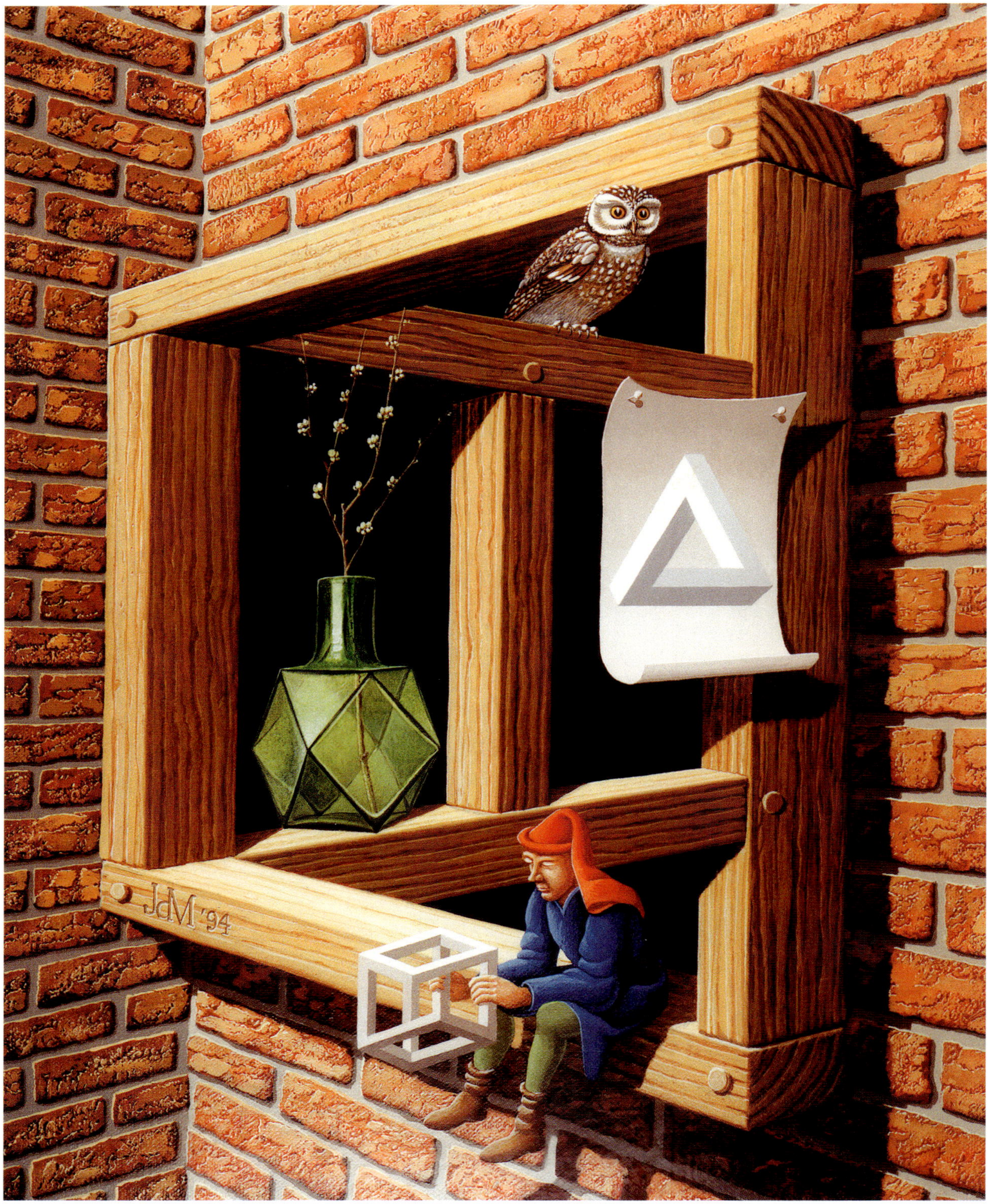

„Fenster mit Blick nach aussen und nach innen“,
Acryl auf Leinwand, 1994, 60 × 50 cm

Die Figur, die den unmöglichen Würfel betrachtet, stammt aus M. C. Eschers Darstellung eines unmöglichen Gebäudes, „Belvedere“. Das unmögliche Dreieck von Penrose, das auf dem Blatt Papier zweidimensional erscheint, wirkt dreidimensional, wenn es in den Fensterrahmen integriert wird.

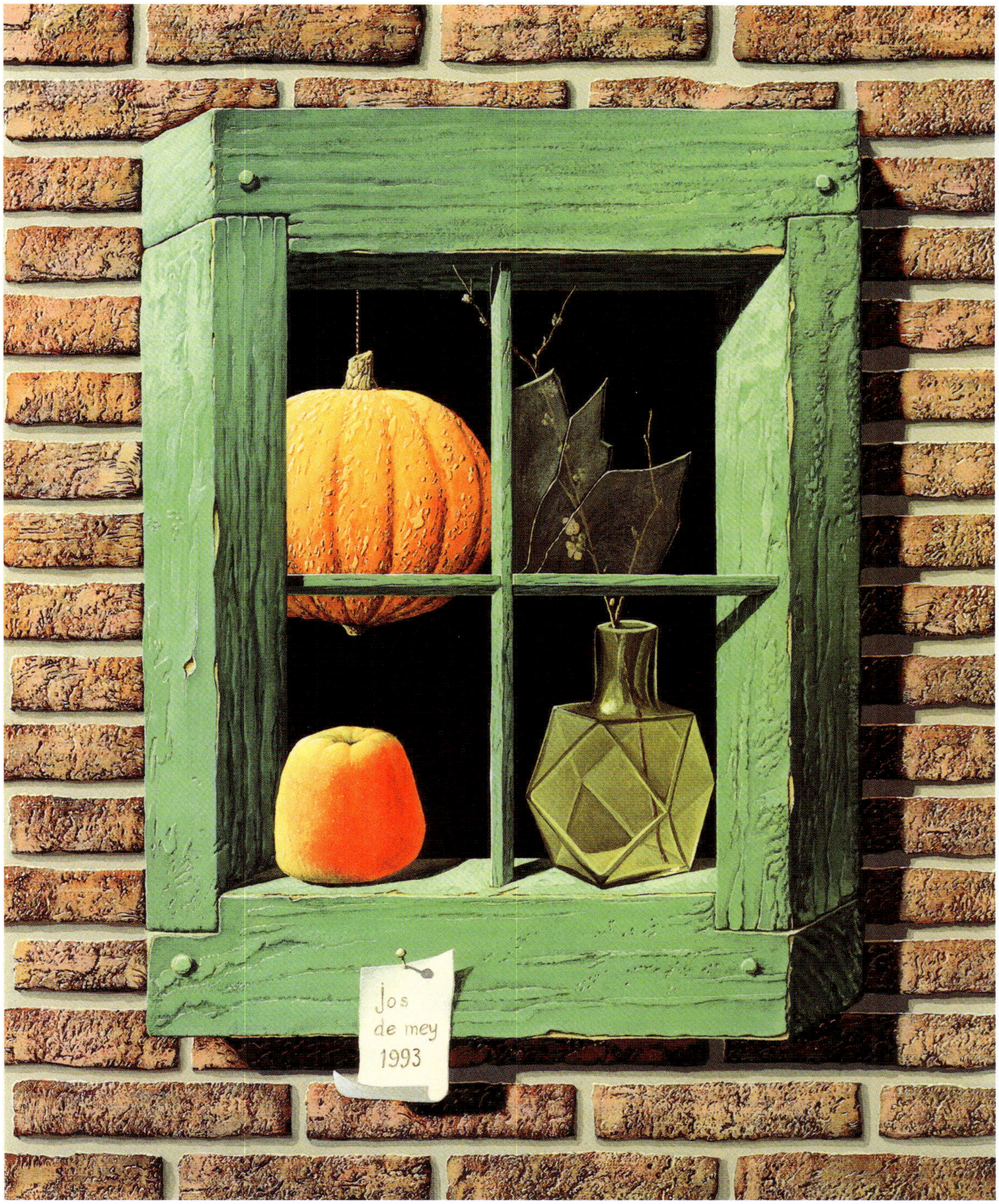

„Stillleben in einem Zwei-Wege-Fenster“, Acryl auf Leinwand, 1993, 60 × 50 cm

Der Fensterrahmen ist auf unmögliche Weise verdreht.

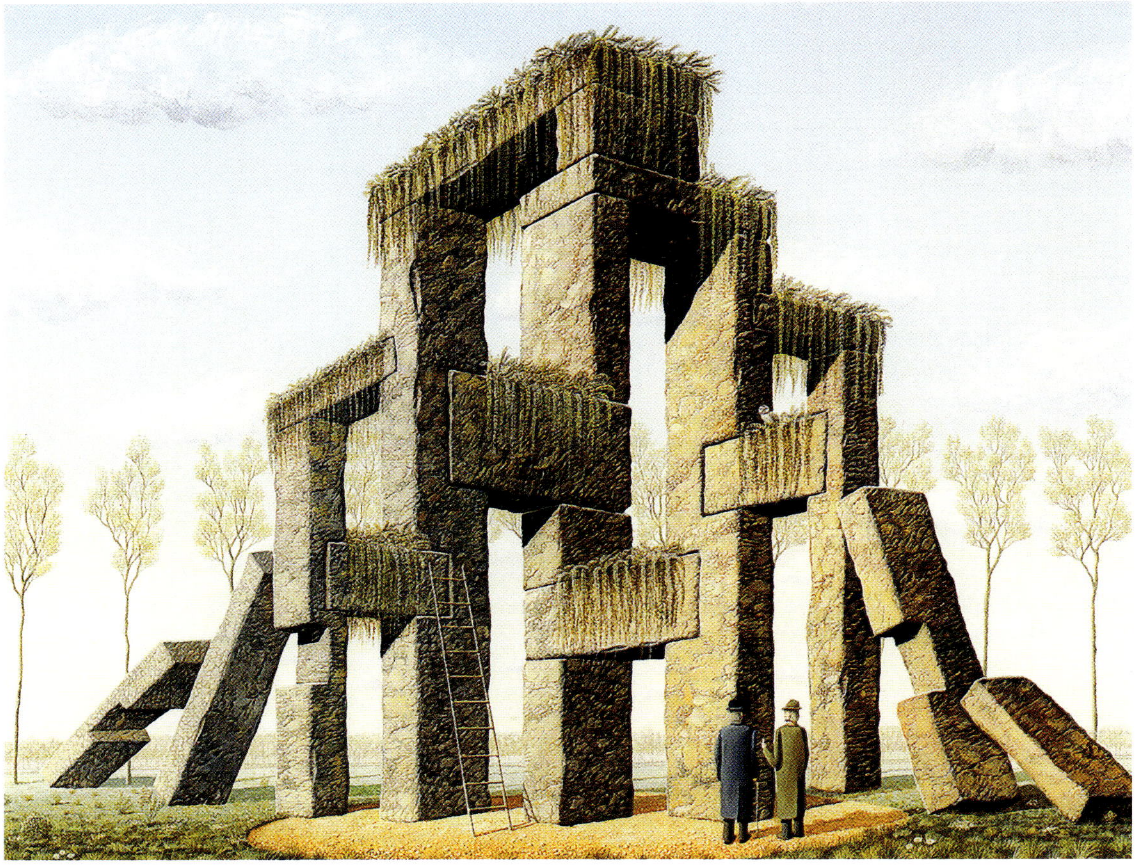

„Rekonstruktion eines seltsamen Monolithen“, Acryl auf Leinwand, 1995, 70 × 90 cm

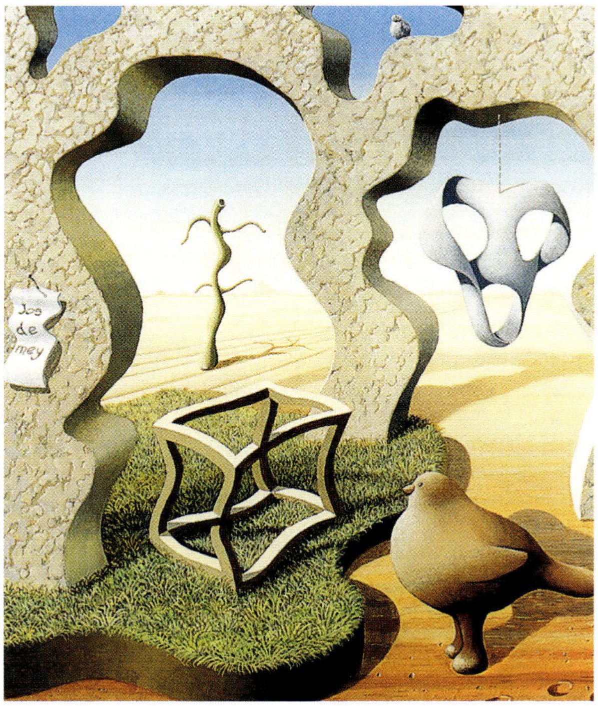

„Botézo-Vogel bewundert weiche Jos-De-Mey-Konstrukte“, Acryl auf Leinwand, 1996

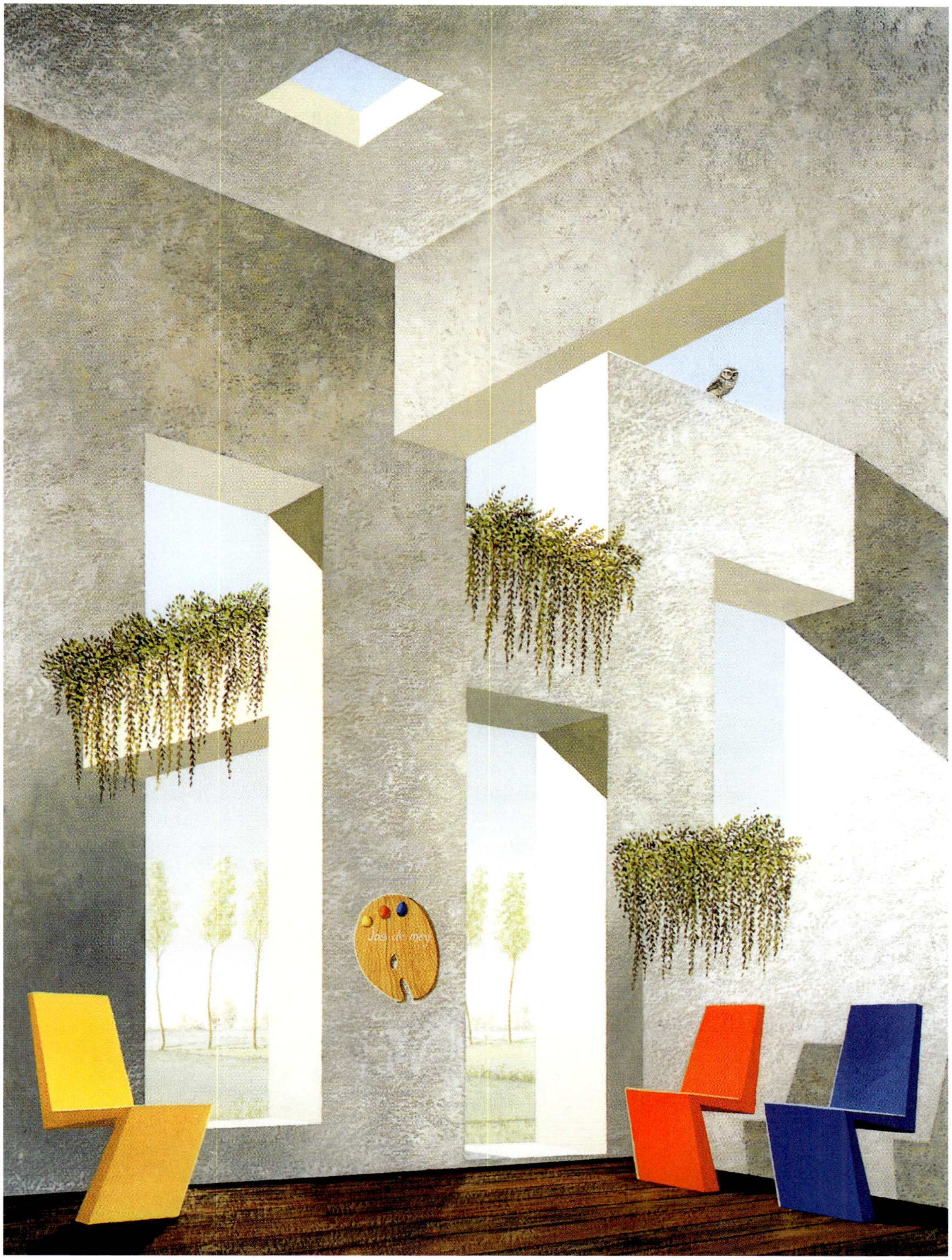

„Wartezimmer des Zeichners“, Acryl auf Leinwand, 1996, 80 × 60 cm

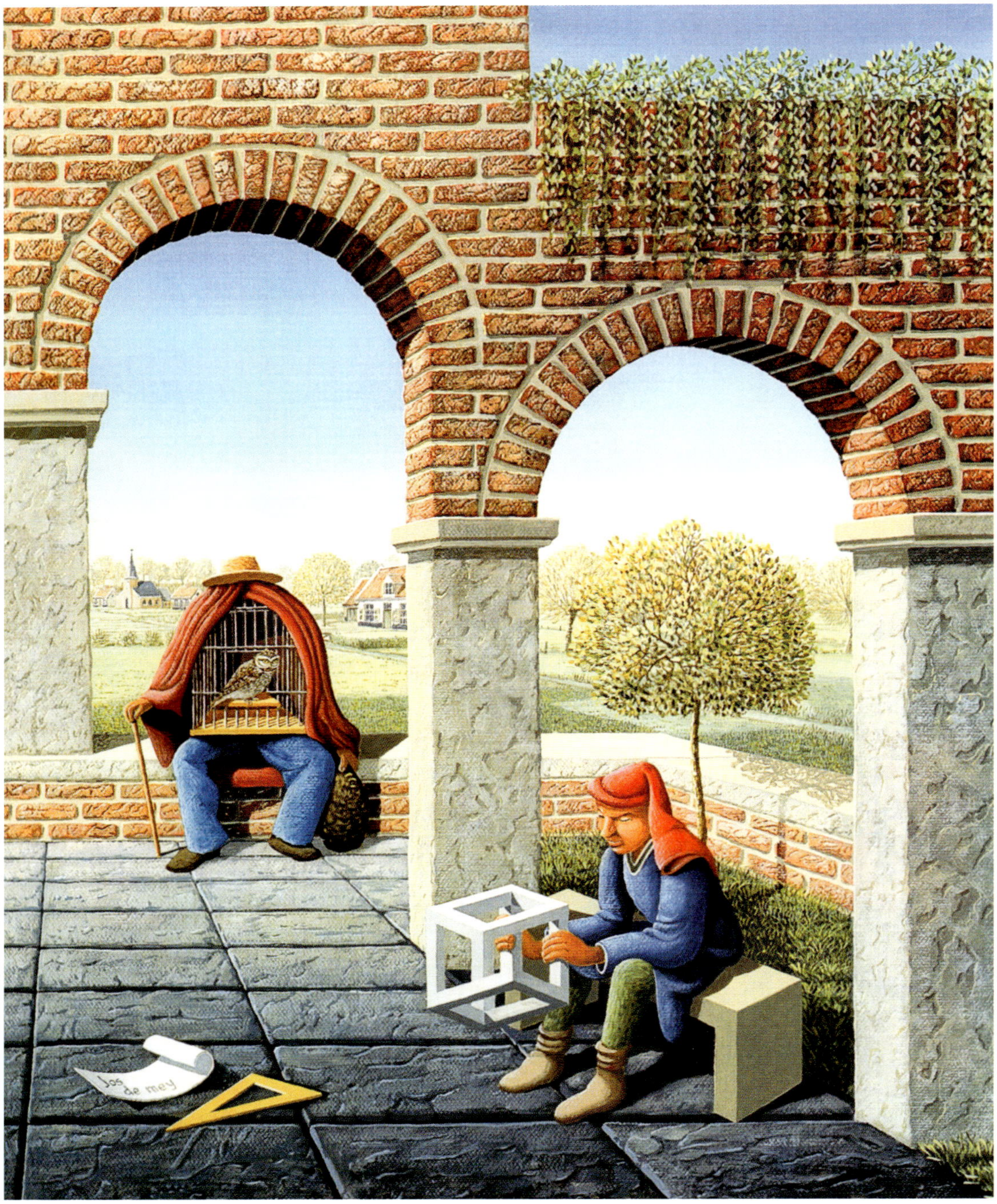

„ESCHERS DENKER BEOBACHTET VON MAGRITTES THERAPEUT", ACRYL AUF LEINWAND, 1997

KAPITEL 5

M. C. Escher

(1898–1972)

Meister von Geist und Seele

„Was ich bei Tageslicht darstelle, ist nur 1 Prozent dessen, was ich bei Tageslicht sah."

M. C. Escher

„Nur ein Nicht-Künstler in der Welt der Kunst."

Roberta Smith, *New York Times* art critic

„Für uns Künstler ist es furchtbar, wenn ein Besucher bei einer Ausstellung eine halbe Sekunde vor unserem Bild stehen bleibt und dann zum nächsten geht. Bei einer Escher-Grafik ist das unmöglich. Und meistens, wenn ich seine Arbeiten in einer Ausstellung oder einem Buch sehe, habe ich nach kurzer Zeit den Eindruck, dass das Bild nicht mehr wichtig ist; wichtig ist das Denken, das Geheimnis."

István Orosz

M. C. ESCHER WURDE 1898 in Leeuwarden, Holland, als jüngster Sohn eines Hydraulikingenieurs geboren. Er war ein schlechter Schüler und sein einziges Vergnügen in der Schule war der Zeichenunterricht. Als er 20 Jahre alt war, beschloss sein Vater, dass der junge Escher Architekt werden sollte, also besuchte Escher die Hochschule für Architektur und dekorative Gestaltung in Haarlem. In der Halbzeit seines Studiums entdeckte er, dass seine wahre Leidenschaft der grafischen Kunst galt; doch bevor er das Studium wechseln konnte, musste er die Erlaubnis seines Vaters einholen. Widerwillig stimmte dieser zu.

Escher wechselte sein Studium und studierte bei Samuel Jessurun de Mesquita, einem meisterhaften Druckgrafiker. Mesquita lehrte Escher, wie man gekonnte Holzschnitte herstellt. Abgesehen von Stift und Tusche verwendete Escher in den folgenden sieben Jahren kaum eine andere Technik.

Obwohl Escher die Holzschnitttechnik beherrschte, galt sein Werk keineswegs als herausragend. In seinem offiziellen Hochschulzeugnis heißt es: „Er ist zu streng, zu hochgestochen, philosophisch; dem jungen Mann fehlt es an Gefühl oder Extravaganz; er hat zu wenig von einem Künstler." Etwas später muss es Mesquita als Ironie empfunden haben, als er Eschers Grafik „Himmel und Wasser I" an die Wand hängte und ein Verwandter meinte: „Samuel, das ist deine beste Grafik bisher."

1922 reiste Escher mit zwei holländischen Freunden nach Italien. In dieser Zeit ließ er sich von den wunderschönen Landschaften an der italienischen Küste inspirieren. Dort trat sein Interesse an Perspektive und unkonventionellen Blickpunkten erstmals zu Tage. Escher fühlte sich in Italien wohl und lebte dort bis 1935. In diesen Jahren heiratete er und bekam drei Kinder.

Jedes Frühjahr durchwanderte er gemeinsam mit anderen Künstlern zu Fuß Sizilien, Korsika oder Malta. Zwei Monate später kehrte er zurück – erschöpft, aber um hunderte Zeichnungen reicher.

Später setzte Escher seine italienischen Landschaftszeichnungen, die er vor 1935 angefertigt hatte, herab; sie hätten „wenig bis keinen Wert, weil sie großteils nur Praxisübungen waren". Trotzdem hätten ohne sie spätere, berühmtere Grafiken nie entstehen können.

1935 wurde die politische Lage in Italien für ihn unerträglich und er zog zunächst in die Schweiz, dann nach Brüssel, um sich schließlich 1941 endgültig in Holland niederzulassen.

In der Schweiz, ohne das südliche Klima, die Architektur und die Landschaften Italiens, fühlte sich Escher seines Themas beraubt. Er begann, sich nach innen zu wenden, und entdeckte eine noch mächtigere Quelle der Inspiration als Süditalien. 1937 begann Escher, mit Schachbrettmustern, sich wandelnden Figuren und Zerlegen der Blickebene zu experimentieren. Das sollte bis 1945 zu seinem vorherrschenden Stil werden und er produzierte hunderte Zeichnungen mit Mosaikformen. Sein Holzschnitt „Tag und Nacht" aus 1938 ist das vielleicht berühmteste und am meisten bewunderte Beispiel für diese Technik. Außerdem beschäftigte ihn die Frage, wie aus zweidimensionalen Figuren dreidimensionale entstehen, wie etwa in seinen „Reptilien" (1943).

Ab 1946 konzentrierte sich Escher auf unkonventionelle Perspektiven. Dieses Thema verfolgte er bis 1956, dann widmete er sich mit hyperbolischen Mosaikebenen dem Konzept der Unendlichkeit, wie etwa in „Kreislimit IV."

In dieser Zeit begann Escher, sich als Ergebnis einer fruchtbaren Zusammenarbeit zwischen einem Mathematiker und einem Künstler mit unmöglichen Figuren auseinander zu setzen. 1954 nahm der englische Mathematiker Roger Penrose an einer Konferenz teil, zu der Eschers erste bedeutende

Ausstellung gehörte. Bis dahin hatte Escher bloß Ebenen zerlegt und seltsame Strukturen gezeichnet, die der Schwerkraft zu trotzen schienen, jedoch keine einzige unmöglich Figur geschaffen.

Penrose hatte noch nie von Escher gehört, der 1954 noch nicht sehr bekannt war. Doch Penrose war von Eschers Werk geradezu fasziniert und reiste ab mit dem festen Vorsatz, selbst etwas Unmögliches zu erschaffen, das sich von Eschers Kreationen unterschied. Penrose experimentierte zuerst mit Bildern mit widersprüchlicher Perspektive. Nach und nach arbeitete er die heute berühmte Figur des unmöglichen Dreiecks heraus, von der er meinte, es würde die Vorstellung der Unmöglichkeit in ihrer reinsten Form verkörpern. Penrose zeigte die Figur seinem Vater, Lionel Penrose, einem bekannten Professor für Humangenetik, der mathematische Unterhaltung und Rätsel liebte. Lionel Penrose war von dem unmöglichen Dreieck seines Sohnes so beeindruckt, dass er selbst alle Arten von ähnlichen Figuren erschuf, einschließlich einer unmöglichen Treppe, die scheinbar keine höchste oder tiefste Stufe hat, weil sie rundherum verläuft.

Die beiden Penroses wussten nicht, was sie mit diesen merkwürdigen Figuren tun sollten, meinten aber, sie sollten veröffentlicht werden. Allerdings konnten sie sich nicht entscheiden, zu welcher Disziplin sie zählten. Lionel Penrose kannte den Herausgeber des *British Journal of Psychology,* also dachte er, die Figuren würden unter dem Titel „Psychologie“ am ehesten publiziert.

Der Artikel erschien schließlich 1958. Roger Penrose sandte eine Ausgabe davon an Escher, da er dessen Ausstellung und seinen Beitrag darin erwähnt hatte. Inzwischen hatte Escher seine erste unmögliche Grafik produziert, die eine ähnlich widersprüchliche, unlogische Struktur enthält.

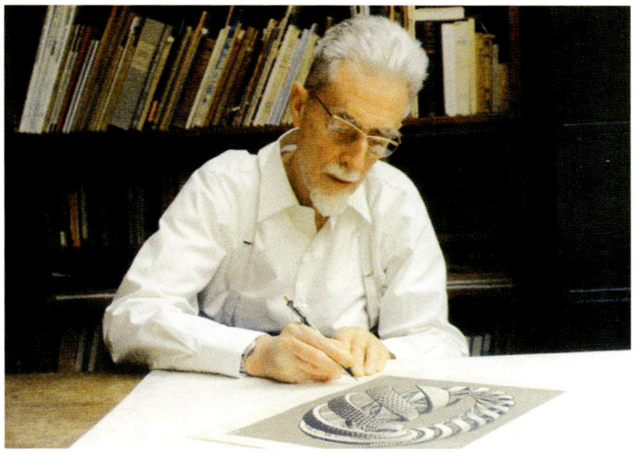

Penroses Artikel inspirierte Escher zu verschiedenen eigenen unmöglichen Kreationen, darunter die heute berühmten Werke „Wasserfall“ (basierend auf Roger Penroses unmöglichem Dreieck) und „Treppauf und treppab“ (basierend auf Lionel Penroses unmöglicher Treppe). Escher sprach sich immer sehr offen über die Inspirationsquellen für diese Grafiken aus. Doch das Schicksal wollte, dass Eschers Name zum Synonym für unmögliche Figuren wurde, obwohl er nur drei solche Zeichnungen gefertigt hat. Sein Werk besteht aus weit über 400 Drucken (zum Großteil Holzschnitte und Lithografien) und umfasst verschiedenste Themen – im Frühwerk meistens Landschaften und Architekturdetails, später Studien mathematischer Objekte, bildliche Darstellungen wissenschaftlicher oder philosophischer Ideen, Untersuchungen der Perspektive, „erzählende Darstellungen“ und so weiter. Escher setzte seine Arbeit bis zu seinem Tod 1972 fort.

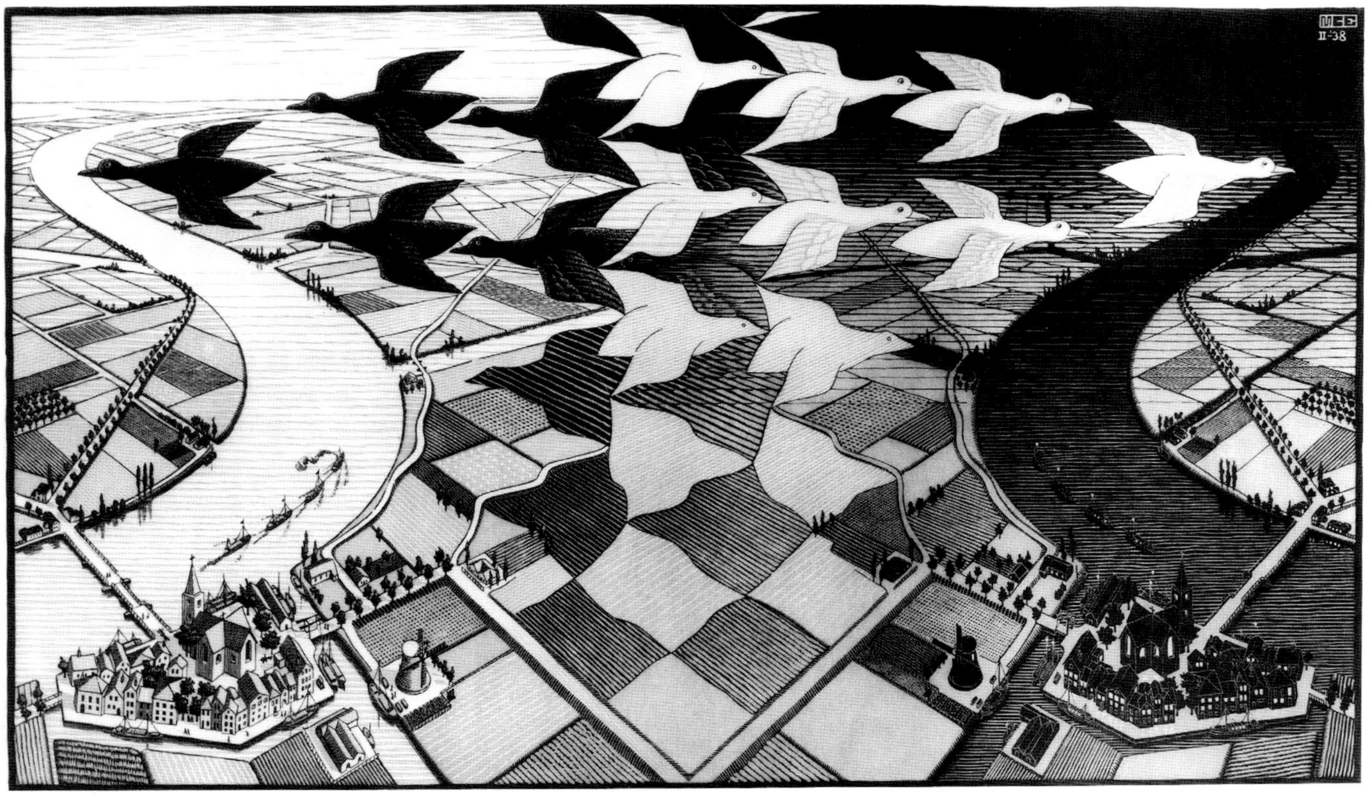

„Tag und Nacht", Holzschnitt in Schwarzweiss,
Druck aus zwei Blöcken, 1938, 39 × 68 cm

Viele Leute halten das für Eschers Meisterwerk. Bruno Ernst, Eschers Biograf, hat es als „meist bewundertes Bild von allen" bezeichnet. Es stellt einen Wendepunkt in Eschers Werk dar. Das Bild ist symmetrisch; links sieht man das holländische Dorf bei Tageslicht, rechts sein Spiegelbild bei Nacht. Die Gänse, die links schwarz sind, verwandeln sich rechts in weiße Gänse. Dies ist eines der wenigen Bilder, in denen Escher eine typisch holländische Landschaft dargestellt hat.

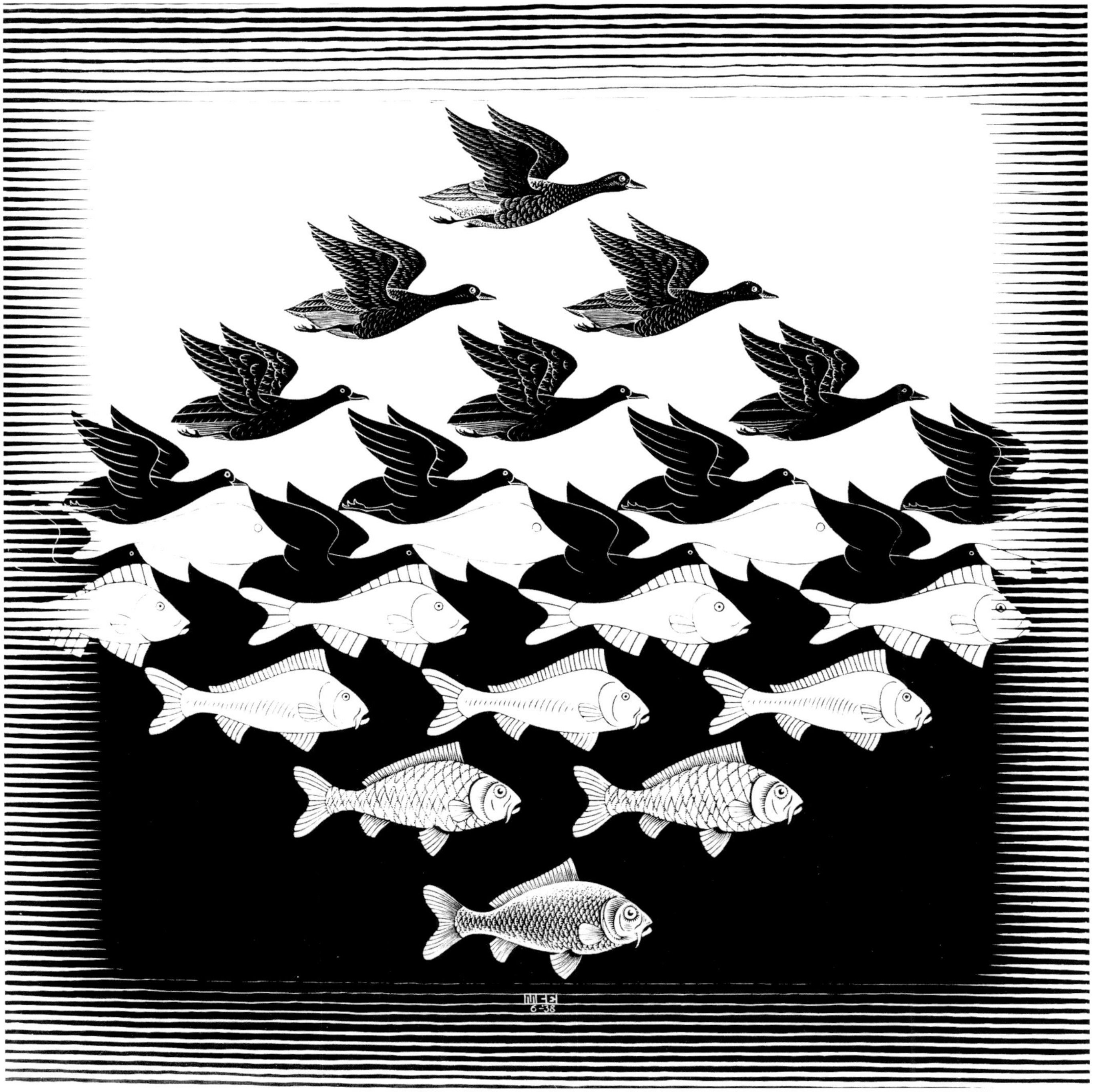

„Himmel und Wasser I“, Holzschnitt, 1938, 43,5 × 43,5 cm

In diesem Druck, der kurz nach „Tag und Nacht“ entstand, spielt Escher in der Mitte mit Figur und Hintergrund; sowohl Fische als auch Vögel können sowohl Figur als auch Hintergrund sein. Doch wo die Gänse abheben, verschmelzen die weißen Fische mit dem Himmel, während die schwarzen Vögel im Wasser verschwinden, in dem die weißen Fische unten schwimmen.

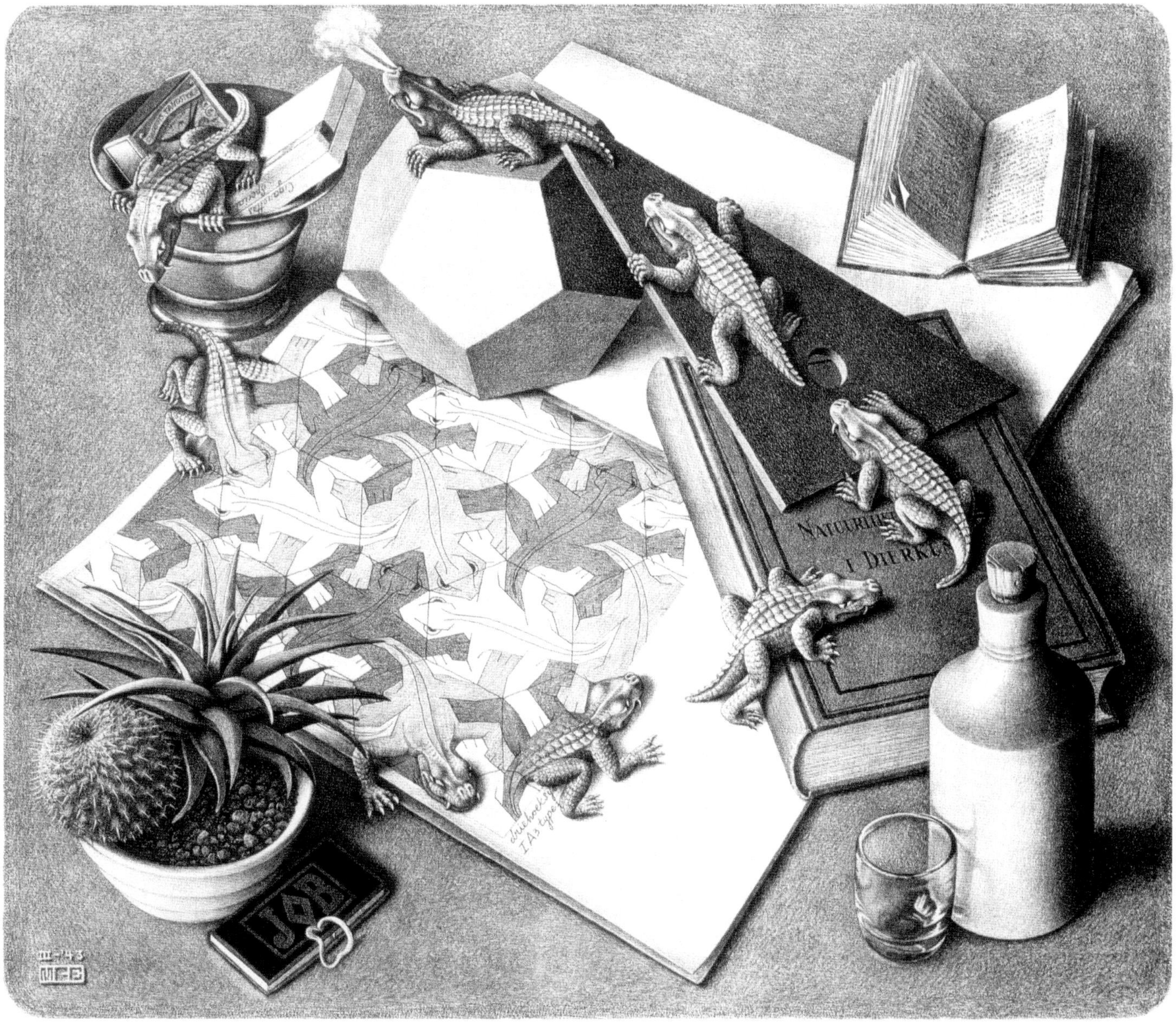

„Reptilien“, Lithografie, 1943, 33 × 38 cm

Hier erzeugt Escher den Eindruck, dass dreidimensionale Reptilien aus einem zweidimensionalen Bild herauskriechen und dann wieder zurückkehren. Die Frage, wie zwei Dimensionen den Eindruck einer dritten erwecken, beschäftigte Escher in vielen Arbeiten.

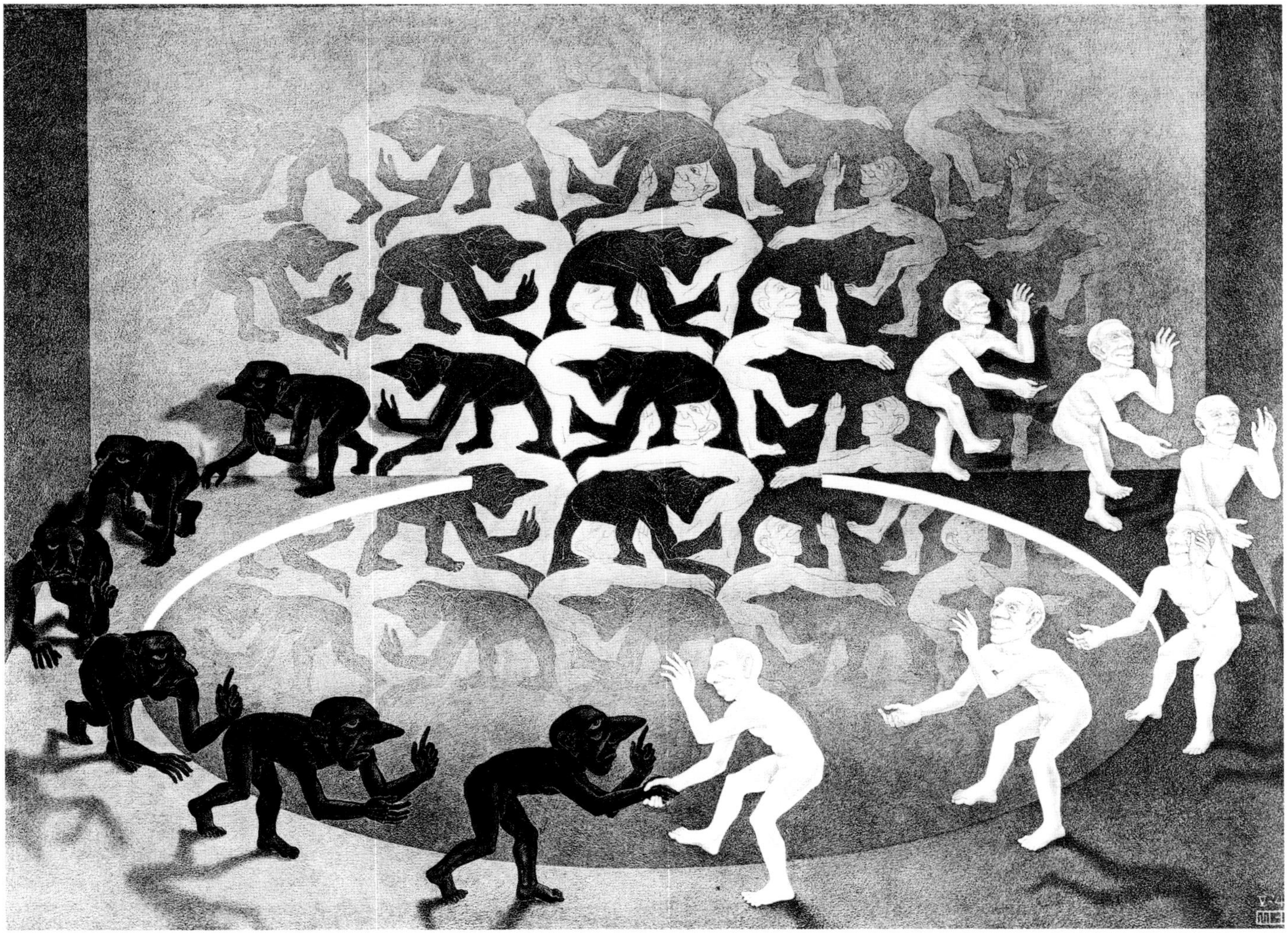

„Begegnung“, Lithografie, 1944, 34 × 46,5 cm

Dies ist wieder ein Beispiel dafür, wie Escher mit zwei Dimensionen spielt, die sich in drei verwandeln. In diesem Bild kommen der helle Optimist und der dunkle Pessimist aus dem mosaikartigen Hintergrund hervor, um einander die Hände zu schütteln.

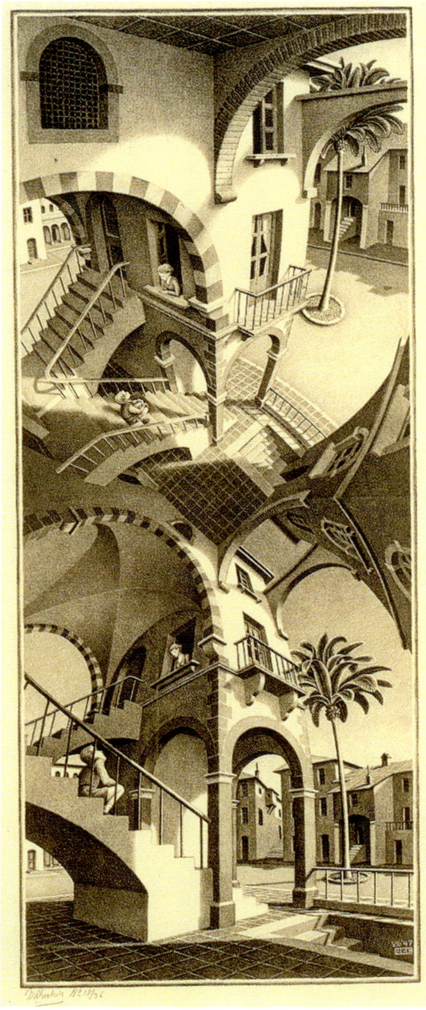

„Hoch und tief“, Lithografie in Braun, 1947, 50,3 × 20,5 cm

Eschers Biograf und Freund Bruno Ernst schrieb über diese Lithografie, sie sei „vielleicht der beste Druck in Eschers Werk“. Darin sieht man dieselbe Szene aus zwei verschiedenen Perspektiven. In der oberen Hälfte blickt man auf einen Dorfplatz hinunter. In der unteren Hälfte sieht man denselben Platz, aber aus einer völlig anderen Perspektive. Die rechteckig verflieste Decke, die man von unten sieht, wird in der Aufsicht zum Fußboden. Durch die nach unten führende Treppe meint man, ins Erdgeschoss gelangen zu können, aber wenn man dort aus dem Fenster blickt, sieht man aus dem oberen Stock.

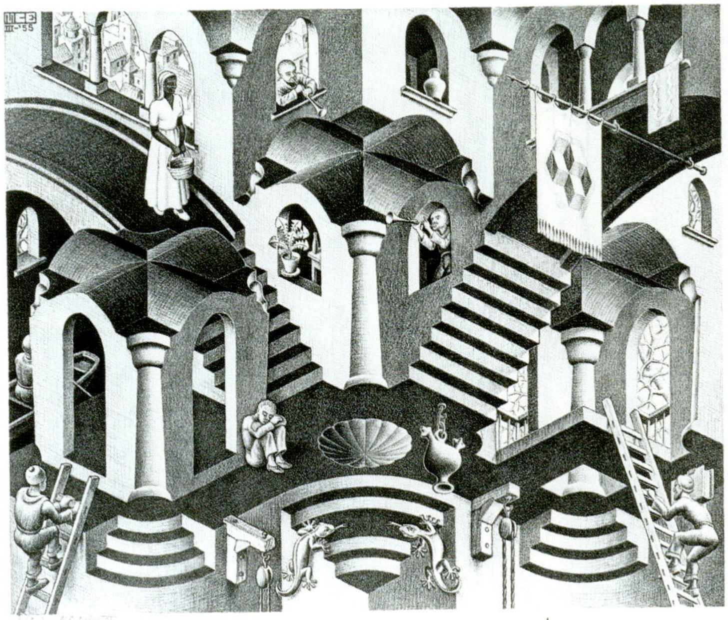

„Konkav und konvex“, Lithografie, 1955, 27,5 × 33,5 cm

Hier wollte Escher eine komplexe Welt mit mehrdeutigen Tiefenhinweisen darstellen. Die linke Seite des Drucks sieht man von oben, die rechte von unten; die beiden Ansichten verbinden sich im Zentrum, wo es viele Mehrdeutigkeiten in der Tiefe gibt. Nur die Eidechsen, Blumentöpfe und Menschen sind nicht mehrdeutig. Escher kämpfte einige Zeit mit diesem Druck und schrieb an Bruno Ernst:

> Stell dir vor, ich verbrachte mehr als einen Monat ohne Pause mit diesem Druck, weil keine meiner Lösungen einfach genug erschien. Die Voraussetzung für einen guten Druck – und mit „gut“ meine ich einen, auf den ein großer Teil der Leute reagiert, die nicht fähig sind, mathematische Inversion zu verstehen, wenn sie nicht extrem einfach und deutlich gemacht wird – ist, dass darin kein Hokuspokus vorkommt und dass es ihr nicht an einer ordentlichen und klaren Verbindung mit der Realität mangelt. Du kannst dir nicht vorstellen, wie sehr die „große Öffentlichkeit“ zu intellektueller Faulheit neigt. Ich bin natürlich darauf aus, ihr einen Schock zu versetzen, aber wenn ich zu viel will, wird es nicht funktionieren.

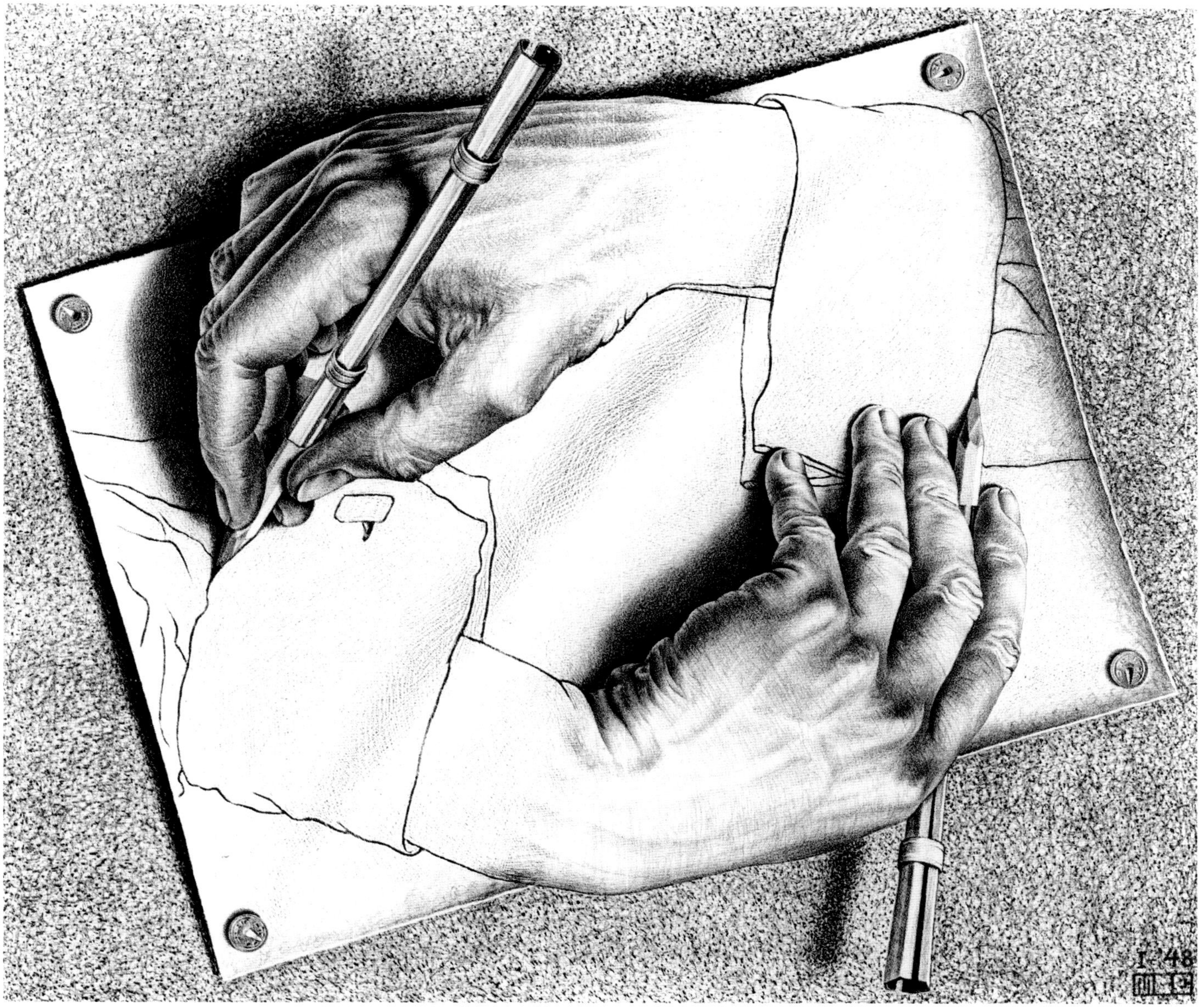

„Zeichnende Hände", Lithografie, 1948, 28 × 33 cm

Dies ist vermutlich das bekannteste von Eschers Meisterwerken. Sein zu Grunde liegendes Konzept wurde oft von anderen Künstlern kopiert. Escher war von der dreidimensionalen Illusion, die von zweidimensionalen Zeichnungen in Perspektive erzeugt wird, fasziniert. Dieser visuelle Konflikt zog ihn an und er brachte den Übergang in einer Reihe von Drucken zum Ausdruck, wie in diesem.

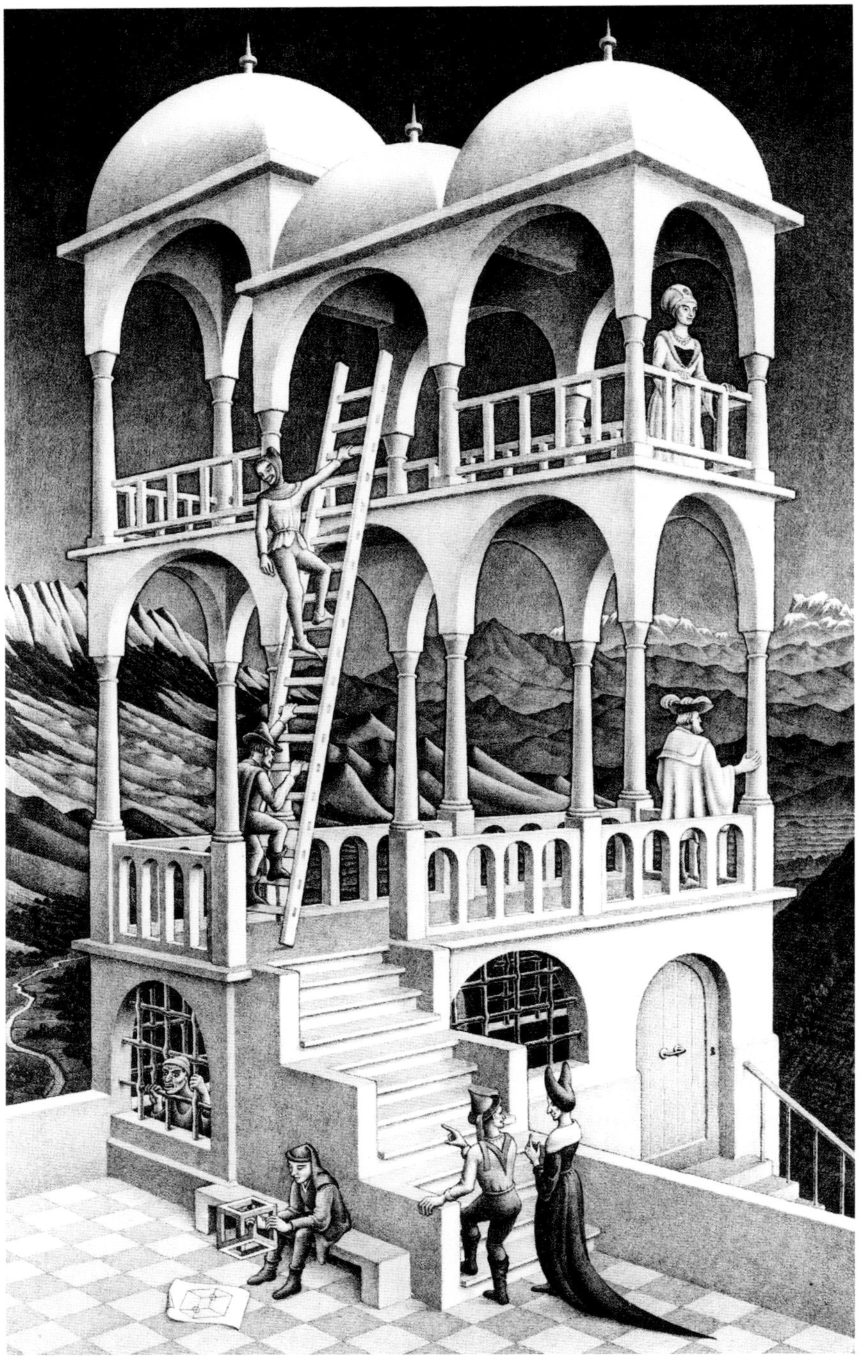

„BELVEDERE“, LITHOGRAFIE, 1958, 46 × 29,5 CM

Dies ist Eschers erste unmögliche Darstellung. Das obere Stockwerk steht zugleich parallel und im rechten Winkel zum Erdgeschoss und die Säulen verlaufen in dieser merkwürdigen Konstruktion von hinten nach vorne. Der sitzende Mann hält einen unmöglichen Würfel. Vor ihm liegt eine Zeichnung des Würfels. Zwei kleine Kreise kennzeichnen die Stellen, wo die Kanten einander kreuzen. Escher fragt: „Welche Kante verläuft vorne, welche hinten? In einer dreidimensionalen Welt ist Gleichzeitigkeit von vorne und hinten nicht möglich und kann daher nicht dargestellt werden. Doch es ist möglich, ein Objekt zu zeichnen, das eine andere Realität darstellt, wenn man es von oben oder von unten betrachtet. Der Kerl, der auf der Bank sitzt, hält so eine würfelähnliche Absurdität in Händen. Er betrachtet das unbegreifliche Objekt und scheint ganz vergessen zu haben, dass das Schloss hinter ihm im gleichen unmöglichen Stil gebaut ist. Auf dem Boden des unteren Stockwerks, das heißt innen, steht eine Leiter, auf der zwei Menschen nach oben klettern. Doch wenn sie oben ankommen, sind sie wieder draußen und müssen das Gebäude erneut betreten. Wen wundert es da, dass sich keiner um den Gefangenen im Kerker sorgt, der seinen Kopf durch das Gitter steckt und sein Schicksal beklagt?“

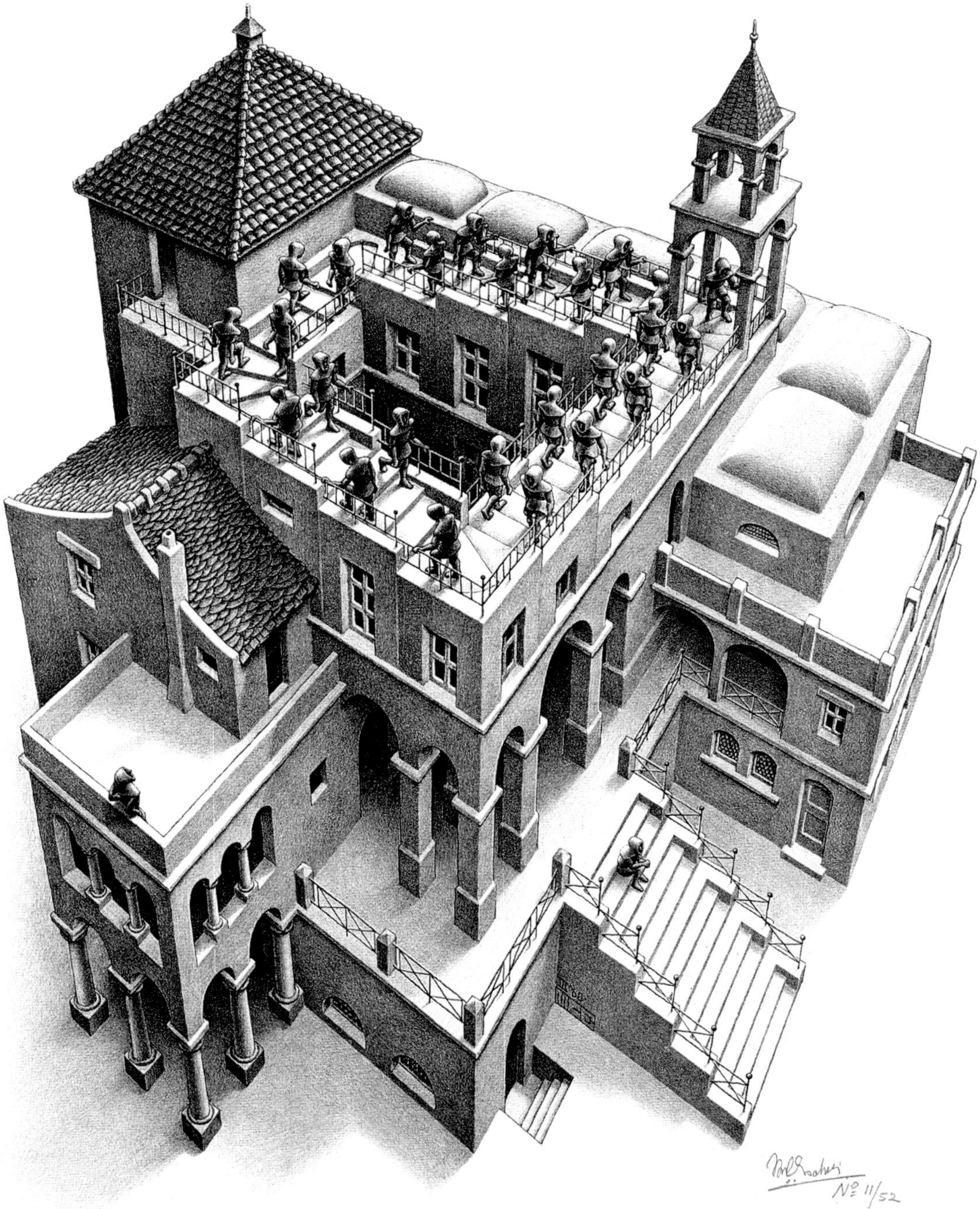

„Treppauf und treppab“, Lithografie, 1960, 25,5 × 28,5 cm

Dieses Werk von Escher basiert auf der unmöglichen Treppe von Lionel Penrose. Wenn man dem Treppenverlauf folgt, wird man nirgendwo eine tiefste oder höchste Stufe finden. Die Figuren sind Mönche. Escher zeichnete die Stiege perspektivisch, wodurch eine weitere Größenillusion entsteht. Die Mönche sollten beim Abwärtsgehen immer kleiner wirken, diejenigen, die treppauf gehen, sollten größer werden. Obwohl Escher bei der Perspektive für gewöhnlich sehr genau war, musste er in diesem Fall ein wenig schummeln. Escher meinte über seine Not mit den Mönchen: „Die Einwohner dieser Unterkunft sollten Mönche sein, Angehörige einer unbekannten Sekte. Vielleicht gehört es zu ihren rituellen Pflichten, täglich ein paar Stunden Treppen zu steigen. Es scheint, dass sie, wenn sie müde wurden, umkehren durften, um treppab zu gehen. Dennoch sind beide Richtungen, wenn auch nicht ohne Sinn, so doch völlig nutzlos. Zwei aufmüpfige Individuen weigern sich zur Zeit, an der Übung teilzunehmen. Sie können sie nicht brauchen, doch ohne Zweifel werden sie früher oder später die Falschheit ihres Nonkonformismus einsehen.“

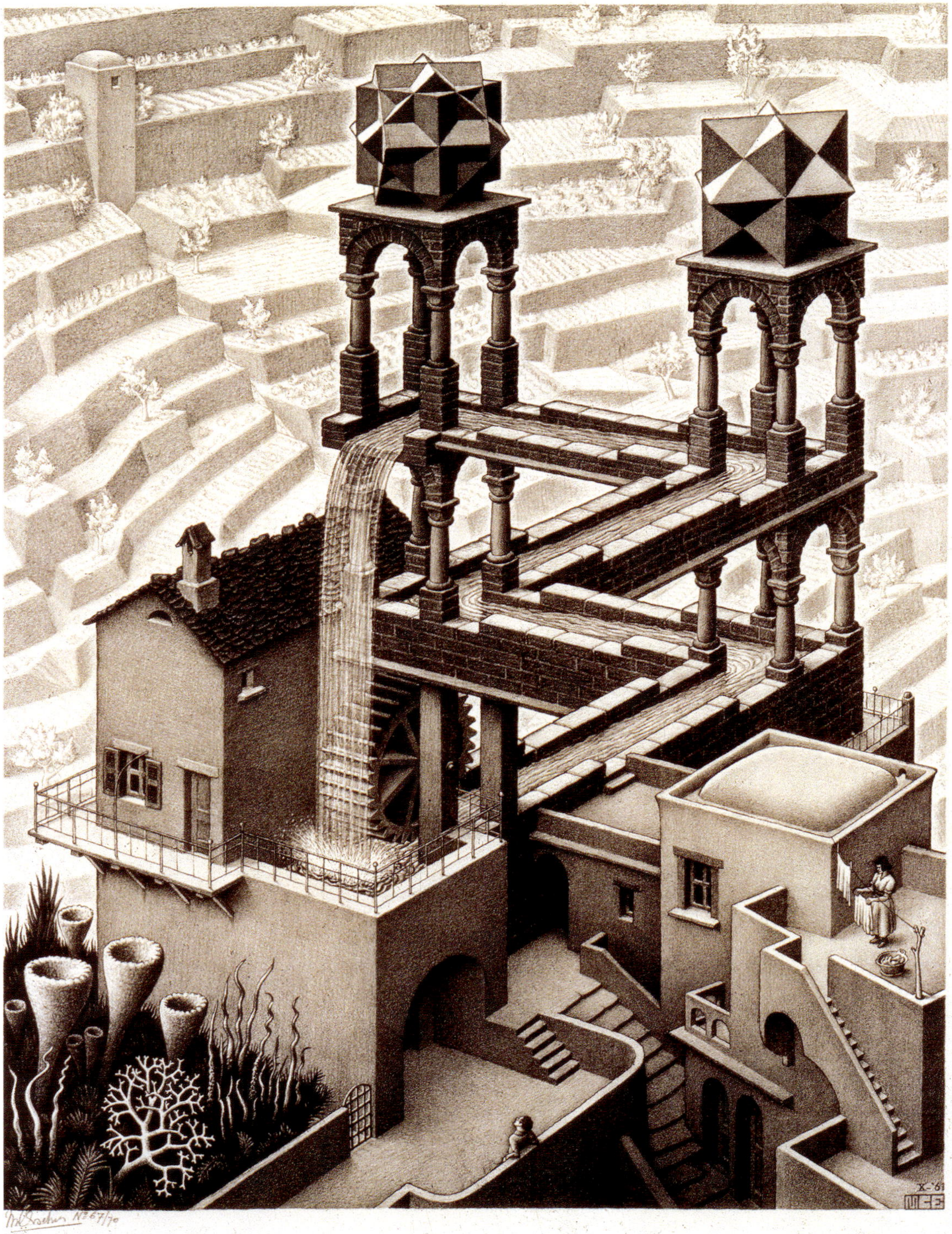

„Wasserfall“, Lithografie, 1961, 38 × 30 cm

M. C. Eschers berühmter Druck „Wasserfall“, der 1961 entstand, wurde durch Roger Penroses unmöglichem Dreieck inspiriert. Tatsächlich verwendete Escher drei miteinander verbundene unmögliche Dreiecke als Basis seiner Struktur. Aus den vorbereitenden Skizzen zu diesem Druck geht hervor, dass Escher ursprünglich drei große Gebäudekomplexe verwenden wollte. Doch während der Arbeit erkannte er, dass er den Wasserfall dazu benutzen konnte, das unmögliche Dreieck auf einzigartige Weise zu illustrieren. Das Wasser fällt über eine Kante und betreibt ein Rad. Von dort fließt es durch einen gemauerten Kanal. Wenn man dem Lauf des Wassers folgt, erkennt man, dass es abwärts fließt, bis es den entferntesten und niedrigsten Punkt erreicht, der zugleich der näheste und höchste ist. Deshalb kann das Wasser abermals herabstürzen und das Rad in Gang halten.

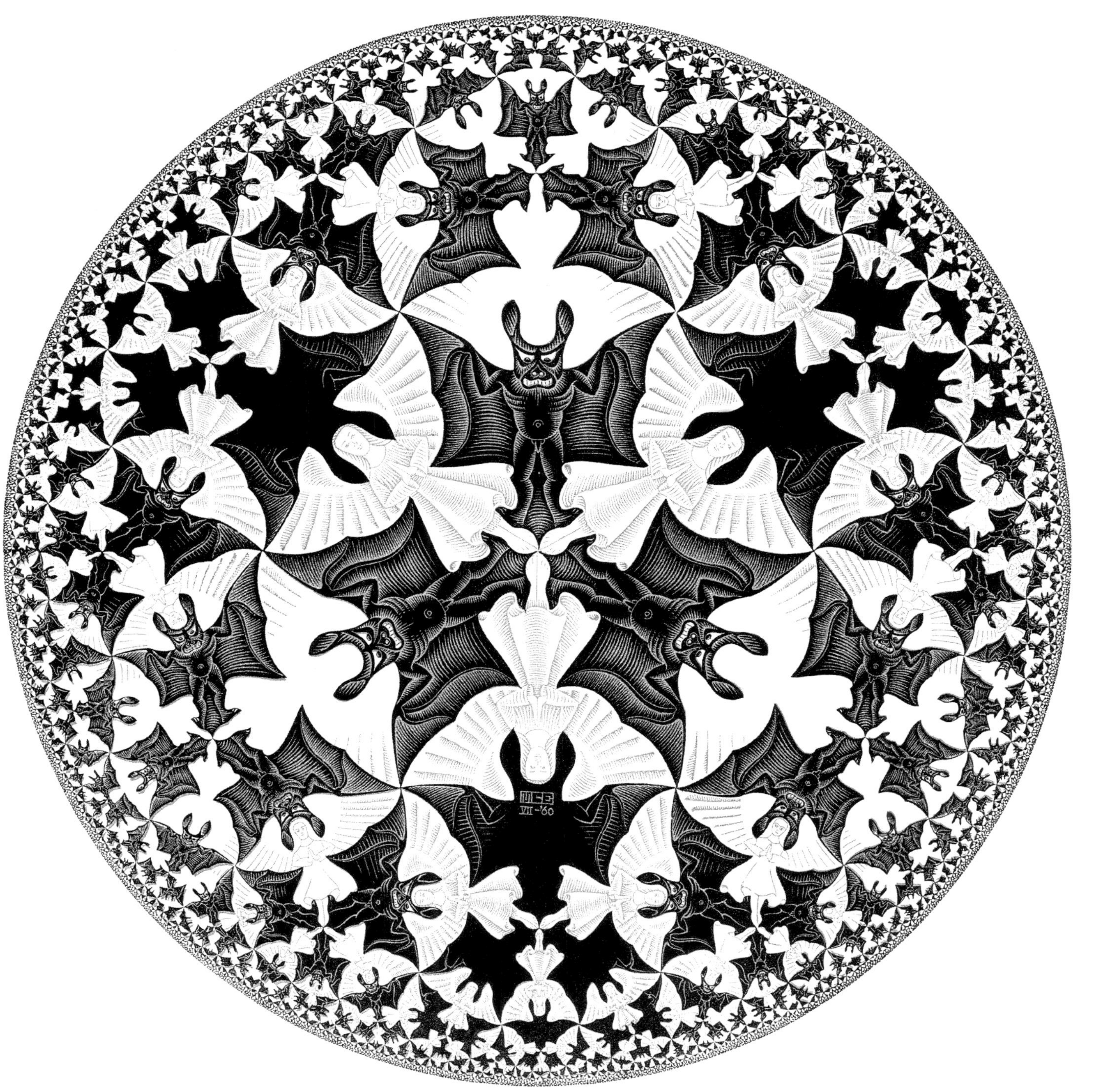

„Kreislimit IV", Holzschnitt in Schwarz und Ocker, Druck aus zwei Blöcken, 1960, Durchmesser 41,5 cm

Sehen Sie die weißen Engel oder die schwarzen Teufel? Dies ist ein wunderbares Beispiel für ein Mosaik mit Figur/Hintergrund-Umkehrung. Es basiert auf einem kreisförmigen Modell der hyperbolischen Ebene, bei der kein Punkt außerhalb des Kreises existiert. Engel und Teufel wiederholen sich unendlich oft, ohne die Grenze des Kreises zu überschreiten. Escher wurde zu hyperbolischen Mosaiken (seine „Kreislimits") durch ein ebensolches aus Dreiecken in einem Artikel des Mathematikers H. S. M. Coxeter inspiriert.

KAPITEL 6

Shigeo Fukuda

(1932–)

Absorbi

„In der Welt, die Fukuda gestaltet, leben wir gefährlich. Beim ersten Anblick fühlen wir uns sicher und zufrieden, doch ein zweiter Blick kann uns erschüttern und plötzlich stehen wir Kopf." FRANÇOIS BARRÉ

„Fukuda hat eine universelle Überzeugungskraft geschaffen, durch die jedermann aus jedem Land seine Botschaft verstehen kann. Durch seine Form von ‚visuellem Skandal' konfrontiert er uns mit einem Humor, der seine eigene kreative Schöpfungskraft, seinen visuellen Ausdruck und Gestaltungskraft umfasst." YUSAKU KAMEKURA

DER JAPANISCHE GRAFIKKÜNSTLER SHIGEO FUKUDA ist in der Welt der Illusionskunst ohnegleichen. Er ist ein Meister des *Absorbi* – ein Konzept, das Spiel und Raum vereint. Meisterhafte Designs und ein reiches Schaffen begründeten seinen internationalen Ruf. Zu seinem vielfältigen Werk zählen Illustrationen, Poster, dreidimensionale Skulpturen, Umweltinstallationen und Monumente. Bei vielen seiner Arbeiten, sowohl den zwei- als auch den dreidimensionalen, setzt er optische Tricks und Täuschungen ein, darunter Anamorphosen, unmögliche Figuren, Figur/Hintergrund-Umkehrungen, zusammengesetzte Bilder, Schattenskulpturen und zufällige Anordnungen.

Fukudas Entscheidung für die Welt der Illusionen war ebenso eine berufliche Wahl wie eine der Leidenschaft; er meinte, das war für ihn eine Möglichkeit, sich von all seinen „exzellenten Rivalen" zu unterscheiden. Er schrieb: „Nach meinem Universitätsabschluss kamen all diese Designer aus Kansai nach Tokio. Also fragte ich mich, was ich tun konnte, um nicht gegen sie zu verlieren."

Sein Haus und Studio, das in einer typischen engen Tokioter Straße liegt, wirkt wie ein großes Fukuda-Monument, doch mit Live-Effekten. Was wie die Eingangstür erscheint, führt zu einer nackten Wand. Die echte Tür ist Teil der scheinbar blanken Wand links davon. Die optischen Tricks in seinem Haus verunsichern seine Besucher: „Was ist das? Sehe ich richtig? Ach, jetzt verstehe ich! Okay. Machen wir weiter. Das war merkwürdig."

Shigeo Fukuda wurde 1932 in Tokio geboren. Als Kind liebte er es, zu zeichnen und Dinge zu erschaffen. Ursprünglich wollte er Comiczeichner werden und gewann als Teenager seinen ersten Preis. 1956 schloss er die Universität für bildende Kunst und Musik in Tokio ab und ging zu Ajinomoto Co., Ltd. Er verließ dieses Unternehmen 1958 und arbeitete seither als freischaffender Künstler.

Den ersten großen internationalen Erfolg feierte er bei einer skurrilen Ausstellung von 120 Spielzeugen aus Naturmaterialien mit dem Titel „Spielzeug und japanische Dinge: Die Werke von Shigeo Fukuda". Sie fand 1965 in Tokio statt und wurde 1967 in der IBM Gallery in New York ausgestellt. Viele der gezeigten „Spielzeuge" sollten Fukuda und sein Werk in den nächsten Jahrzehnten definieren. Seitdem wurden seine Stücke in unzähligen internationalen Ausstellungen gezeigt und er erhielt ebenso viele bedeutende nationale und internationale Preise.

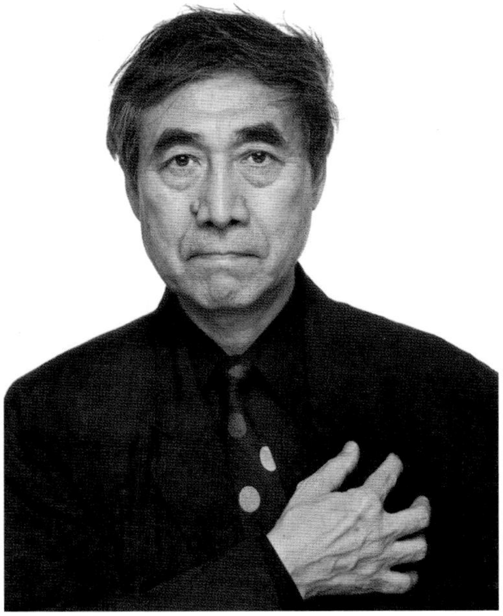

Shigeo Fukuda, 1998

Seine Tochter Miran, eine Künstlerin, die konventionelle Ansichten über Malerei aggressiv in Frage stellt, arbeitet nun mit ihrem Vater zusammen. Obwohl sie sich in ihrer kreativen Motivation unterscheiden, haben sie Gemeinsamkeiten: Humor, Verspieltheit und einen innovativen Zugang, der Gewohntes auf den Kopf stellt.

Fukuda ist Autor mehrerer japanischer Bücher über seine eigene Kunst und über optische Täuschungen im Allgemeinen, darunter *Elements of Ideas*, *Visual Tricks*, *Shigeo Fukuda Contrived Designs*, *Illustrick 412*, *Posters of Shigeo Fukuda*, *Great Works by Shigeo Fukuda* und *Trick Art Trip*.

Weitere Werke von Fukuda finden Sie auf http://neuro.caltech.edu/~seckel/mod/.

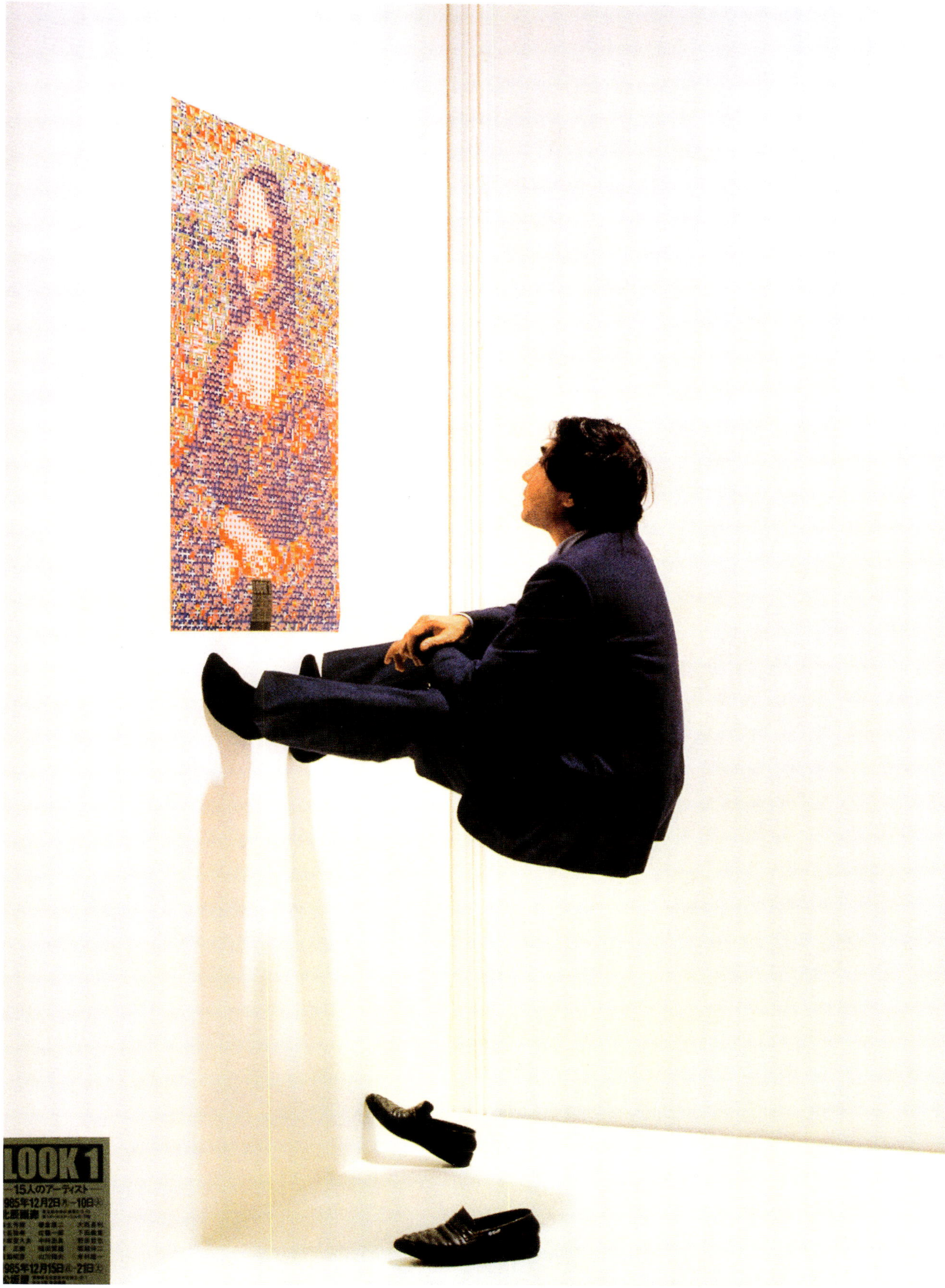

Shigeo Fukuda, 1985

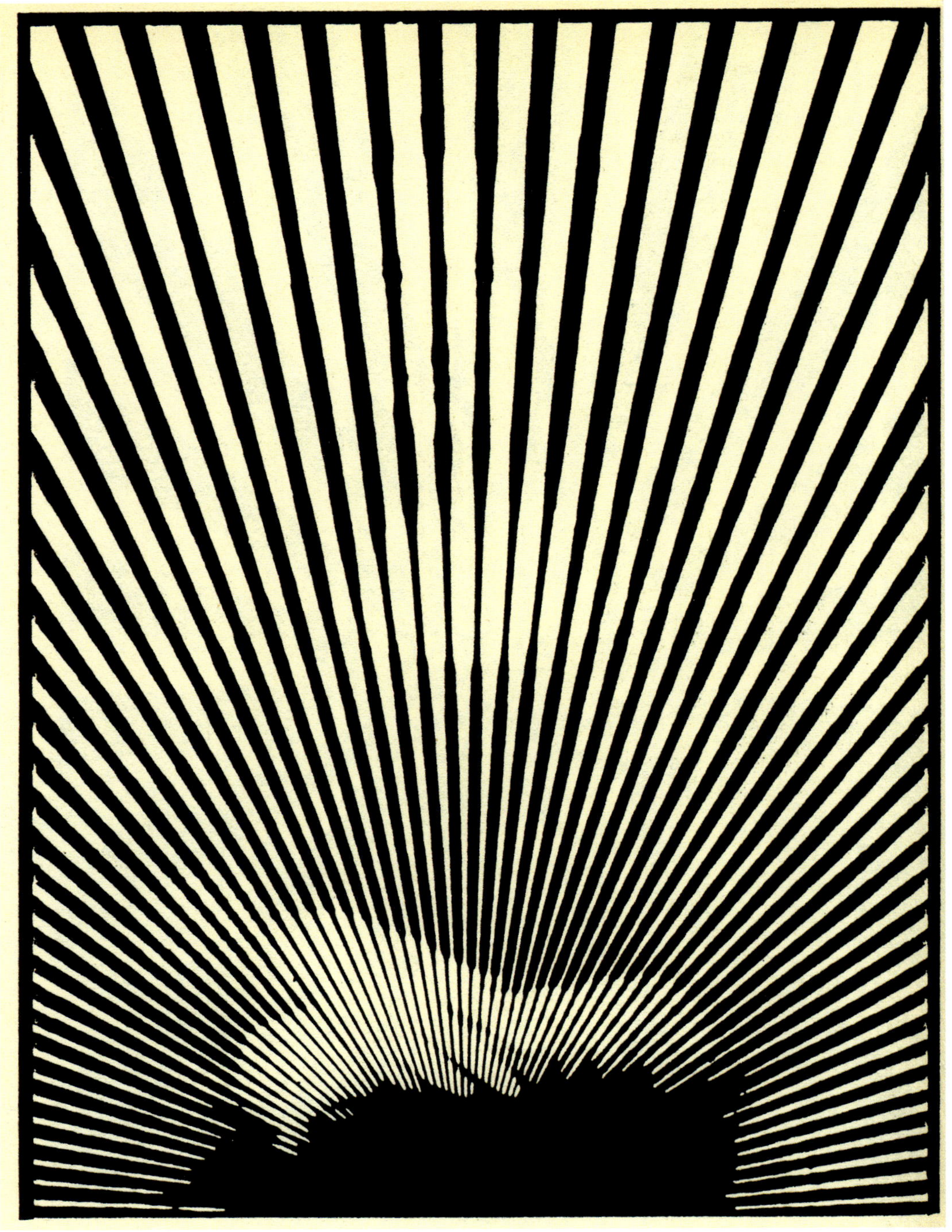

„HUNDERT LÄCHELN DER MONA LISA“, GRAFIKPOSTER, 1970, 103 × 73 CM

Dieses Poster entstand für eine Ausstellung von 100 rivalisierenden Werken für Makoto Nakamuru . Eine „Mona Lisa“ wurde durch die Verwendung von verschiedenen Lichtdrucktechniken mehrfach verändert. Eines der Ergebnisse ist hier zu sehen.

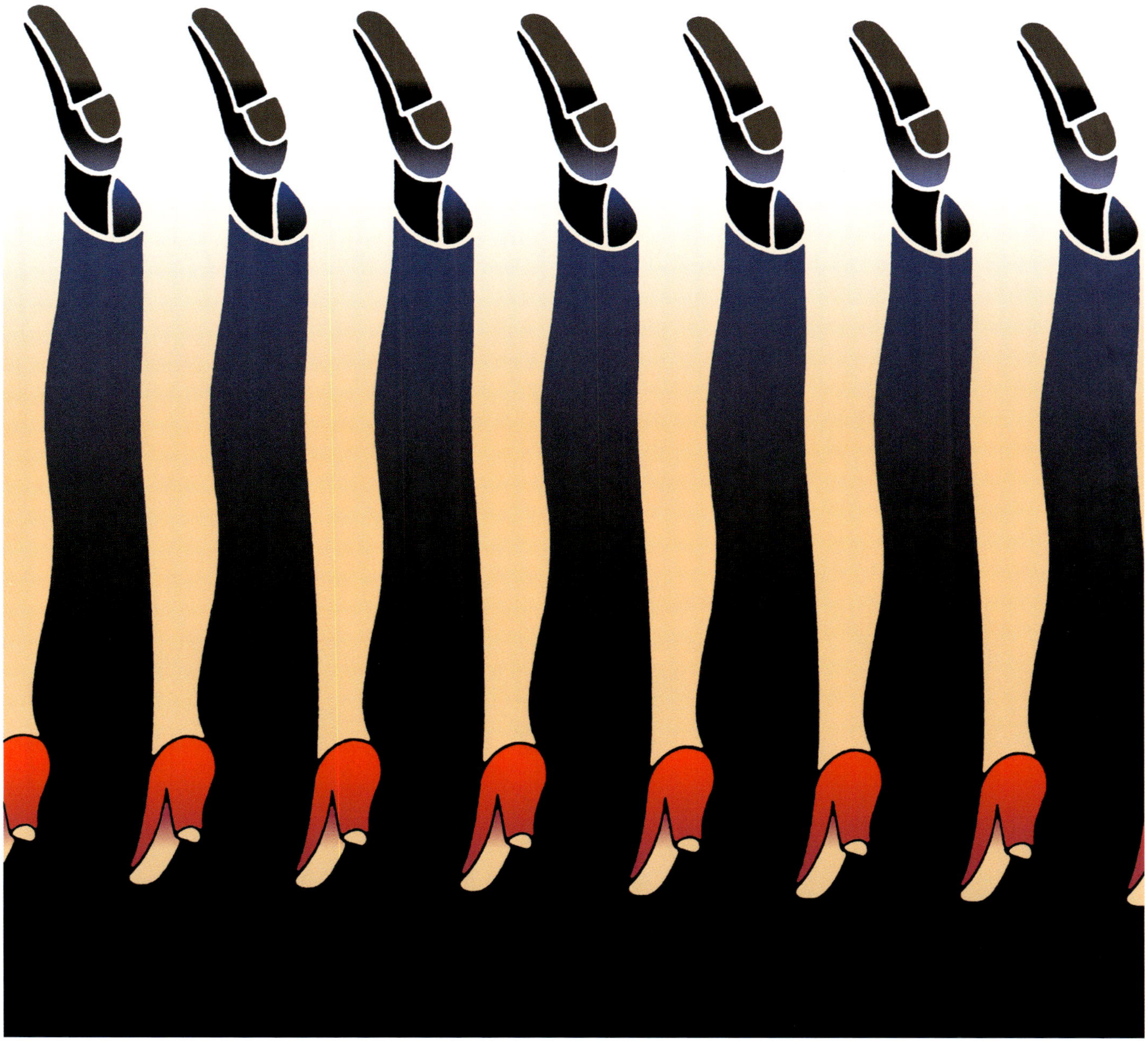

„Beine zweier unterschiedlicher Geschlechter", Siebdruck, 1975, 13 × 72,5 cm

Fukuda ist international als Zeichenkünstler und Designer bekannt. Vielen seiner grafischen Designs, besonders den mehrdeutigen, liegen die Prinzipien von Figur/Hintergrund-Beziehungen zu Grunde. In diesem Werk erzeugt Fukuda nicht nur eine raffinierte mehrdeutige Figur/Hintergrund-Umkehrung, sondern zugleich eine, die unmöglich ist. Dieses Poster entstand 1975 für seine private Ausstellung im Keio-Kaufhaus, wo er frühe grafische Arbeiten ausstellte.

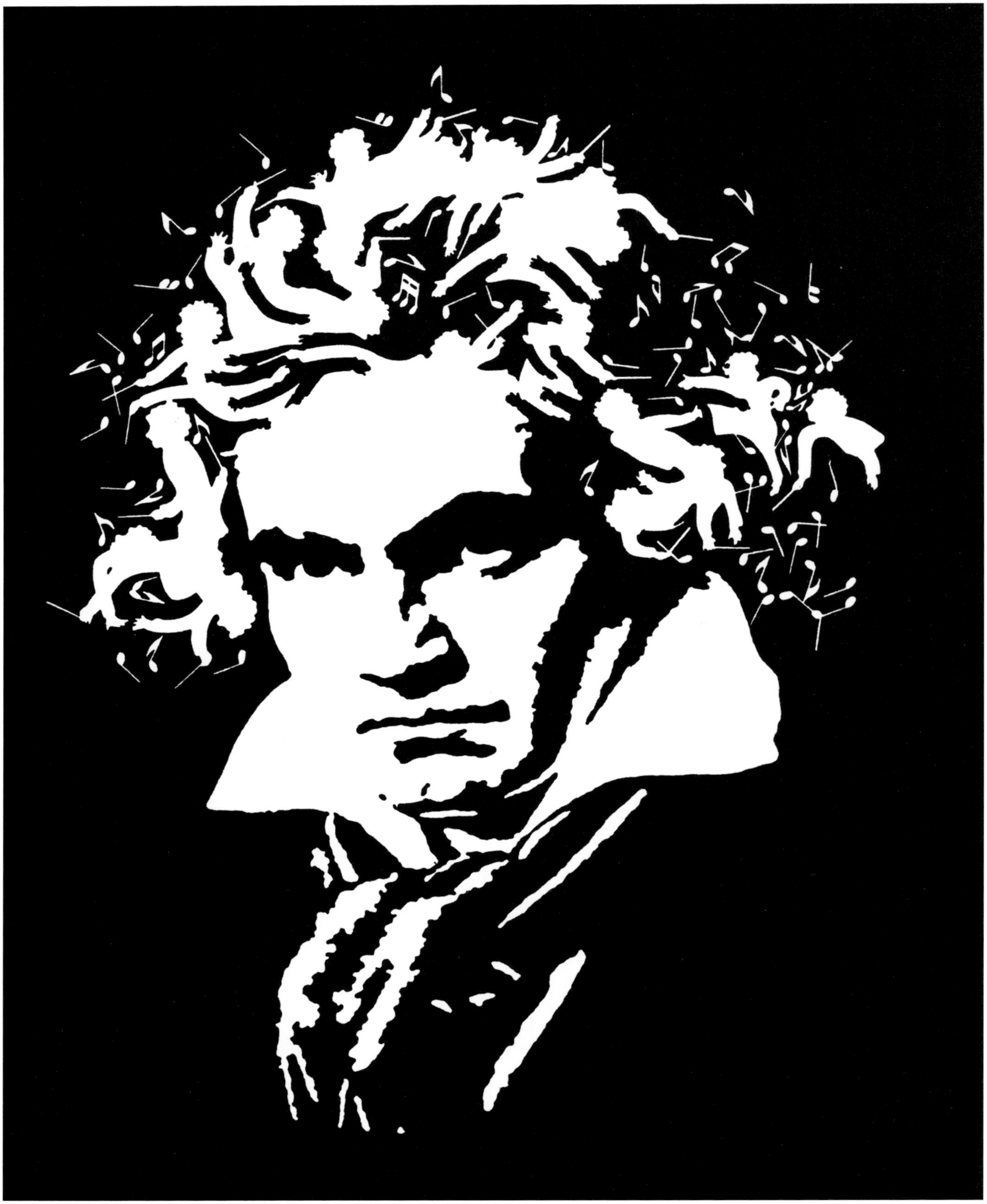

„Symphonie Nr. 9 in der Innenstadt", Cover für *Monthly Magazine*, 1985

Dieses war das erste in einer Reihe von Beethoven-Porträts, in denen sich seine Haare jedes Jahr charakteristisch veränderten.

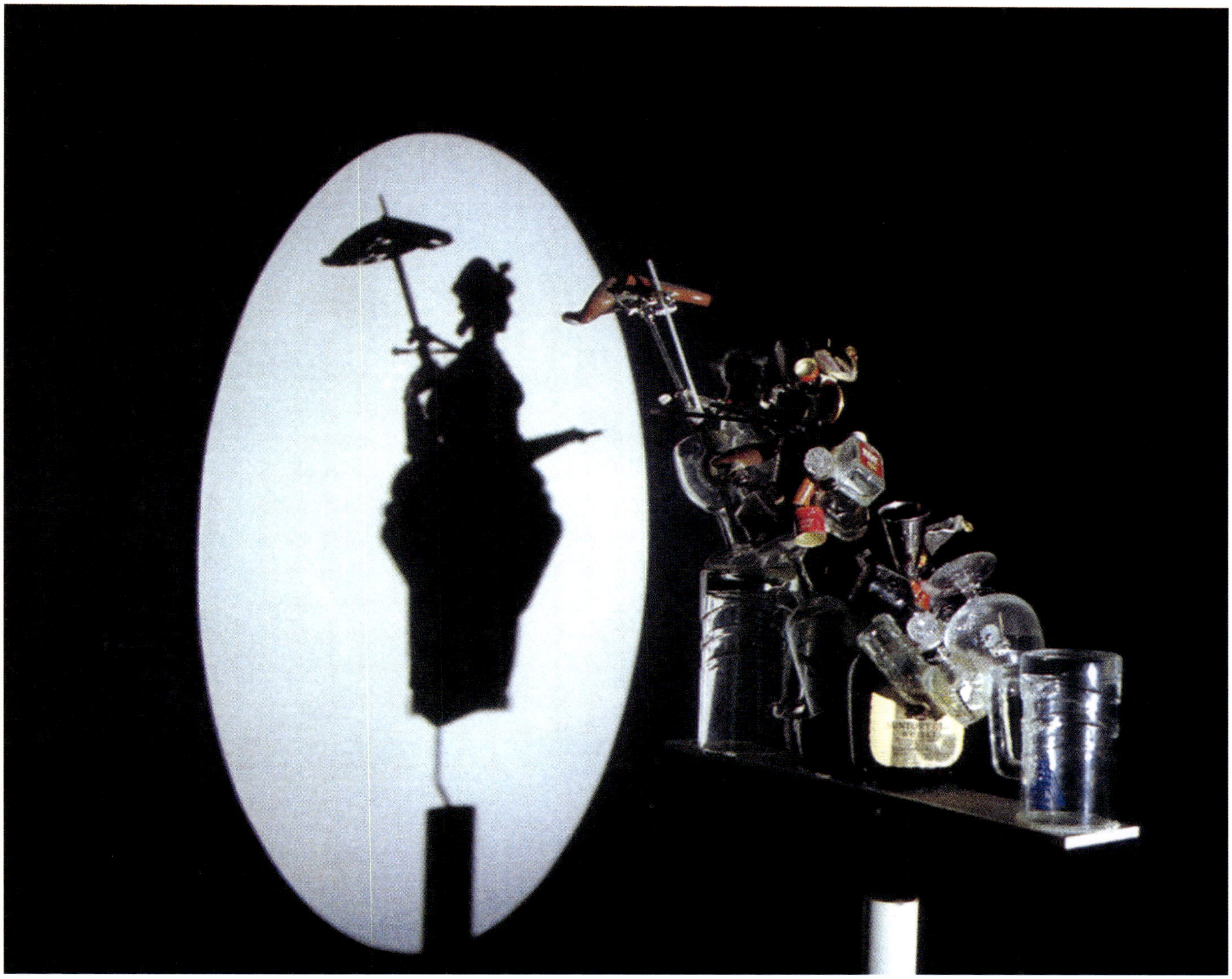

„Bonjour, Mademoiselle“, Flaschen, Gläser, Shaker, Öffner,
1982, 53 × 65 × 35 cm

Hier sehen Sie vielleicht zuerst nur eine Ansammlung von Flaschen, Gläsern, Shakern und Öffnern. Doch im Scheinwerferlicht erscheint eine lächelnde *Parisienne de la belle époque*.

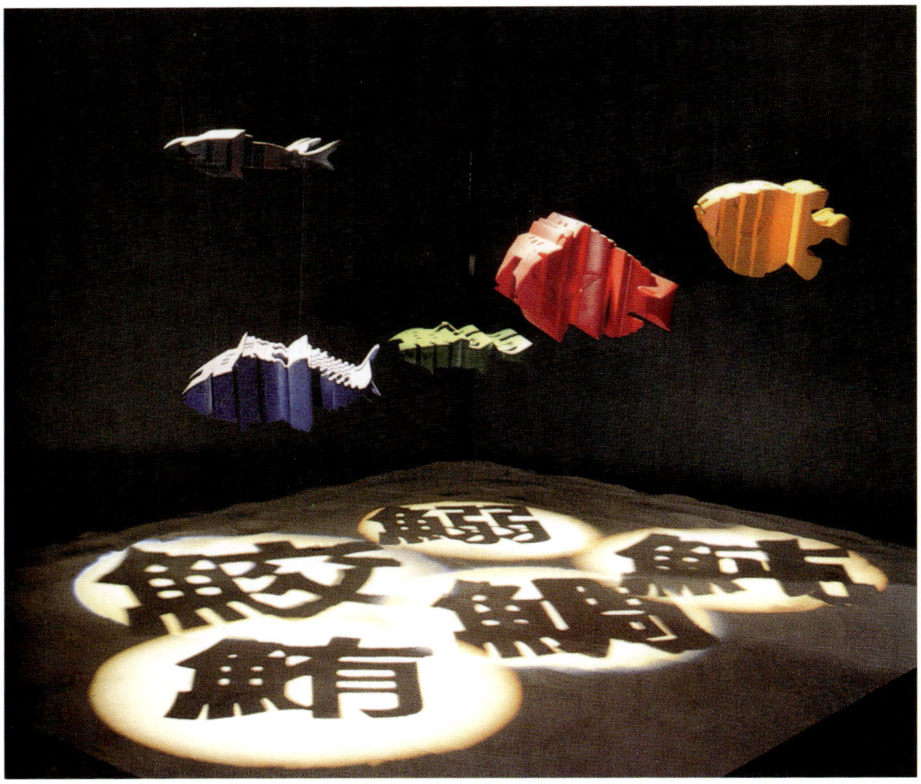

„Aquarium für schwimmende Schriftzeichen“, Holz, 1988, 310 × 285 × 248 cm

Hier entpuppen sich die Schatten von Fischen (Brasse, Sardine, Thunfisch, Kugelfisch und Hai) als chinesische Schriftzeichen. Ein Film über diese Installation ist auf der Website http://neuro.caltech.edu/~seckel/mod/ zu sehen.

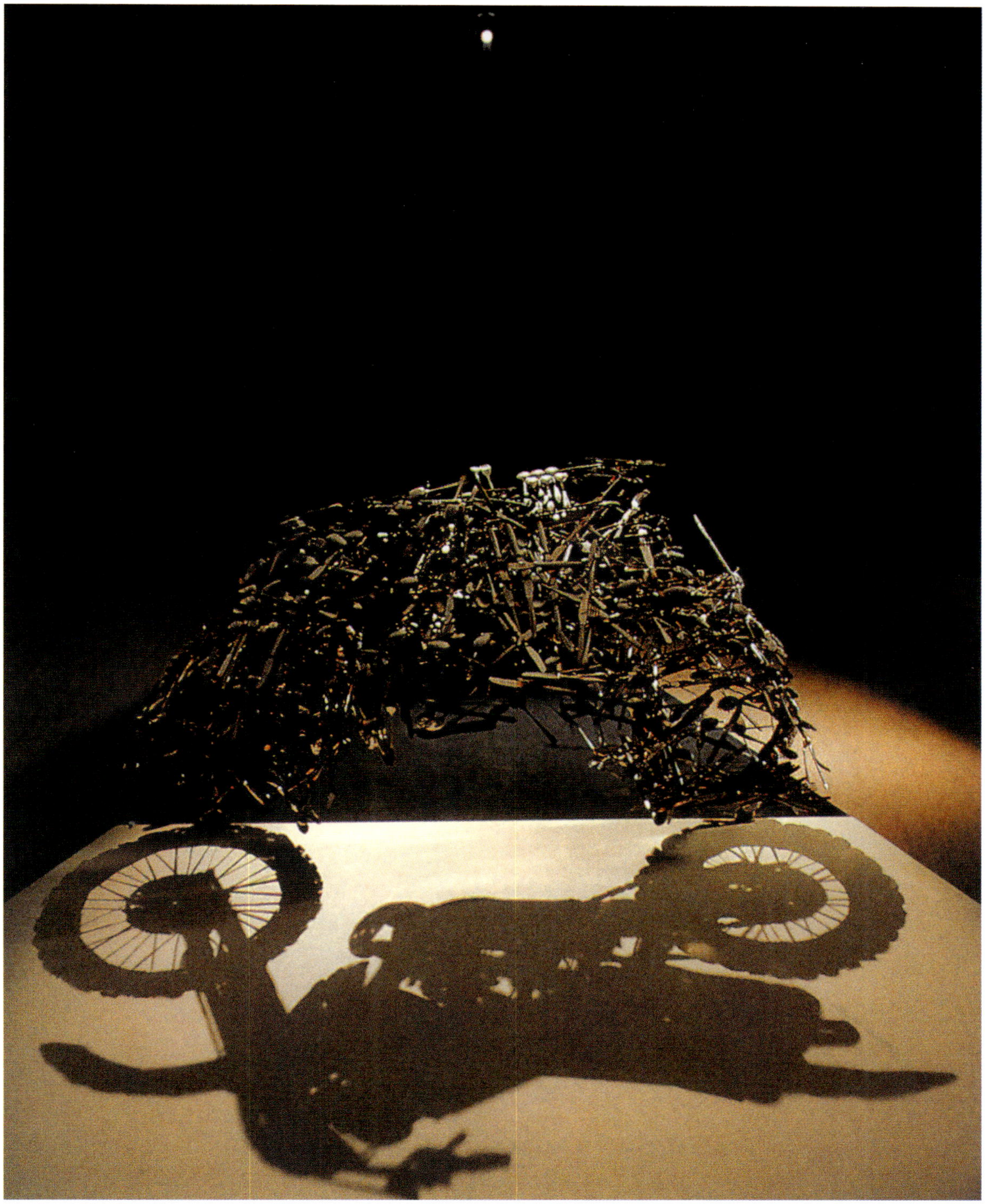

„MITTAGESSEN MIT AUFGESETZTEM HELM", VERSCHWEISSTE GABELN, MESSER UND LÖFFEL, 1987, 186 × 79 × 108 CM

Diese Schattenskulptur eines Motorrades besteht aus insgesamt 848 verschweißten Gabeln, Messern und Löffeln. Sie basiert auf einer früheren Arbeit, die Fukuda 1965 bei seiner Ausstellung „Spielzeug und japanische Dinge" zeigte. Fukuda wollte ein dreidimensionales Objekt kreieren, bei dem der Schatten – im Gegensatz zur tatsächlichen Form – das Objekt darstellt. Fukuda merkte dazu an, dass es extrem schwierig ist, ein dreidimensionales Objekt dieser Art zu konstruieren, die das Licht gleichmäßig hindurchfallen lässt. Ein Film über diese Installation ist auf der Website http://neuro.caltech.edu/~seckel/mod/ zu sehen.

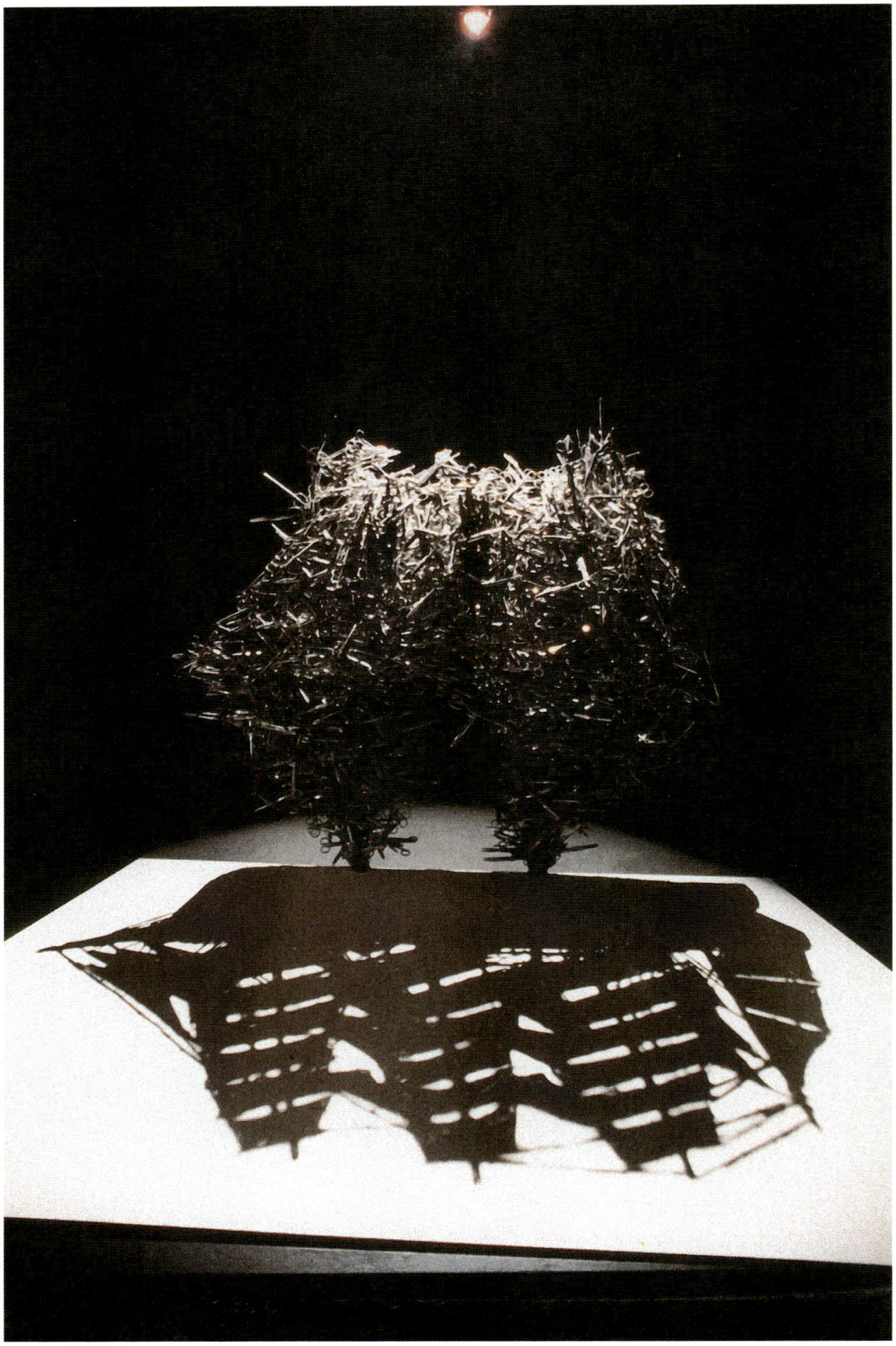

„Man kann das Meer nicht schneiden", verschweisste Scheren, 1988, 310 × 285 × 248 cm

Nach dem großen Erfolg von „Mittagessen mit aufgesetztem Helm" erhielt Fukuda den Auftrag, eine weitere Schattenskulptur zu schaffen. Er erwarb den Plan der Takelage der M. S. *Shin-Nippon Maru* und informierte seinen Mitarbeiter, dass er ein Bild aus Metallscheren bauen wollte. Tagelang erhielt er keine Antwort. Trotzdem stellte Fukuda das Werk innerhalb von nur einer Woche fertig. Für das Schiff benötigte er 2084 Scheren.

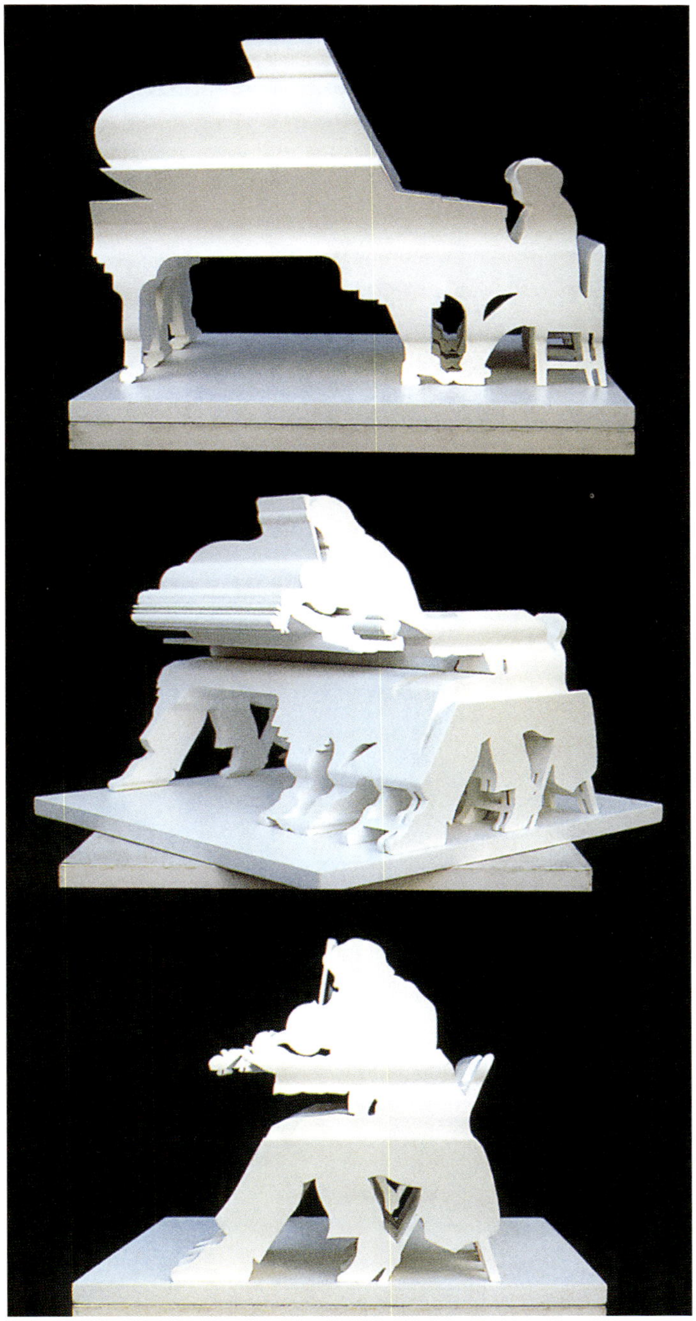

„ZUGABE", HOLZSKULPTUR, 1976, 50 × 50 × 30 CM

Von der einen Seite stellt die Skulptur einen Pianisten dar (oberstes Foto). Doch wenn man sie um 90 Grad dreht, erscheint ein Violinist (unterstes Foto). Auf dem mittleren Foto sieht man ein Übergangsstadium zwischen Pianist und Geiger. Diese Holzskulptur besteht aus zwei Sihouetten (Pianist und Violinist), die im rechten Winkel zueinander stehen. Tatsächlich könnte man eine unendliche Vielfalt solcher Skulpturen erschaffen, indem man einfach aus einem Block zwei Silhouetten im Winkel von 90 Grad herausarbeitet. Fukuda hat mit dieser Technik viele solcher Skulpturen produziert. Seine Entdeckung dieses Prinzips hatte die erste Verkörperung seiner Arbeit in dreidimensionaler Form zur Folge. „Zugabe" ist ein Teil einer Serie von sich wandelnden Musikern in verschiedenen Phasen eines Konzerts. Dieses Objekt ist in Rotation auf der Website http://neuro.caltech.edu/~seckel/mod/ zu sehen.

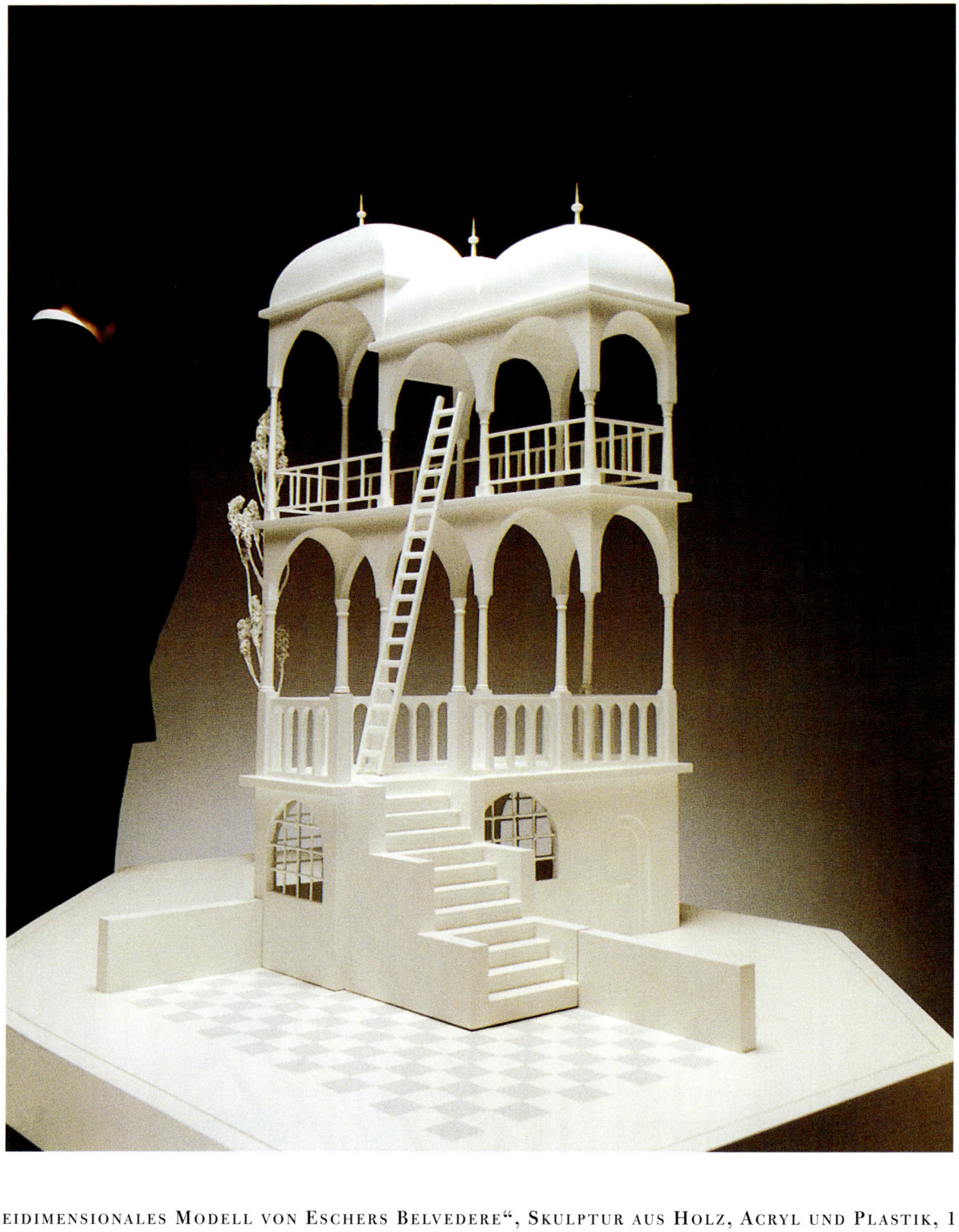

„Dreidimensionales Modell von Eschers Belvedere", Skulptur aus Holz, Acryl und Plastik, 1982, 110 × 162,5 × 110 cm

Dies ist Fukudas erster Versuch, eine unmögliche Figur zu formen. Es ist eine dreidimensionale Darstellung des Gebäudes aus Eschers klassischem Druck „Belvedere". Dieses Objekt ist in Rotation auf http://neuro.caltech.edu/~seckel/mod/ zu sehen.

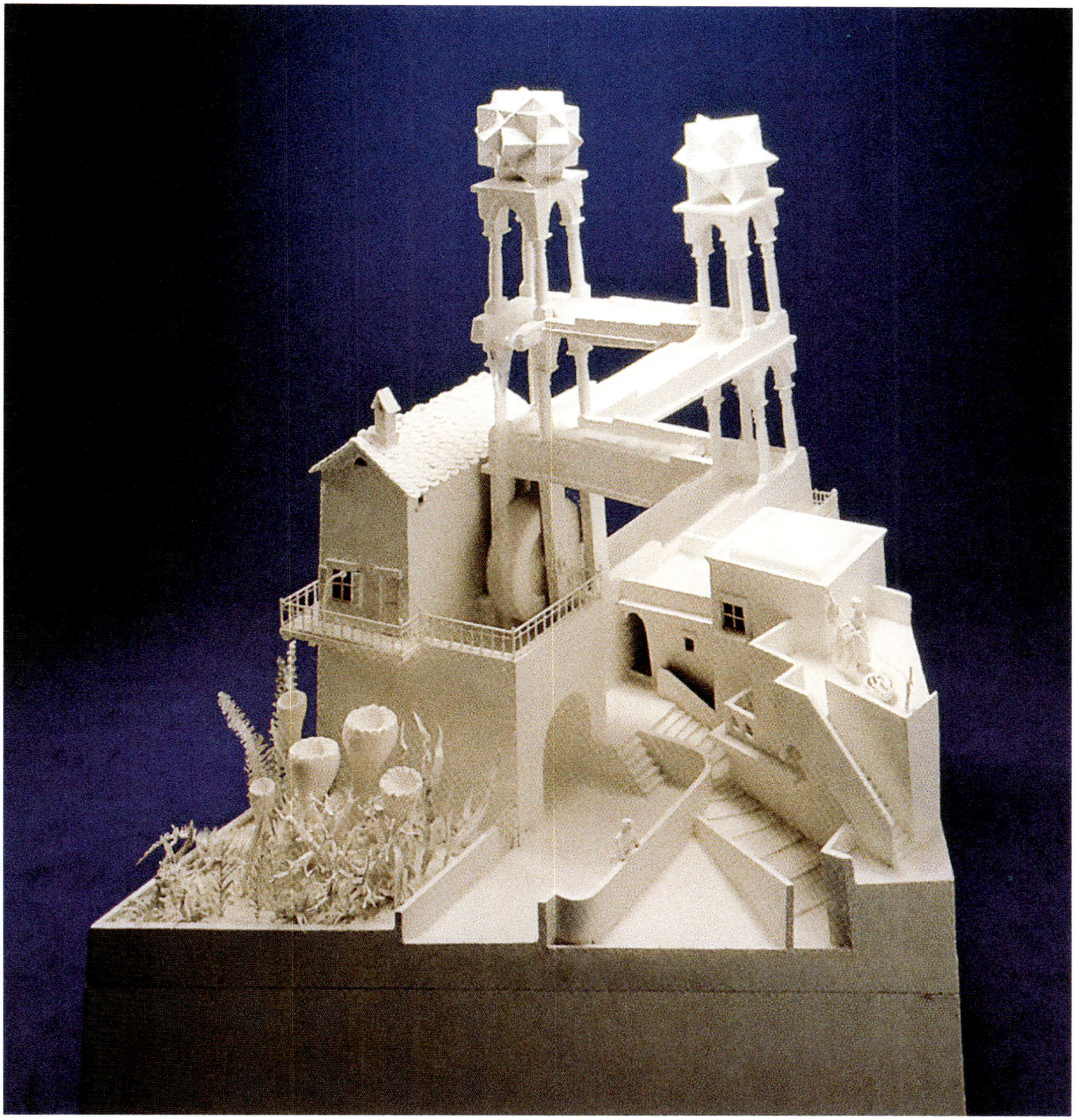

„Dreidimensionales Modell von Eschers Wasserfall", Holzskulptur, 1985, 150 × 150 × 150 cm

Dies ist eine physische Konstruktion von M. C. Eschers „Wasserfall", der berühmten Darstellung eines unmöglichen Gebäudes. Sie funktioniert mit fließendem Wasser, das scheinbar in einem endlosen Kreislauf durch den Kanal aufwärts fließt und das Wasserrad antreibt. Ein Film über dieses Objekt ist auf der Website http://neuro.caltech.edu/~seckel/mod/ zu sehen.

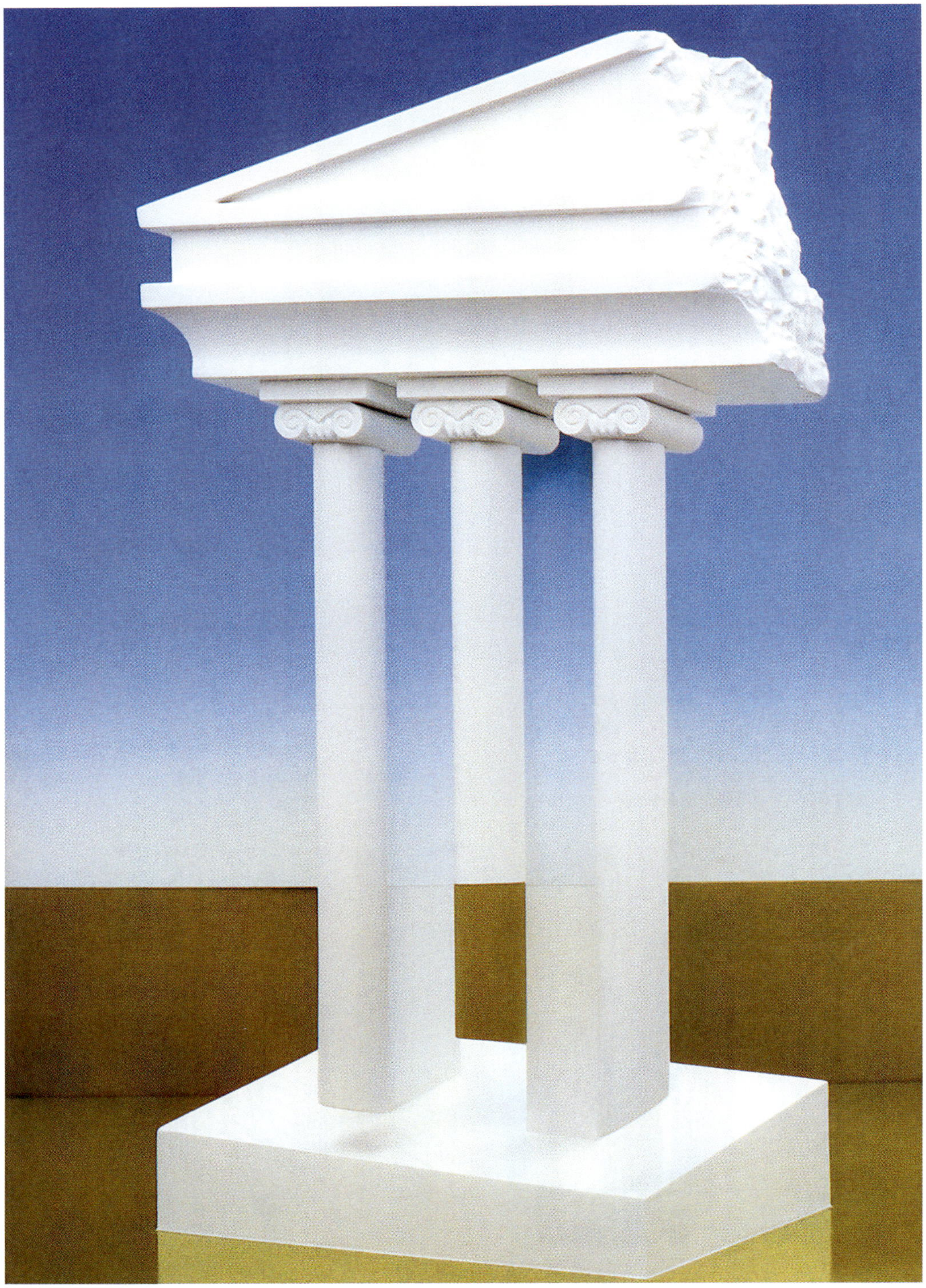

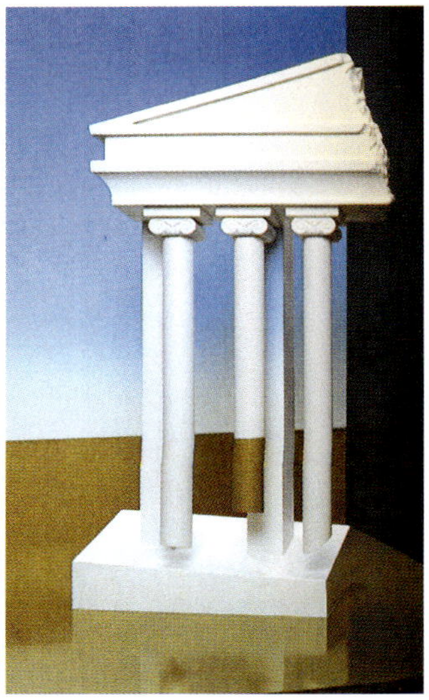

„Verschwindende Säule“, Holzskulptur, 1985

Dies ist eine physische Konstruktion einer unmöglichen Säulenreihe; sie basiert auf der klassischen Zeichnung einer unmöglichen Gabel. Oben gibt es drei runde Säulen, unten zwei rechteckige. Irgendwie verwandeln sie sich ineinander. Diese unmögliche Konfiguration ist nur von einem einzigen Blickwinkel aus zu sehen. Wenn man sie aus einem anderen Winkel betrachtet, zerstört man die Illusion. Eine Computeranimation der Skulptur in Rotation ist auf der Website http://neuro.caltech.edu/~seckel/mod/ zu sehen.

Seitenansicht der „Verschwindenden Säule“

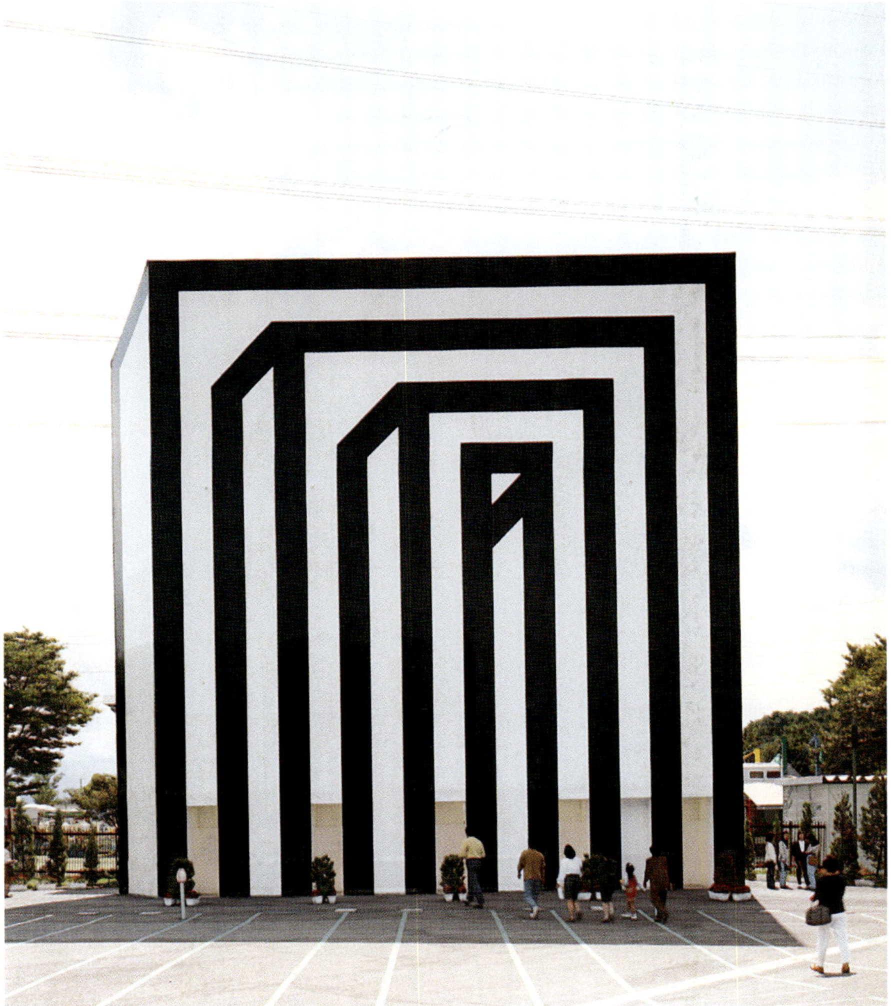

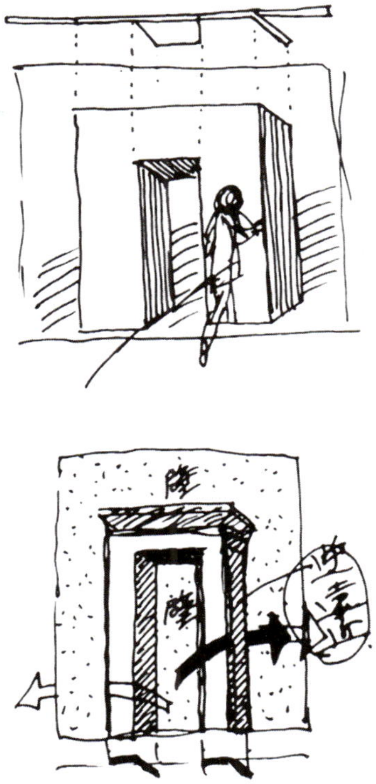

„Haupteingang der 1. japanischen Expo in Toyama“, 1992, 1300 × 300 × 1300 cm

Fukudas Vorskizzen für den Haupteingang

1991 wurde Fukuda beauftragt, einen sicheren Eingang zur japanischen Expo in Toyama, Japan, zu entwerfen. Zu Fukudas Entwurf gehörte ein optischer Trick, durch den sich die Besucher fragten, welches nun der echte Eingang war. Er schrieb: „Ich habe einen Trick entworfen, der sogar jene vom Eintreten abhält, die einen hohen IQ haben. Ich möchte den menschlichen Computer verwirren. Es ist wie ein Quiz.“

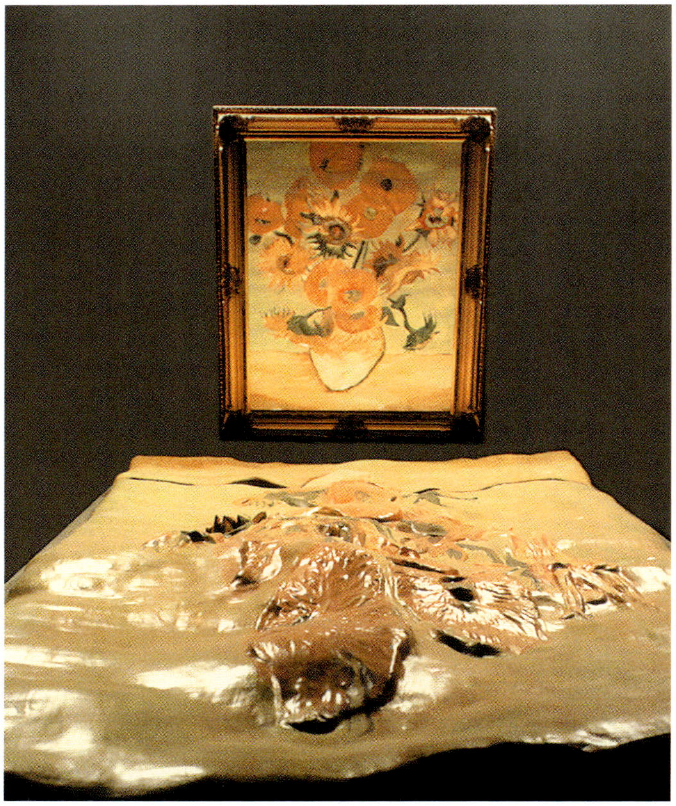

„VAN GOGHS SONNENBLUMEN", SKULPTUR AUS HOLZ, ACRYL UND PLASTIK, 1988, 150 × 370 × 203 CM

Im Bilderrahmen an der Wand hängt ein gewöhnlicher Spiegel. Wenn das bunte Relief auf dem langen Tisch platziert wird, auf dem der Spiegel angebracht ist, zeigt seine Reflexion im Spiegel ein perfektes, unverzerrtes Bild von Van Goghs berühmten „Sonnenblumen". Diese anamorphe Technik beruht auf dem Prinzip der umgekehrten Perspektive. Ein Film über diese Skulptur aus verschiedenen Winkeln ist auf http://neuro.caltech.edu/~seckel/mod/ zu sehen.

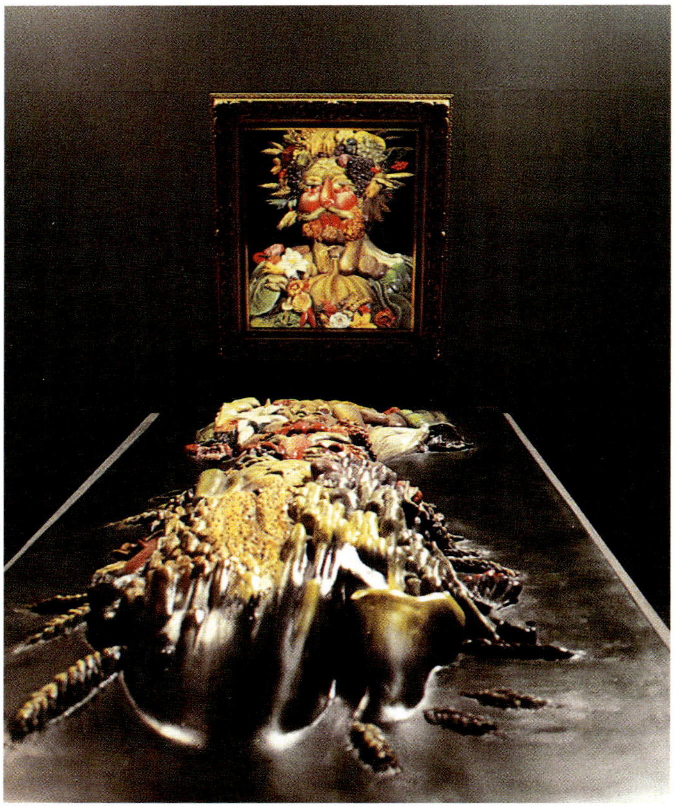

„FRISCHER KERL, ARCIMBOLDO", SKULPTUR AUS HOLZ, ACRYL UND PLASTIK, 1988, 105 × 300 × 170

Wie im vorigen Beispiel zeigt Fukuda hier eine anamorphisch verzerrte Version von Giuseppe Arcimboldos „Vertumnus", dessen Abbild im Spiegel unverzerrt zu sehen ist.

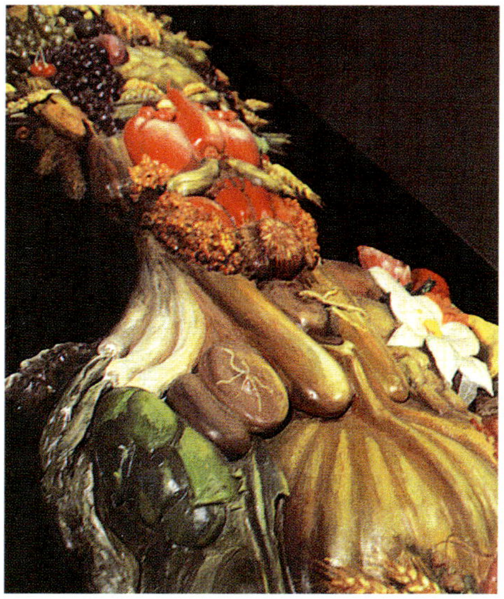

DETAIL IN „FRISCHER KERL, ARCIMBOLDO"

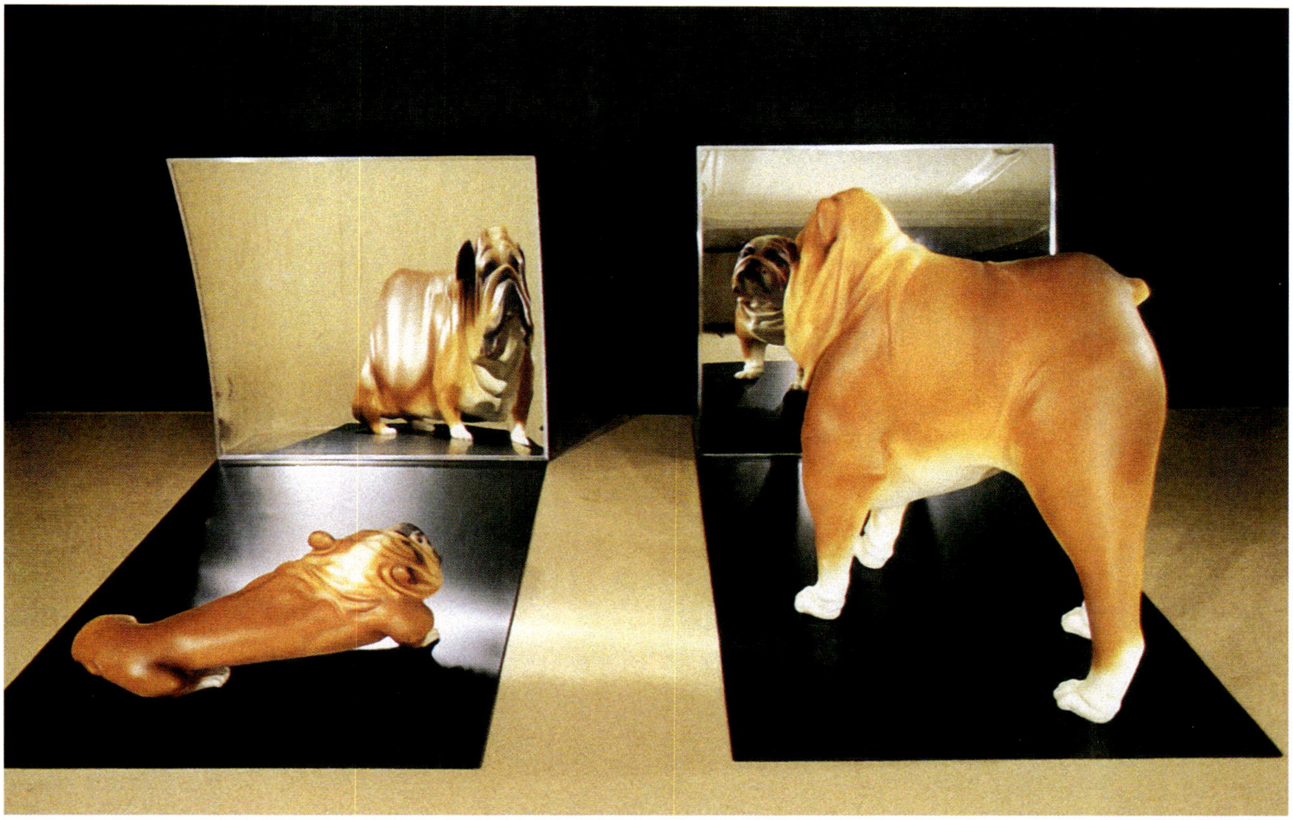

„Konkave und konvexe Bulldogen", 1987

Zwei Bulldoggen, deren Abbilder im konvexen und im konkaven Spiegel völlig gleich aussehen, unterscheiden sich in Wahrheit stark in Größe und Form.

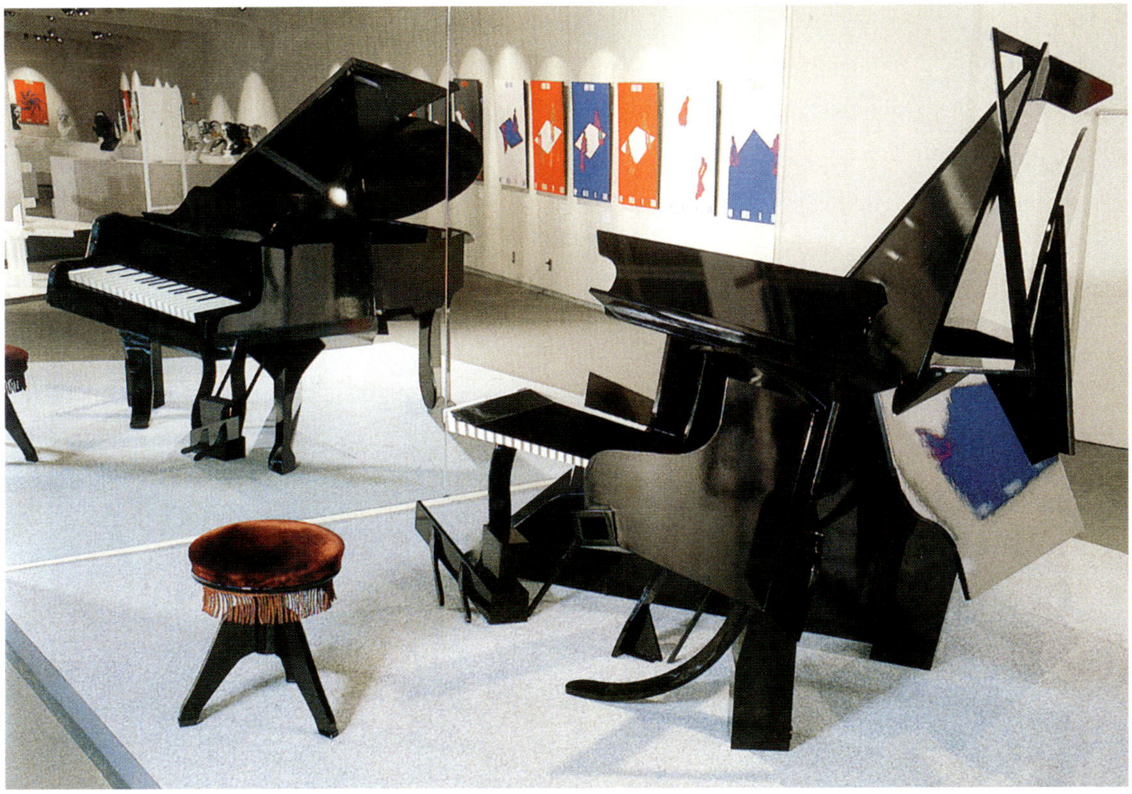

„UNTERGRUNDKLAVIER", SKULPTUR AUS HOLZ, ACRYL UND PLASTIK, 1984,
120 × 150 × 150 CM

Wenn man in den Spiegel links blickt, sieht man das Spiegelbild eines Klaviers. Wenn man nach rechts schaut, sieht man eine merkwürdige Konstruktion aus Klavierteilen, die im Spiegel die Reflexion eines perfekten Klaviers erzeugt, wenn man sie aus einem bestimmten Winkel betrachtet. Ein Film über diese Skulptur ist auf http://neuro.caltech.edu/~seckel/mod/ zu sehen.

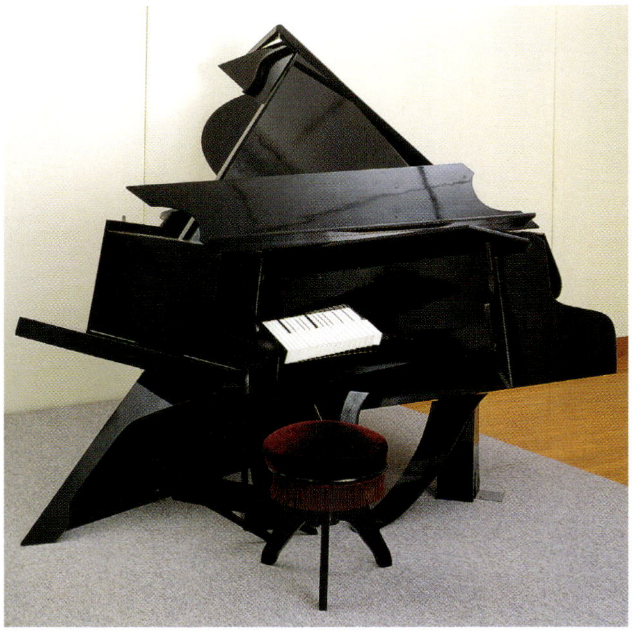

SEITENANSICHT DES „UNTERGRUNDKLAVIERS"

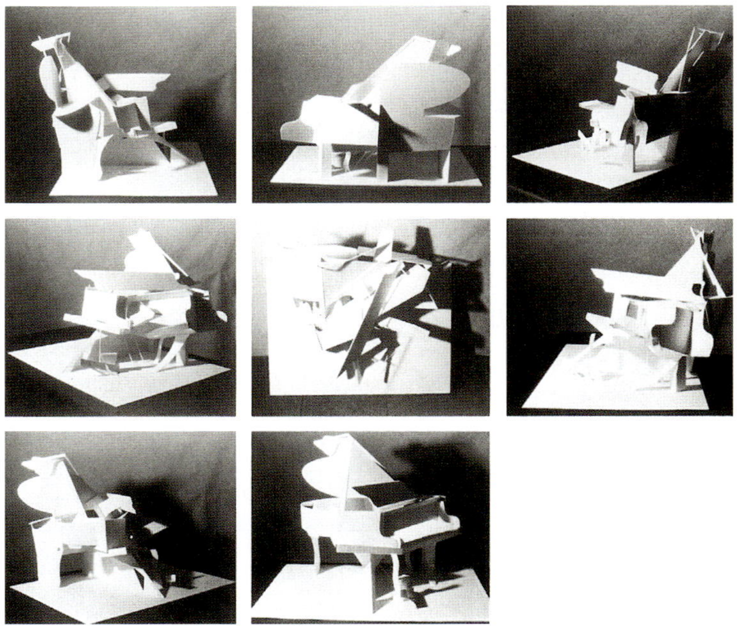

FUKUDAS ERSTE MODELLE SEINES „UNTERGRUNDKLAVIERS"

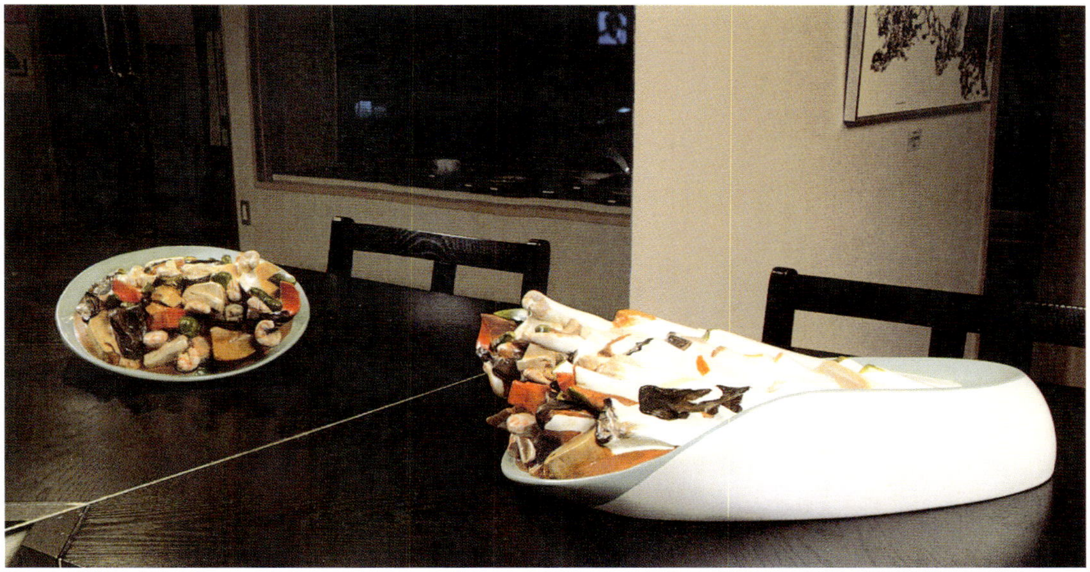

„Gemischter Reis nach chinesischer Art", Skulptur aus Holz, Acryl und Plastik, 1986

Diese Skulptur ist das erste Werk aus Fukudas Serie „Gerichte im Spiegel". Fukuda selbst fand es ziemlich amüsant, dass das Spiegelbild „köstlicher" aussah als das Original.

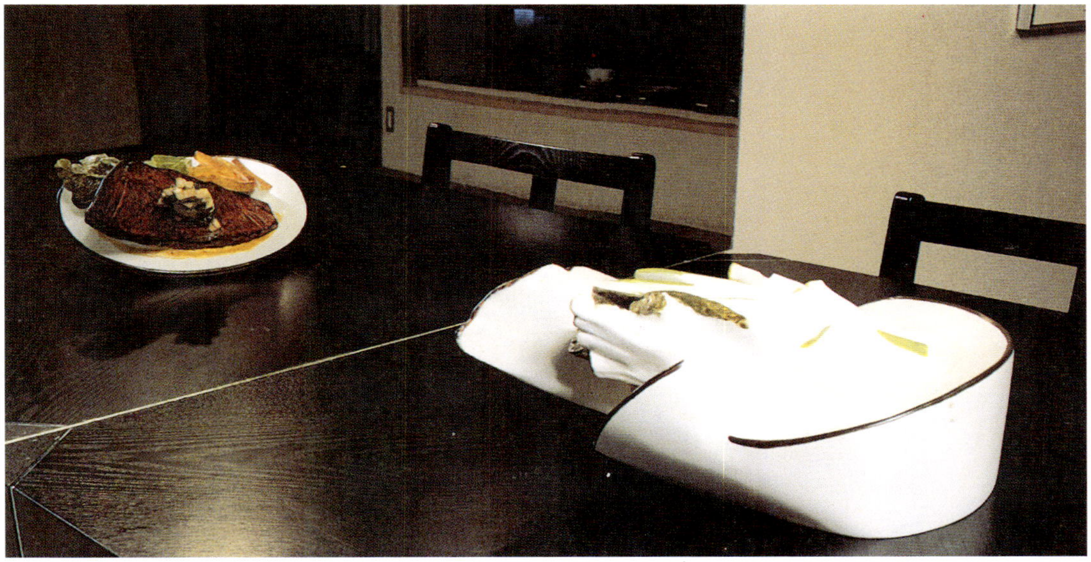

„Minutensteak", Skulptur aus Holz, Acryl und Plastik, 1986

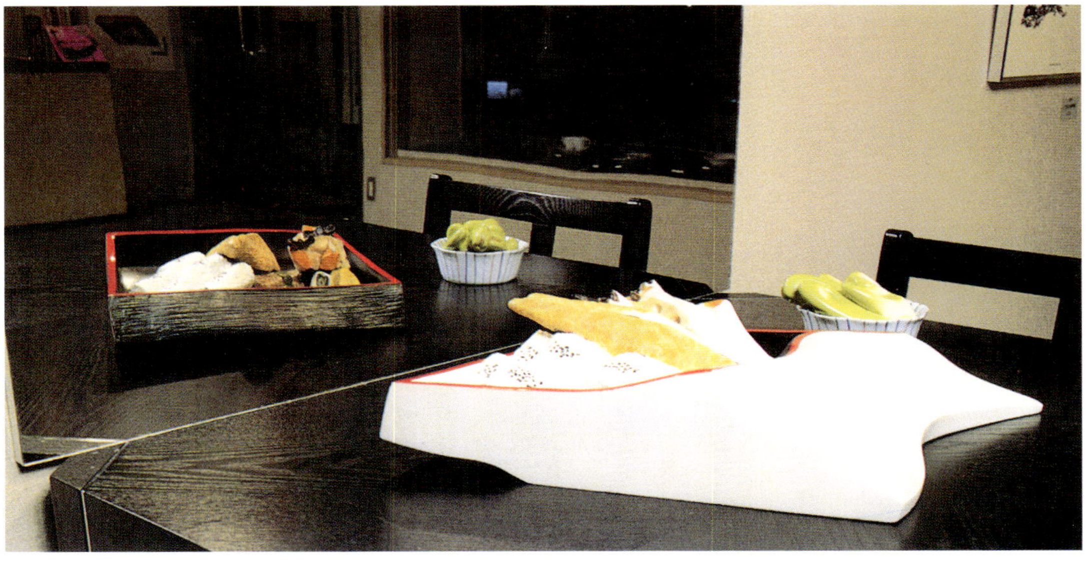

„Lunchbox mit sautiertem Schweinefleisch auf grünen Paprikas, gebratenem weissen Fisch, kurz angebratenem Gemüse, in Seetang gerolltem Spinat, Ei, geformtem Reis", Skulptur aus Holz, Acryl und Plastik, 1986

KAPITEL 7

Rob Gonsalves

(1959–)

MAGISCHER REALISMUS

„Ich glaube, dass es im Leben echte Magie gibt. Manchmal hängt es vom eigenen Blickwinkel ab, ob man sie erkennt. Kunst zu schaffen ist für mich die Suche nach diesem Blickwinkel, wo Magie und Wunder des Lebens nicht mehr als Illusion erscheinen, sondern als grundlegende, oft verborgene Wahrheit." ROB GONSALVES

ROB GONSALVES IST EIN höchst origineller Künstler, der in der Darstellung illusionärer Welten seinesgleichen sucht. Obwohl man ohne Zweifel die Einflüsse von René Magritte, M. C. Escher, Remedios Varo und Chris Van Allsburg in seinen Werken erkennt, sind viele seiner illusionären Perspektiven und sein „magischer Stil" einzigartig. Viele bezeichnen seine Kunst als surrealistisch, doch Gonsalves meint, sein Werk unterscheide sich von reinem Surrealismus, weil es willentlich geplant ist und den Betrachter zum Denken bringt. Seine Ideen entstammen zum Großteil der äußeren Welt (die viele Surrealisten ignorieren) und stellen erkennbare menschliche Tätigkeiten dar, kombiniert mit sorgfältig geplanten illusionistischen Techniken. Gonsalves versucht, ansonsten realistischen Szenen Magie zu verleihen, um dadurch die menschliche Sehnsucht auszudrücken, an das Unmögliche zu glauben. Daher wird sein Werk als „Magischer Realismus" beschrieben.

Um die Entwicklung seines gegenwärtigen Arbeitsstiles und seine Absichten bei der Entstehung eines Gemäldes zu beleuchten, führte Gonsalves aus:

> Als Kind verbrachte ich einen Großteil meiner Zeit mit Tagträumen und Zeichnen. Für gewöhnlich zeichnete ich einen fiktiven Ort. Das größte Vergnügen daran war, etwas Form zu geben, das zuvor nur in meinem Kopf existiert hatte. Langsam wurden meine Zeichnungen durch einen anderen Aspekt meiner Persönlichkeit beeinflusst: meiner Liebe zur Mathematik. Gebäude wurden zu meinem Hauptwerk. Im Alter von 12 Jahren lernte ich die Grundbegriffe des perspektivischen Zeichnens, auch mit Hilfe der Texte über Architektur, die ich las.
>
> Als Teenager interessierte ich mich mehr für Surrealismus, Symbolismus und fantastische Kunst, Literatur und Musik. Die Betonung des Unterbewussten und der Vorstellungskraft faszinierte mich und bestimmte meine ersten paar Gemälde. Diese waren wie Träume und sehr rätselhaft, wie beim typischen Surrealismus. Damals dachte ich noch nicht daran, dass die Malerei eine realistische Laufbahn für mich sein könnte. Vielmehr stellte ich meine malerische Tätigkeit großteils ein, als ich Architektur studierte und einige Zeit lang in dieser Branche arbeitete.
>
> Schließlich kehrte meine Sehnsucht, Bilder zu kreieren, zurück, da ich in meiner Arbeit nicht oft Gelegenheit hatte, meine Fantasie auszuleben. Ich nahm mir Zeit für die Malerei und setzte den surrealistischen Stil fort, doch mit neuen Einflüssen, die vermutlich auf meine architektonischen Erfahrungen zurückzführen waren. Ich war schon lange fasziniert von den Techniken, mit denen man die Beziehung zwischen Objekten in zweidimensionalen Darstellungen der Welt zeigt. Als ich wieder zu malen begann, hatte ich das Bedürfnis, die traumähnlichen, magischen Begebenheiten in meinen Bildern konkreter zu machen, als ob sie in der physischen Welt erlebbar wären. Die Beschäftigung mit Magrittes Werk half mir, die weitere Richtung meiner Malerei zu bestimmen. Sein Werk „Die Beschaffenheit des Menschen" hat einen magischen Effekt und ist zugleich ein ehrliches, realistisches Bild. Ich wollte stets vermitteln, dass magische und wundersame Erfahrungen nicht auf Träume oder Unterbewusstsein beschränkt waren, denn beide können aus der Erfahrung und der bewussten Interpretation der physischen Welt abgeleitet werden. Durch Magrittes „magischen Realismus" erkannte ich, wie ich das erreichen konnte.
>
> Technisch gesehen verwendete ich nun verschiedene Techniken der optischen Täuschungen. Gleichzeitig konzentrierte ich mich mehr auf das, was ich mit dem Bild ausdrücken wollte. Im Allgemeinen, so würde ich sagen, feierte ich in meinen Arbeiten vor allem das Wunder der Fantasie. Wenn deine Vorstellungskraft

auf einer einfachen Lebenserfahrung beruht, dann kann sie magisch sein – sogar transzendent.

Häufig drückt sich das Bedürfnis, das Wunder der Fantasie darzustellen, in Bildern aus, die Kinder beim Spielen zeigen. Die magische Verwandlung in solchen Bildern illustriert, was im Kopf der abgebildeten Personen vorgeht; diese sind von ihrer Tätigkeit so eingenommen, dass das bloß Vorgestellte scheinbar real wird. Häufig enthalten solche Bilder jene Art von Illusion, in der eine unmögliche (aber überzeugende) Veränderung der Ausmaße vorkommt.

Andere Quellen meiner Inspiration findet man in verschiedenen Dualitäten, die man im Alltag beobachten kann: natürlich vs. vom Menschen gemacht, urban vs. ländlich, hell vs. dunkel, materiell vs. spirituell etc. In den Bildern, die in diesen Konzepten wurzeln, findet sich für gewöhnlich eine Metamorphose von einem Element zum anderen. Optische Täuschungen werden in meinen Werken ziemlich intuitiv eingesetzt. Jene Techniken, die ich verwende, sind vielleicht weniger wissenschaftlich als die in den Arbeiten jener Künstler, deren Hauptanliegen die Erschaffung einer optischen Täuschungen um ihrer selbst willen ist. Für mich ist das abgebildete Objekt und seine emotionale Bedeutung entscheidend; die Illusion ist nur Mittel zum Zweck und muss der Gesamtkonzeption des Bildes dienen.

Nach enthusiastischen Reaktionen auf die Toronto Outdoor Art Exhibition entschloss sich Gonsalves 1990, nur noch zu malen. 2003 wurden viele seiner wundervollen Gemälde in dem Kinderbuch *Imagine a Night* veröffentlicht. Diesem höchst erfolgreichen Buch folgte ein zweiter Band mit dem Titel *Imagine a Day*. Seine Werke sind nach wie vor sehr gefragt.

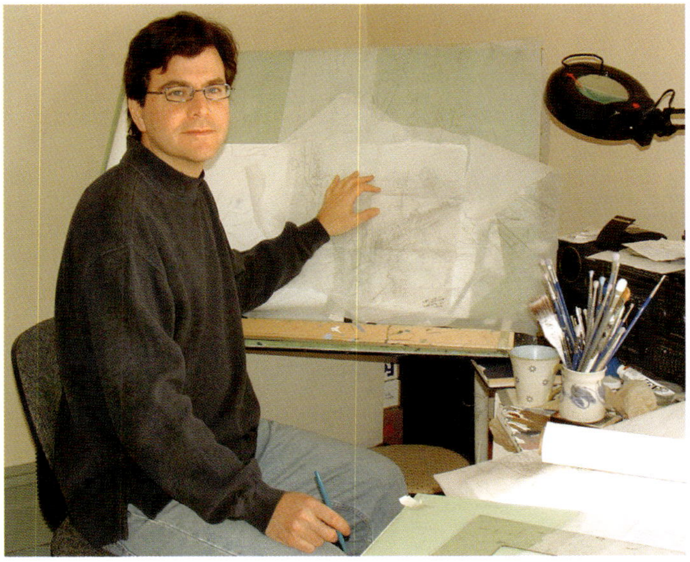

ROB GONSALVES, 2001

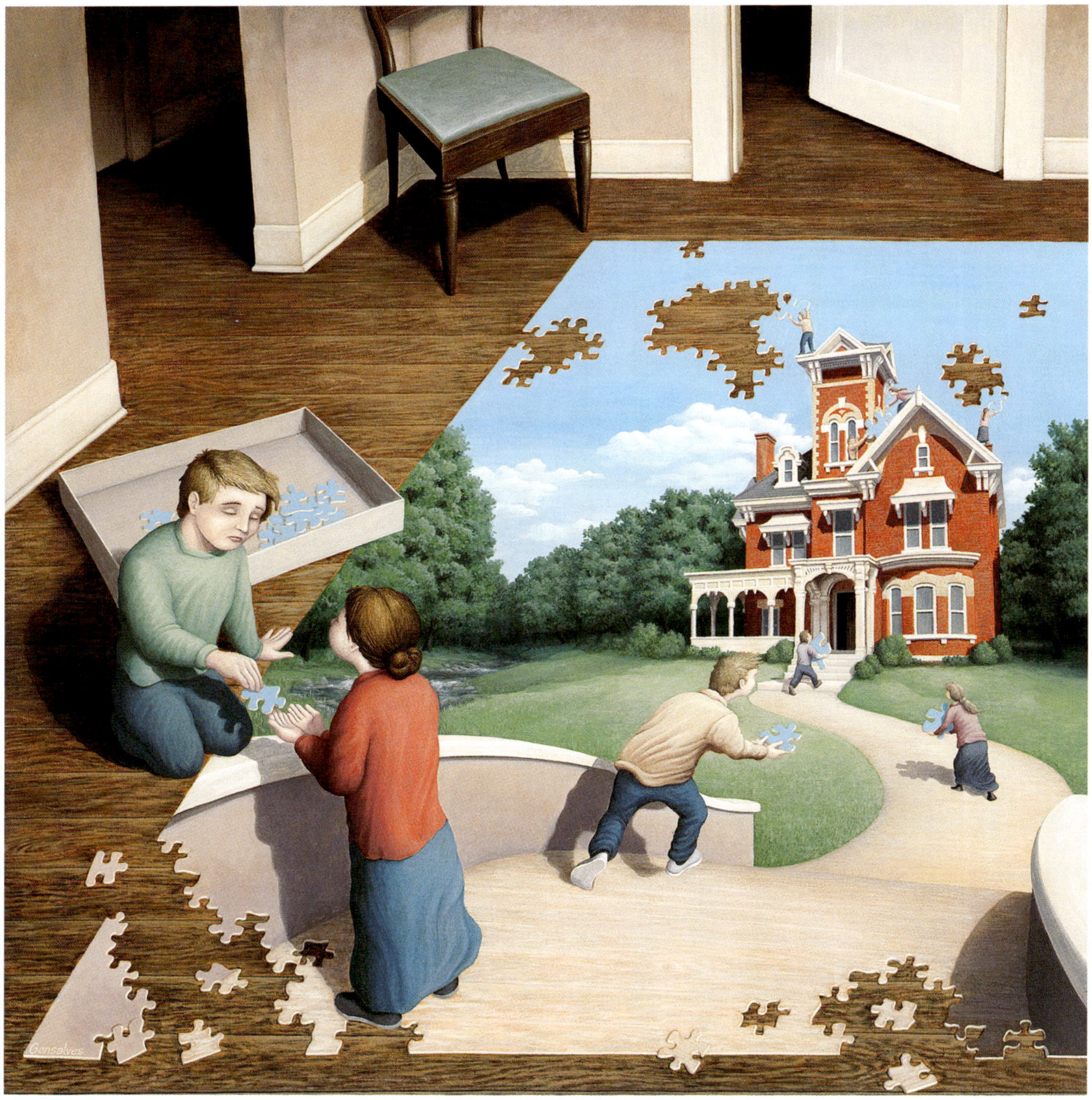

„Unvollendetes Puzzle“, Acryl auf Leinwand, 1991, 76 × 76 cm

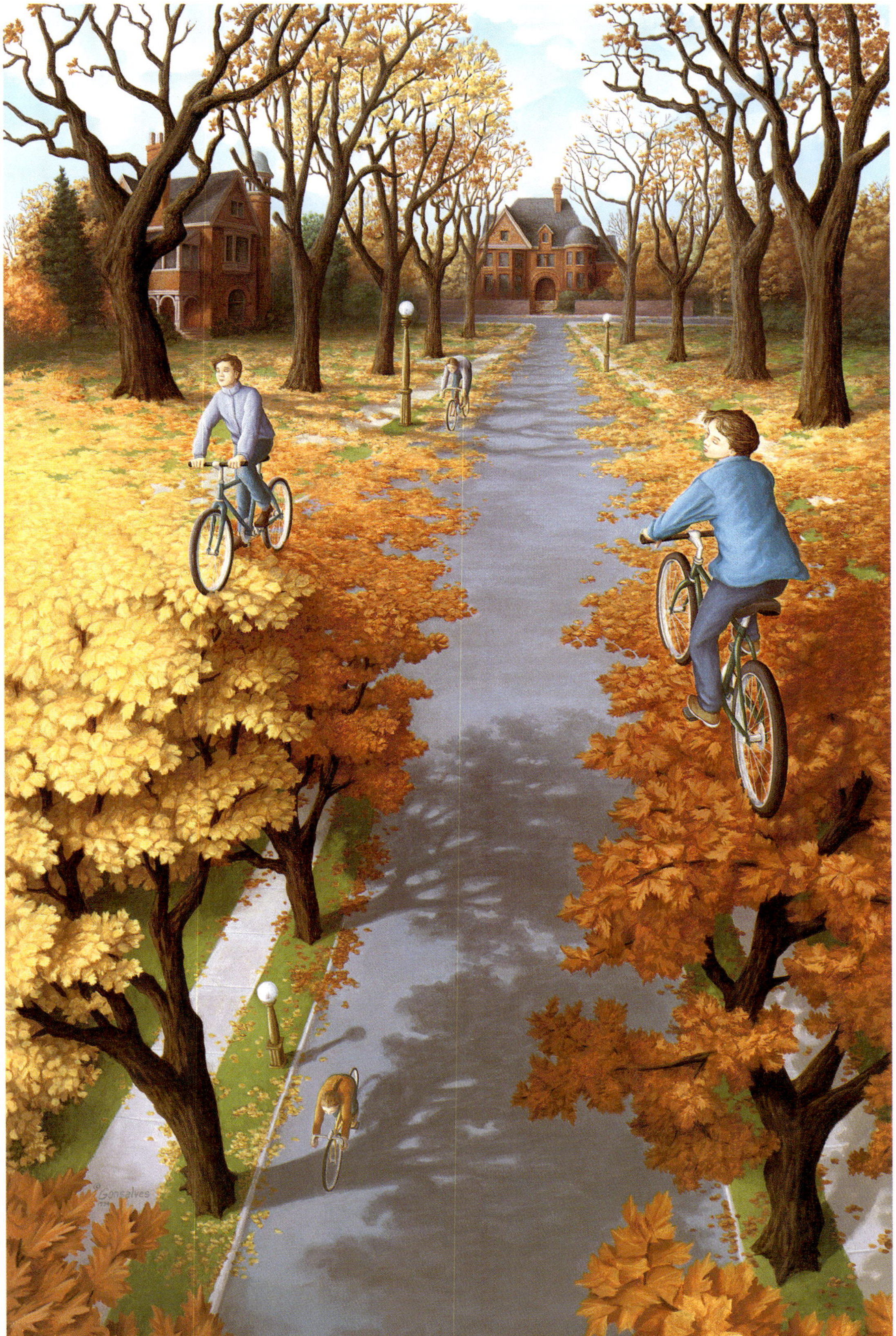

„Radfahren im Herbst", Acryl auf Leinwand, 1994, 51 × 76 cm

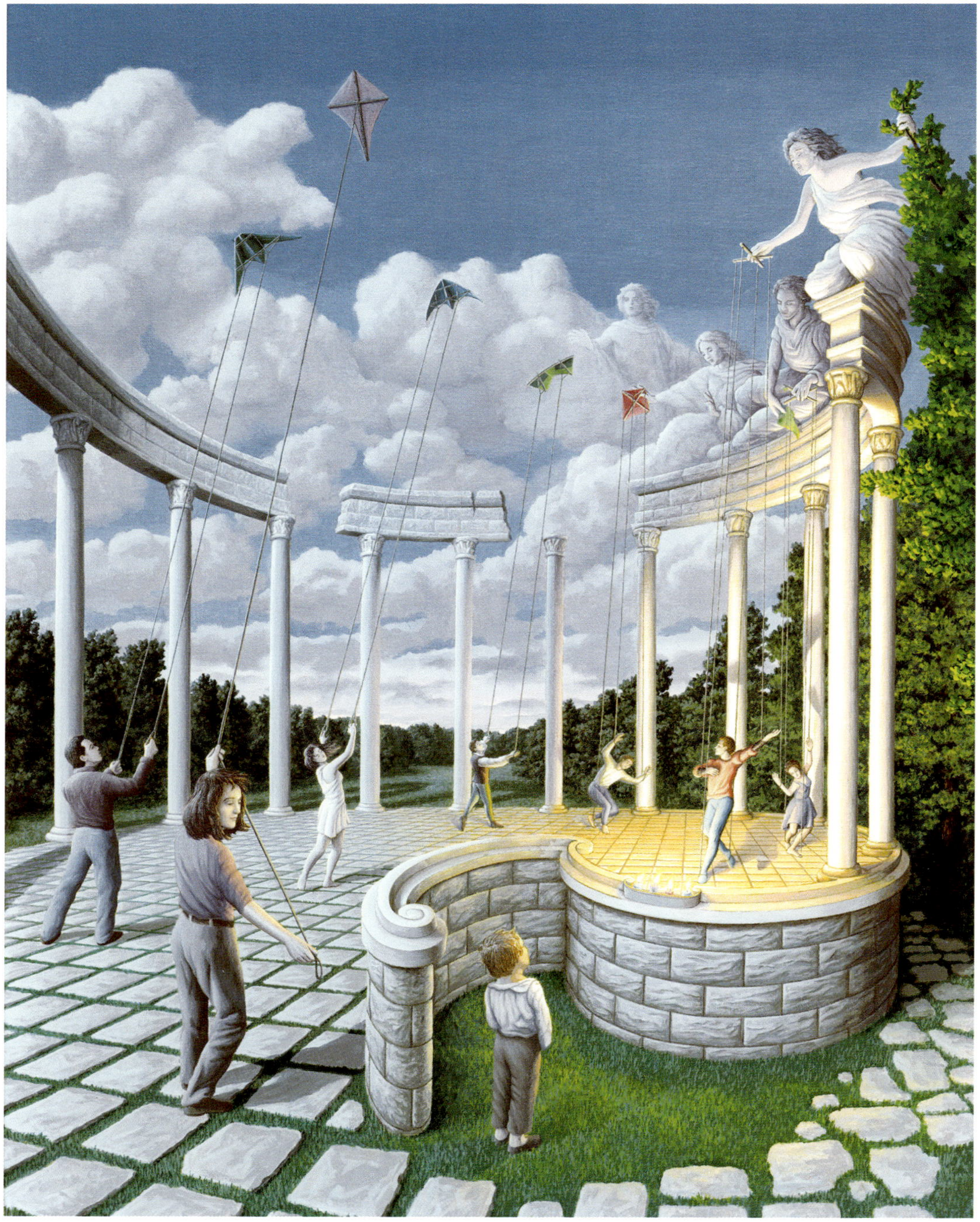

„Fäden ziehen", Acryl auf Leinwand, 1998, 61 × 76 cm

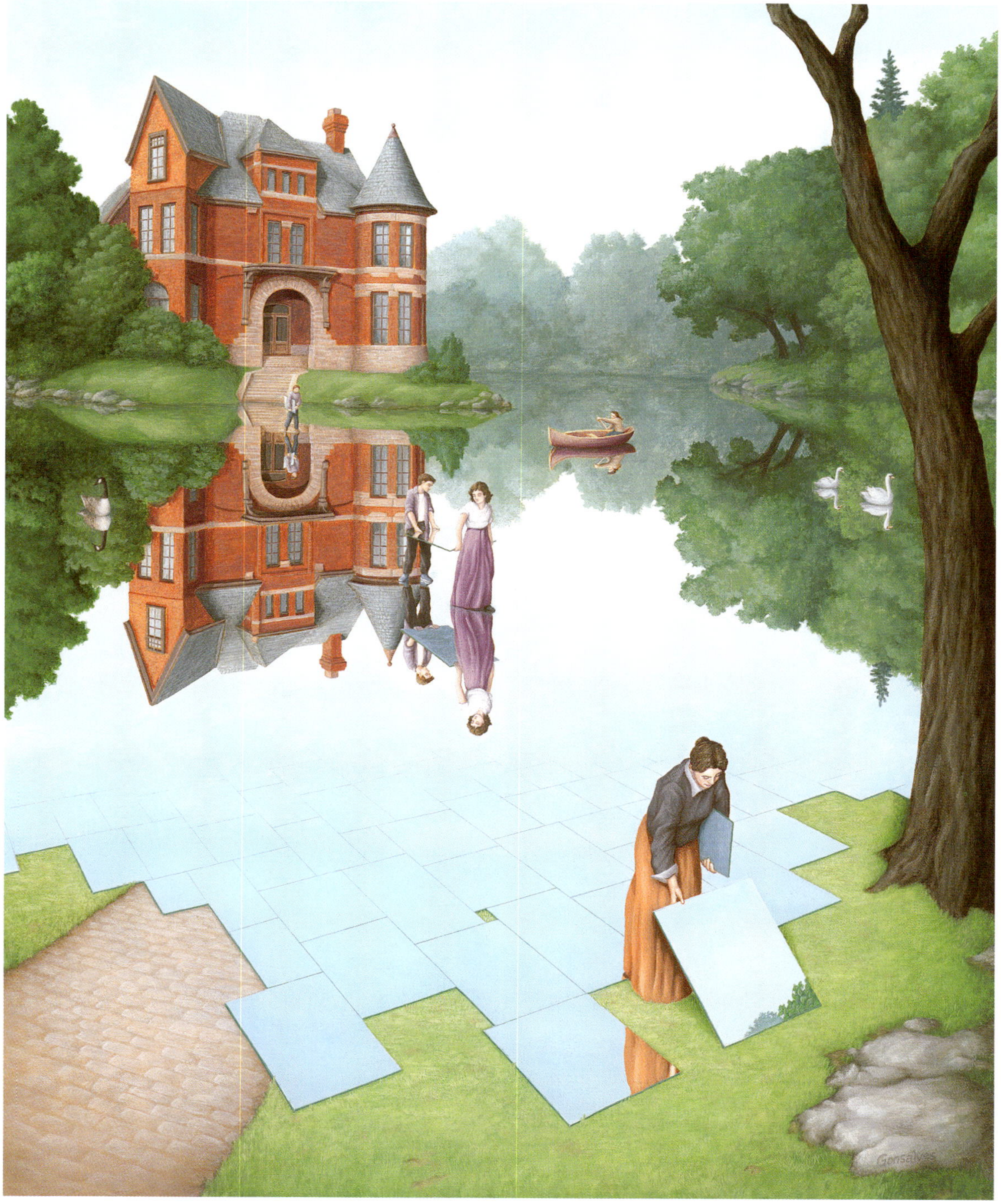

„Stille Wasser“, Acryl auf Leinwand, 1994, 51 × 61 cm

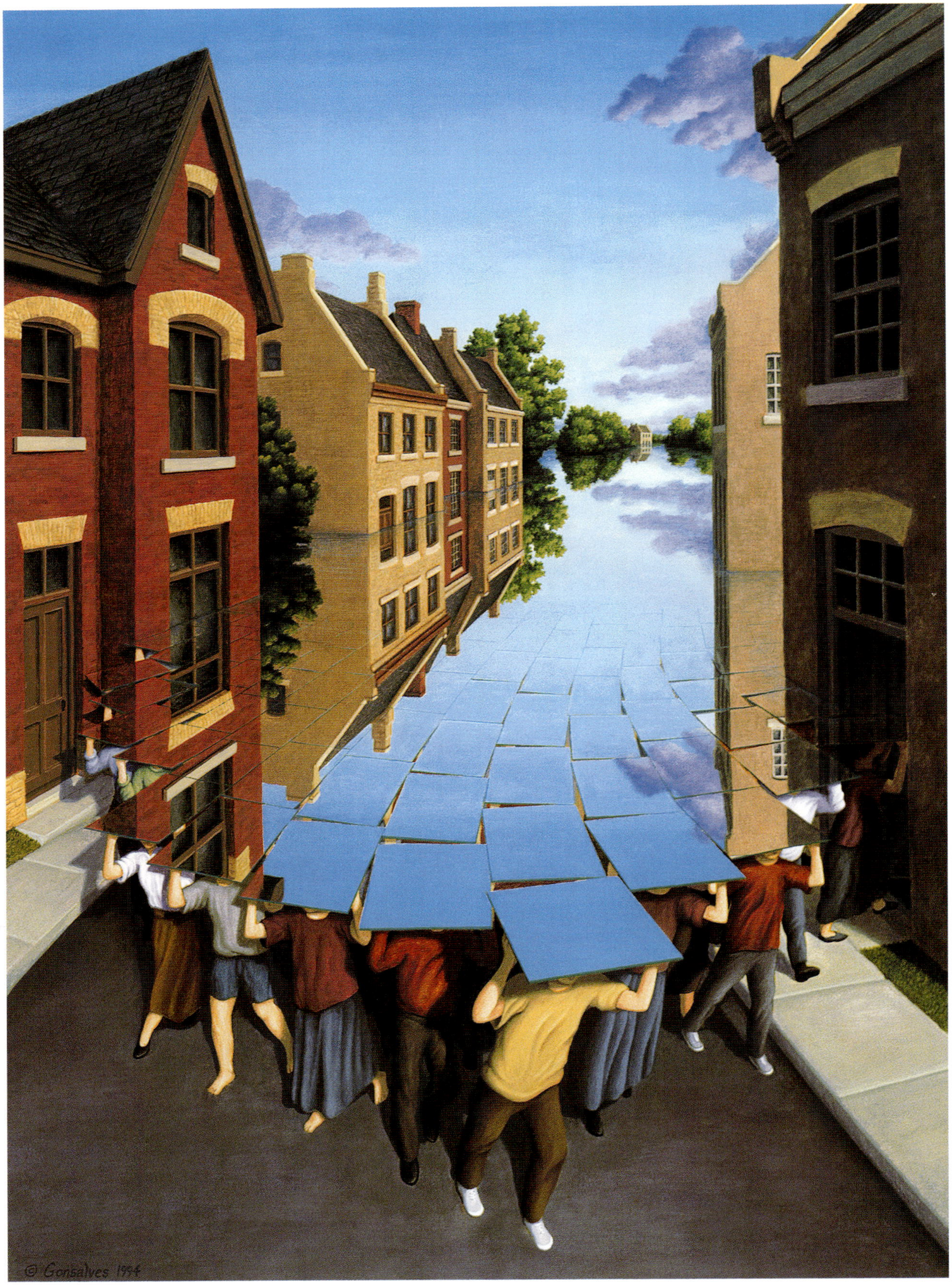

„Die Flut kommt“, Acryl auf Leinwand, 1994, 46 × 61 cm

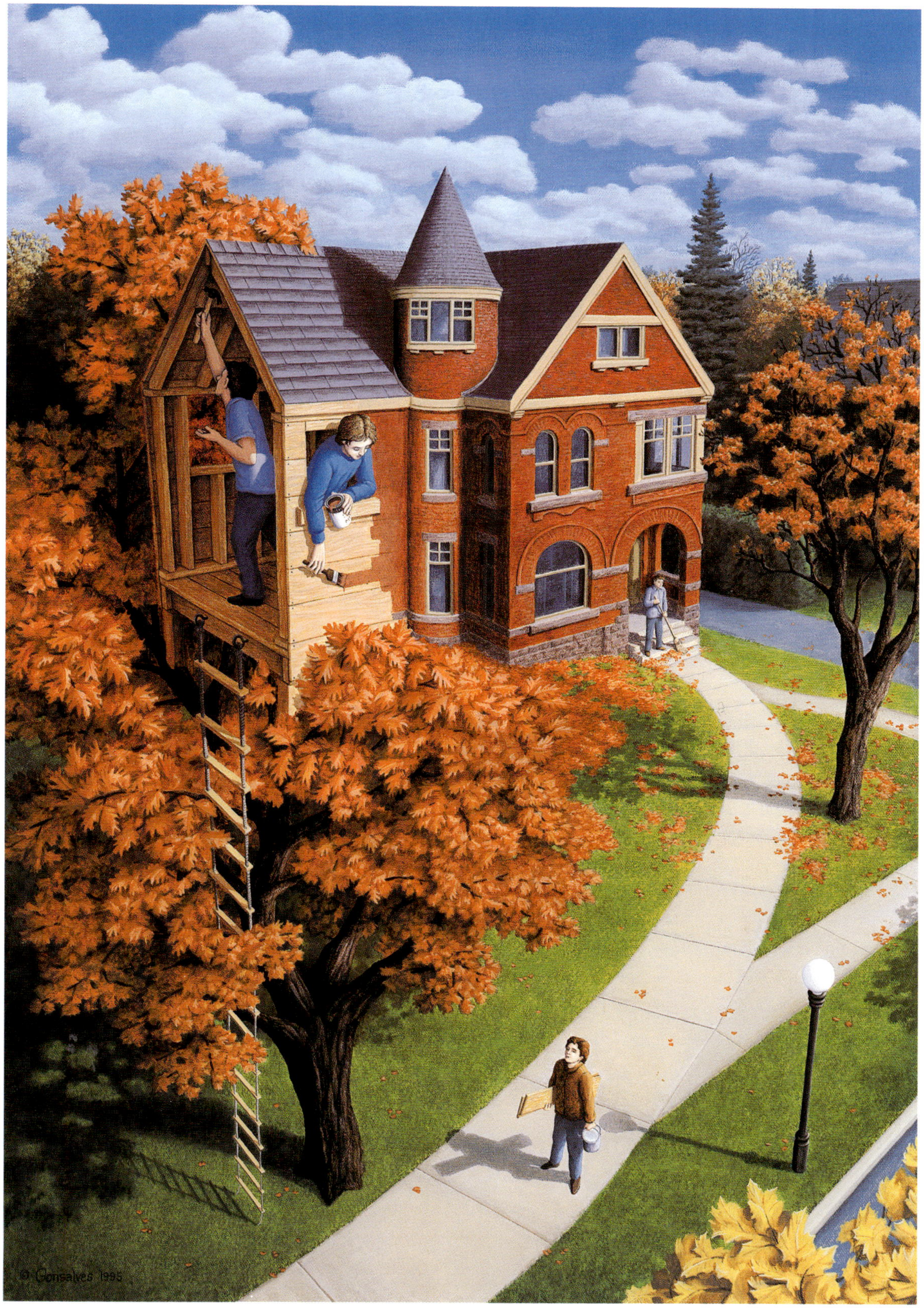

„Baumhaus im Herbst“, Acryl auf Leinwand, 1995, 51 × 71 cm

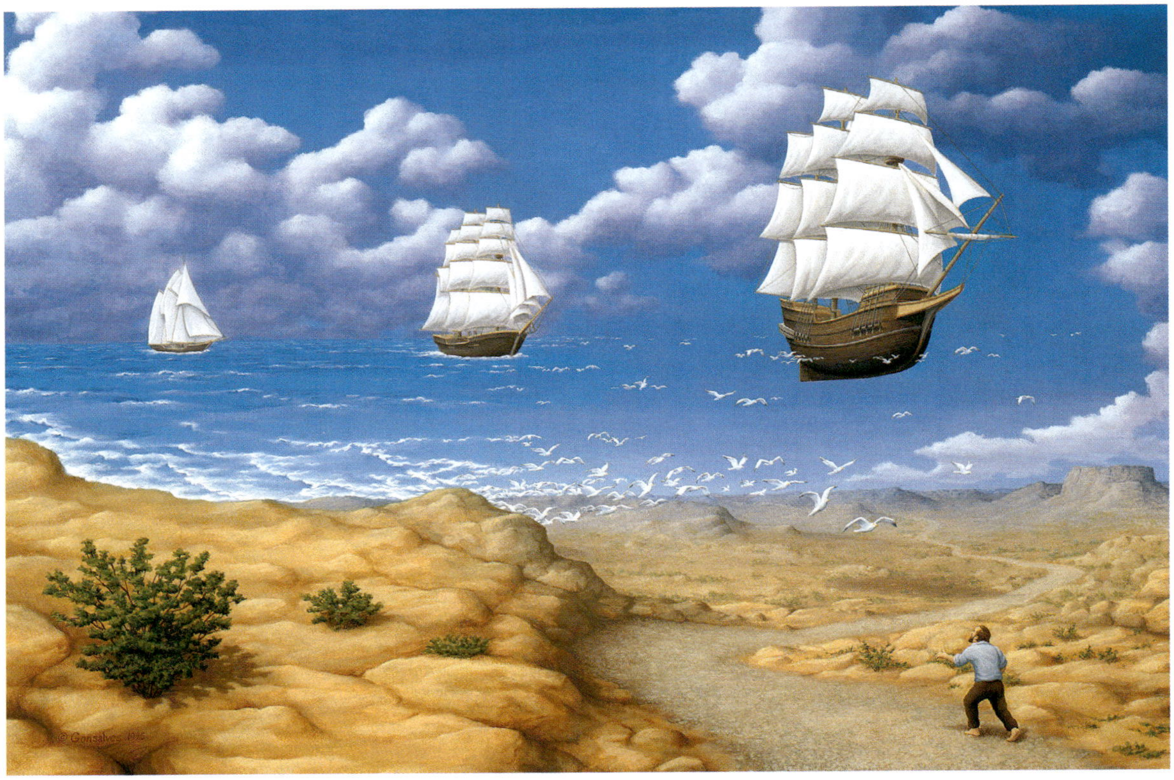

„Auf der Suche nach dem Meer“, Acryl auf Leinwand, 1995, 76 × 56 cm

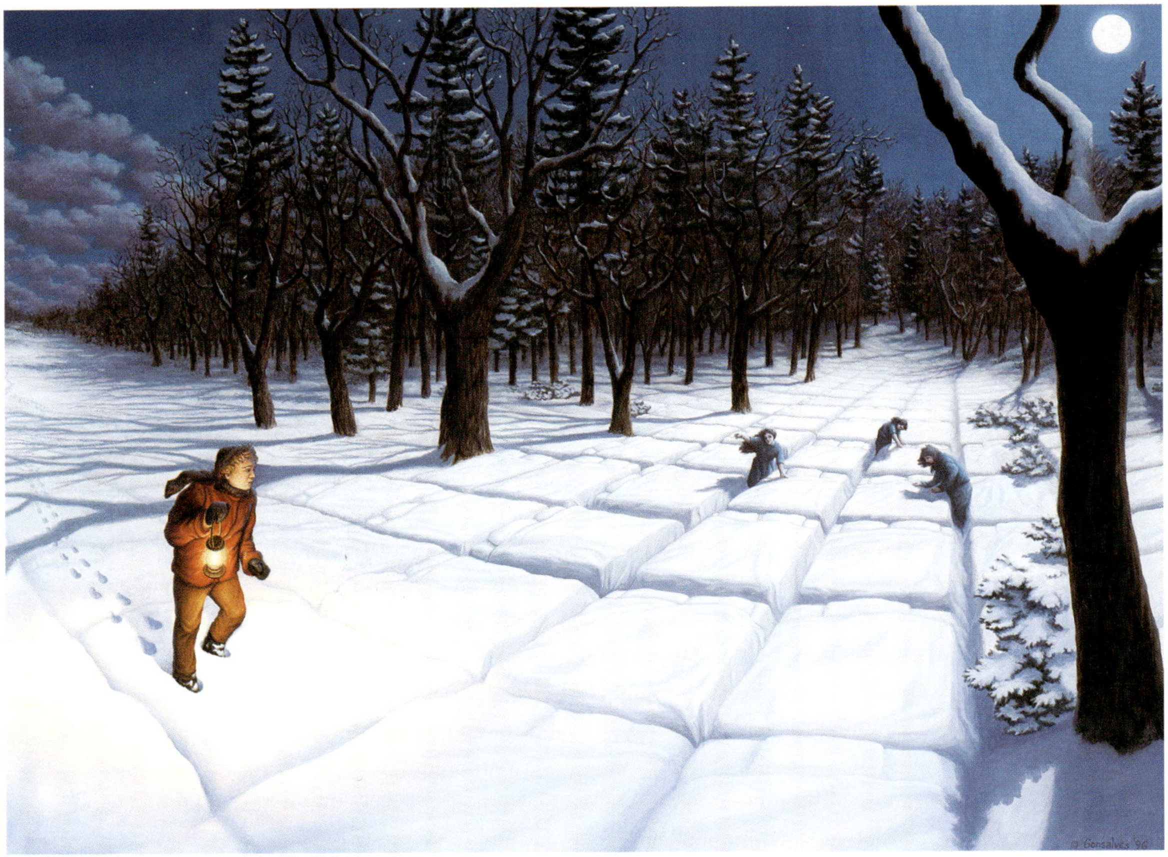

„Kalte Behaglichkeit“, Acryl auf Leinwand, 1996, 76 × 56 cm

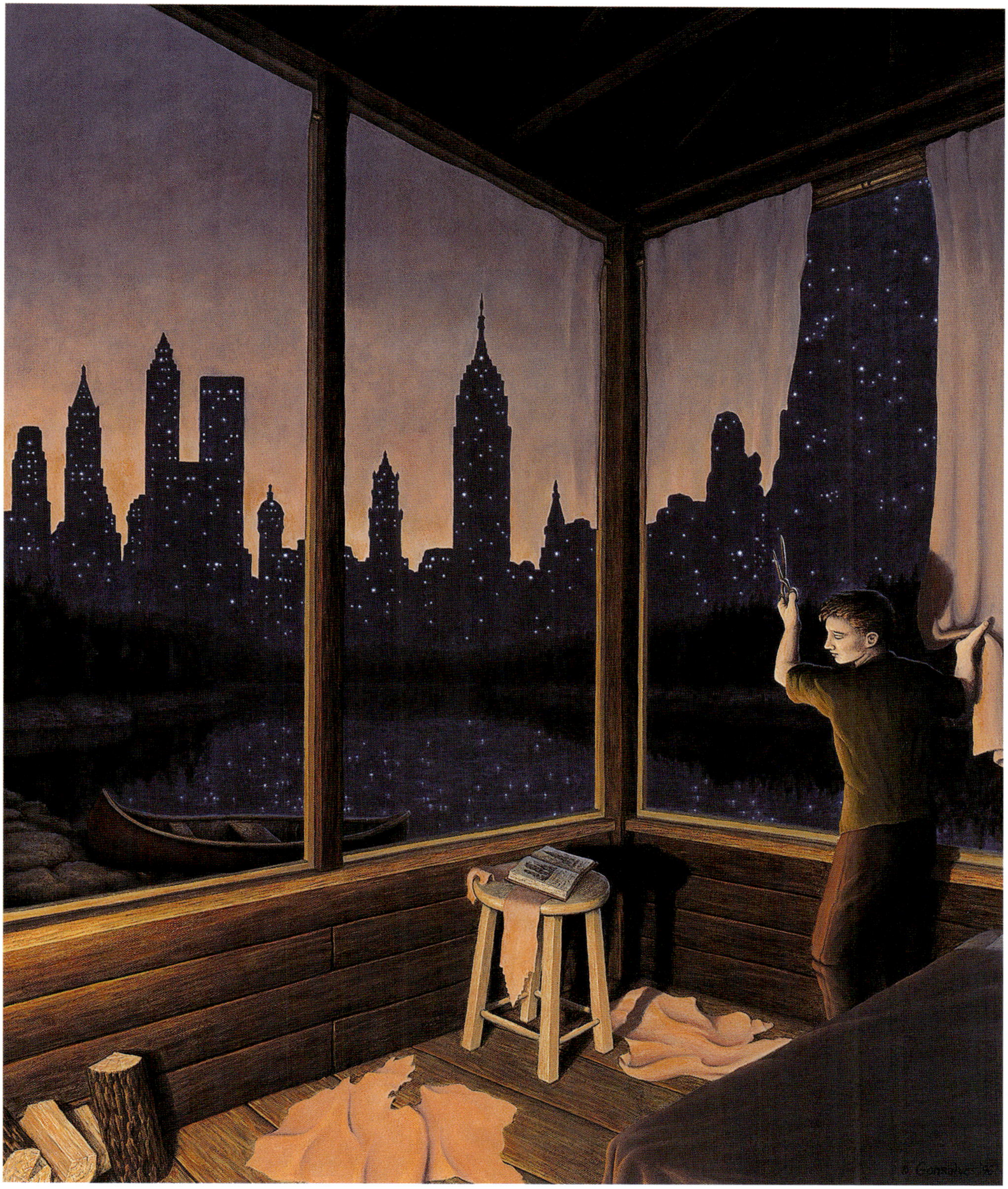

„Szenenwechsel“, Acryl auf Leinwand, 1996, 61 × 71 cm

Durch die Fenster der Blockhütte des jungen Mannes erkennt man einen See, ein Boot, einen Wald und die sternenklare Nacht. Der junge Mann macht einen „Szenenwechsel“, indem er die Vorhänge so zuschneidet, dass sie den Umriss einer Stadt bilden. Der mit Sternen übersäte Nachthimmel wird nun zu den Lichtern der nächtlichen Stadt.

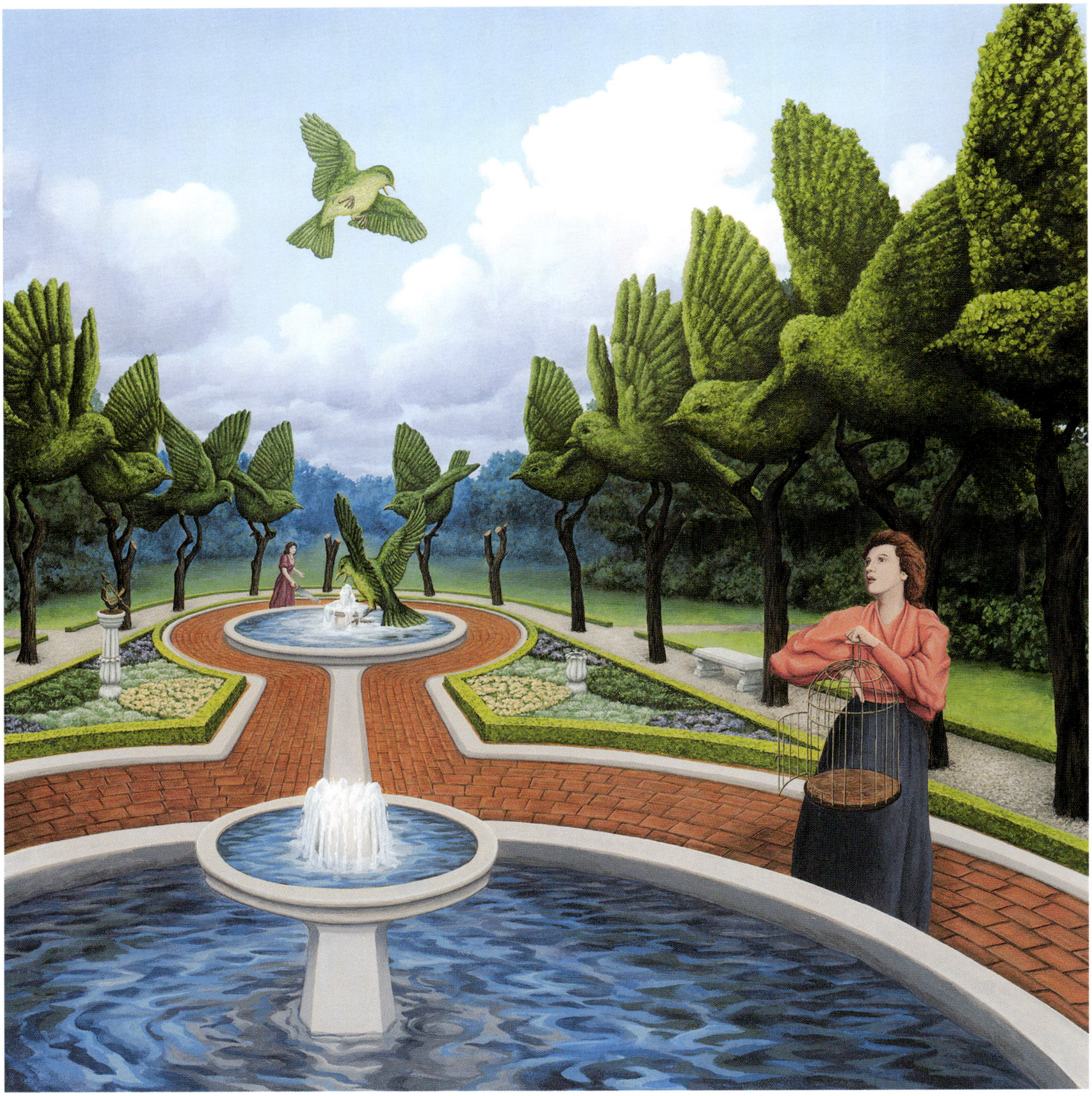

„Wurzeln und Flügel“, Acryl auf Leinwand, 1997, 66 × 66 cm

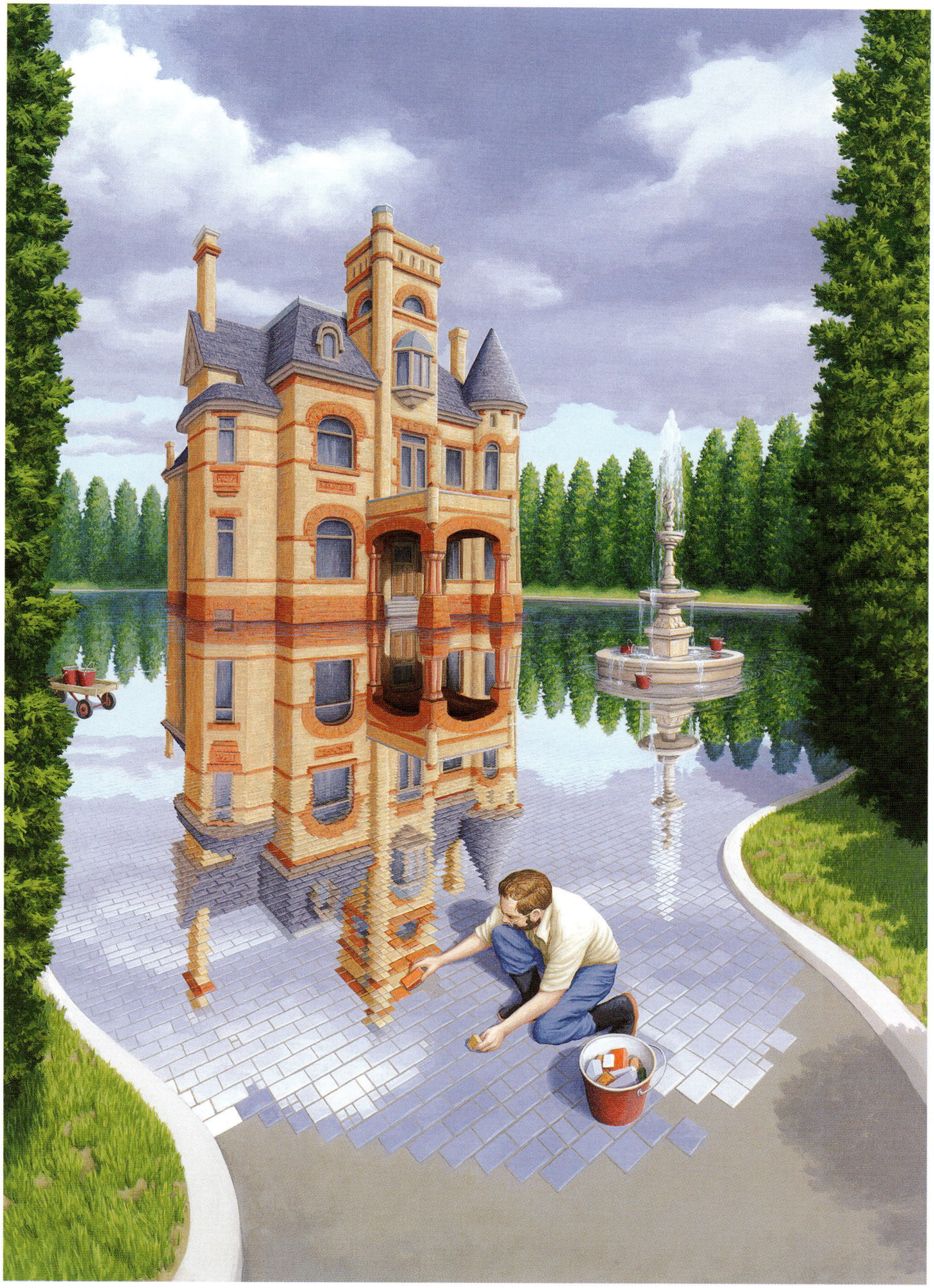

„Mosaik im Wassergraben“, Acryl auf Leinwand, 1998, 56 × 76 cm

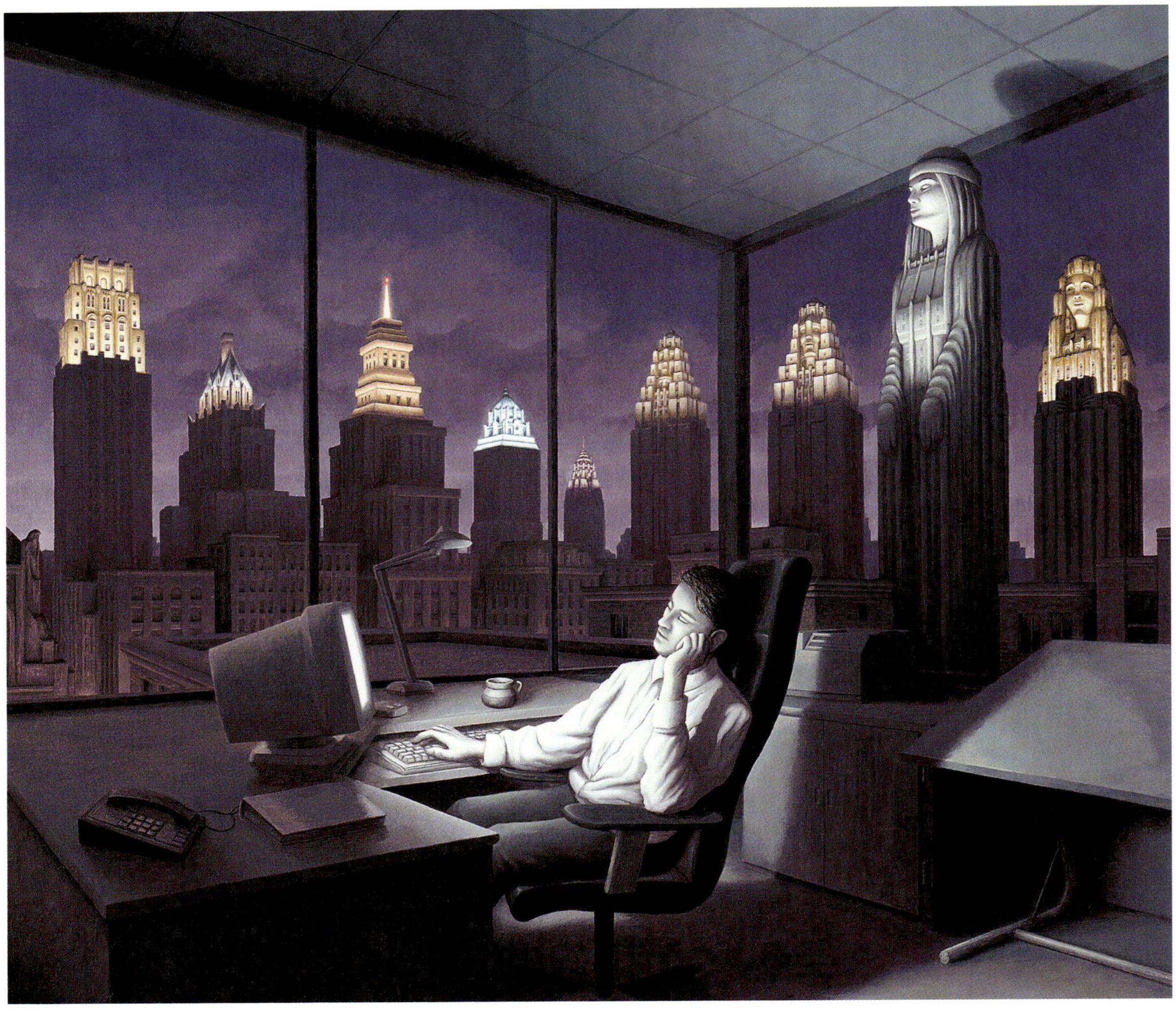

„Die Nacht in der tiefen Nacht“, Acryl auf Leinwand, 1999, 71 × 61 cm

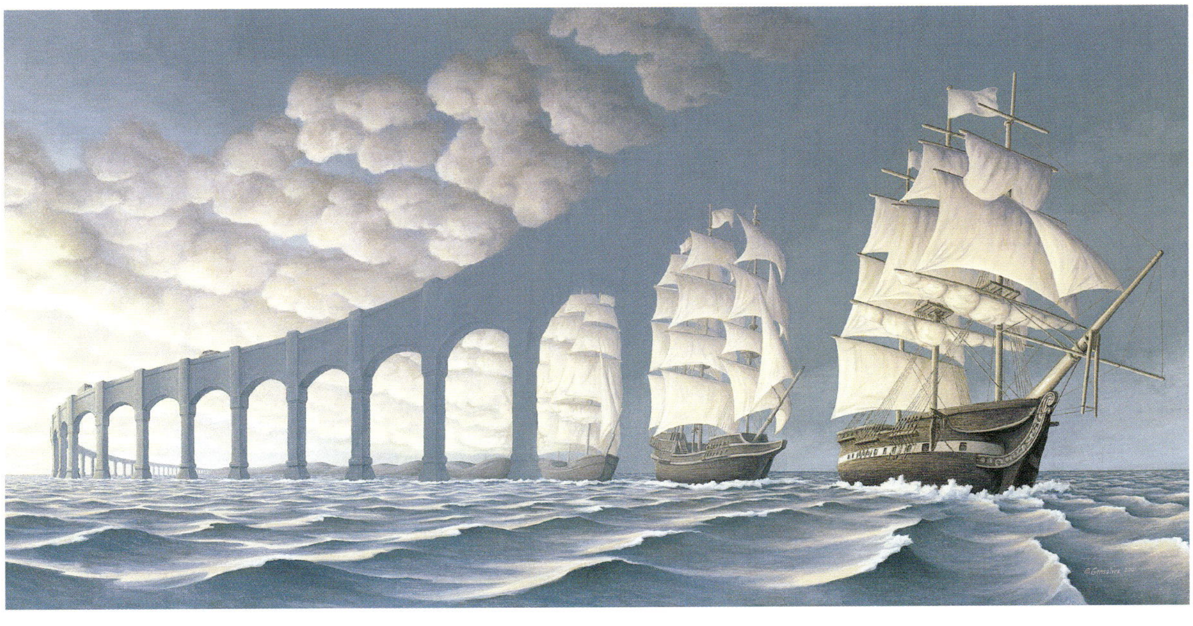

„Die Sonne setzt die Segel“, Acryl auf Leinwand, 2001, 101,5 × 51 cm

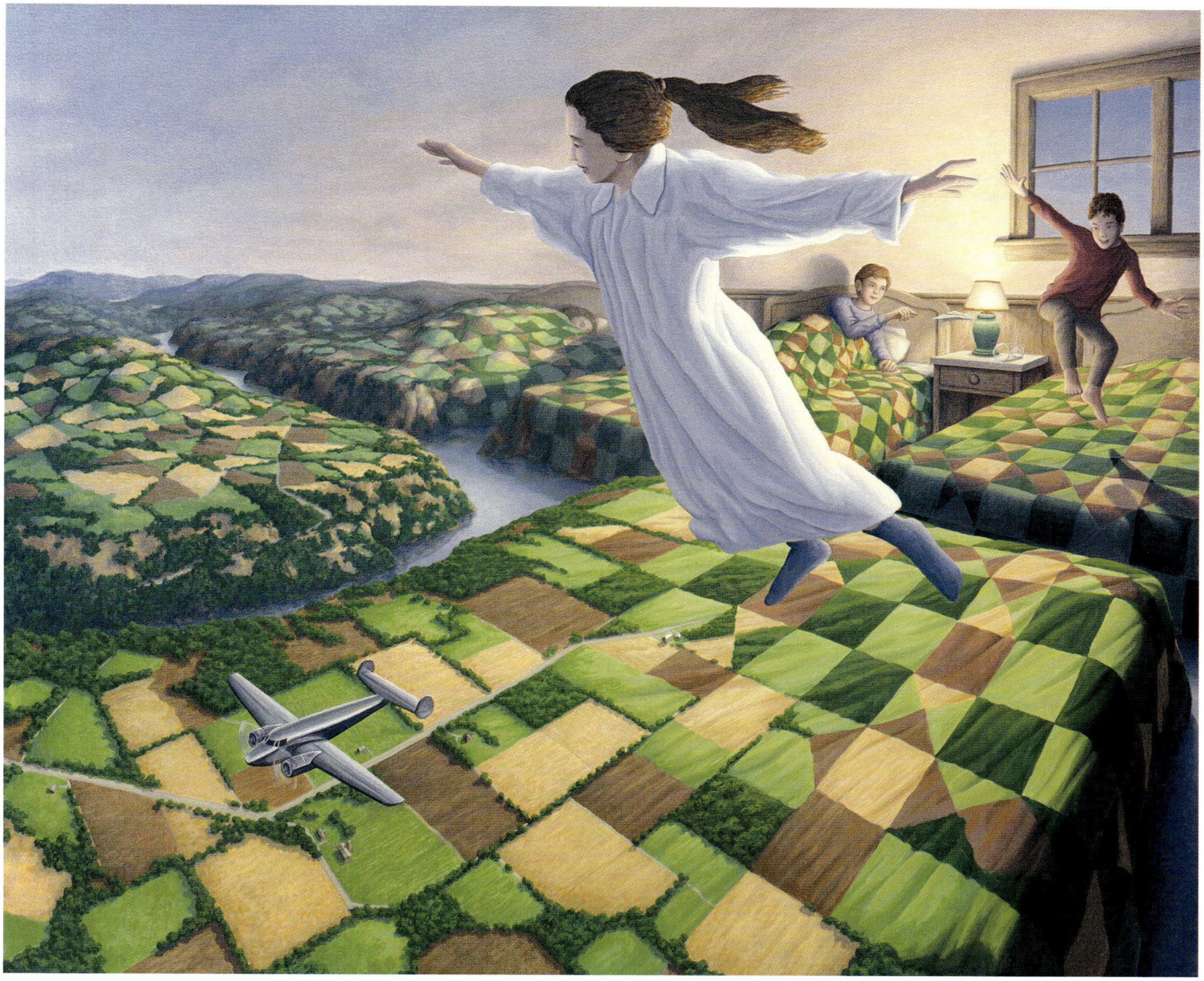

„Luftfahrt zur Schlafenszeit“, Acryl auf Leinwand, 2001, 76 × 61 cm

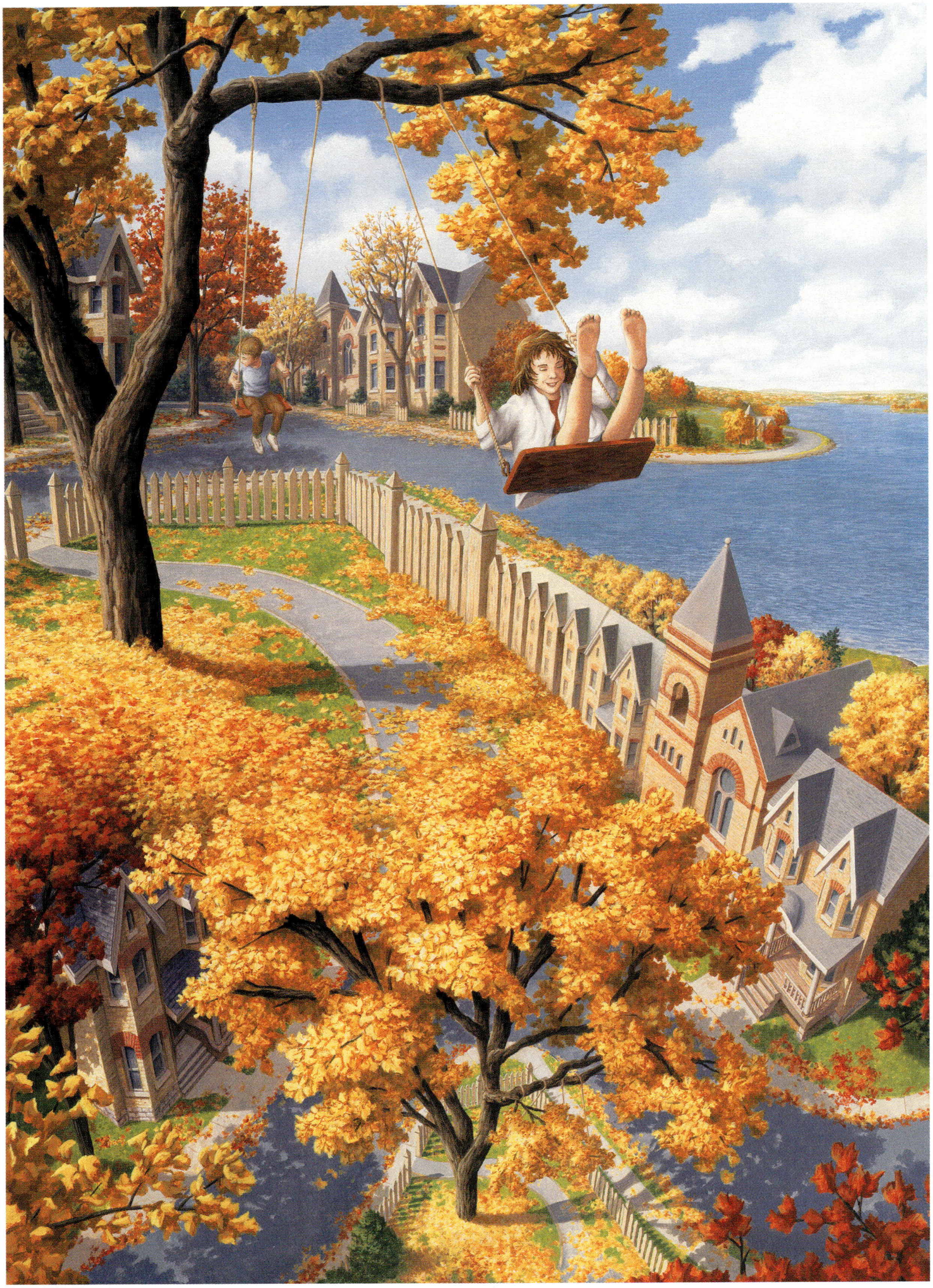

„Im Aufschwung", Acryl auf Leinwand, 2001, 56 × 81 cm

KAPITEL 8

Mathieu Hamaekers

(1954–)

Optischer Konstruktivismus

„Für mich als Künstler ist es wichtig, dass meine Arbeiten nicht bloß eine Täuschung oder eine rationale Problemlösung darstellen; sie müssen eine starke ästhetische Komponente haben."
MATHIEU HAMAEKERS

DIE SKULPTUREN DES BELGISCHEN KÜNSTLERS MATHIEU HAMAEKERS muss man sehen, um sie wirklich würdigen zu können. Wenn man eine seiner Skulpturen dreht oder um sie herumgeht, sieht man völlig Unerwartetes. Das Gebilde verwandelt sich in einer unvorhersehbaren Weise, was den Betrachter schockiert oder überrascht, während es zugleich ein wunderschönes Kunstwerk bleibt.

Hamaekers wuchs in einer Umgebung auf, in der von Jugend an auf die Würdigung der Kunst Wert gelegt wurde. Sein Vater, ein angesehener Zimmermann, ermutigte ihn, handwerkliche Erfahrungen mit der Erzeugung dreidimensionaler Dinge zu sammeln. Seine Mutter beeinflusste ihn stark, was die Würdigung der Ästhetik und den Wert der Form betrifft. Im Alter von 17 Jahren beeindruckte ihn eine Dokumentation über Leben und Werk des M. C. Escher und dabei vor allem seine Verwendung des unmöglichen Dreiecks. Im Jahr darauf beschloss er, eine künstlerische Laufbahn einzuschlagen, und ging an die Akademie für visuelle Kommunikation und Design in Gent.

An der Akademie schuf er als Experiment zur Perspektive transparente Glasgebilde, kombiniert mit Spiegeln. Seine Werke aus dieser Zeit bezeugen sein profundes Wissen über die Perspektive und seine Begabungen wurden sofort erkannt. 1976 erhielt er für seine an der Akademie geschaffenen Werke einen Staatspreis für Linie, Farbe und Form.

Nach seinem Abschluss ging Hamaekers an die Universität von Lugano. Diese Erfahrung beeindruckte ihn nachhaltig und er wurde von einer Faszination für konzeptionelle Kunst und minimale Art ergriffen. Zu dieser Zeit entwickelte er seine eigene Kunstform, die er als „Optischen Konstruktivismus“ bezeichnete. Stets jedoch kehrte er im Geist zum unmöglichen Dreieck und ähnlichen Figuren zurück. Er wollte herausfinden, ob es möglich war, solche Figuren dreidimensional zu erschaffen. Er wollte jedoch nicht bloß eine optisch korrekte Form herstellen, sie musste auch ästhetisch befriedigend sein. In den folgenden Jahren entwickelte er ein mathematisches System projektiver Geometrie, um die Form dieser Gebilde in drei Dimensionen herauszuarbeiten. Er verwendete Geraden, Kurven und Formen, um eine minimale Darstellung der Idee hinter der Form zuzulassen – nicht nur im Aufbau, sondern auch im Material. Er setzte keine Dekoration ein, außer Farbe. Er meinte: „Mit dieser neuen Geometrie kann ich neue Strukturen finden, neue Skulpturen, die vorher nicht denkbar waren. Meine Skulpturen stellen Form in ihrer reinsten Essenz dar und könnten die Basis für eine bessere und schönere Welt sein.“

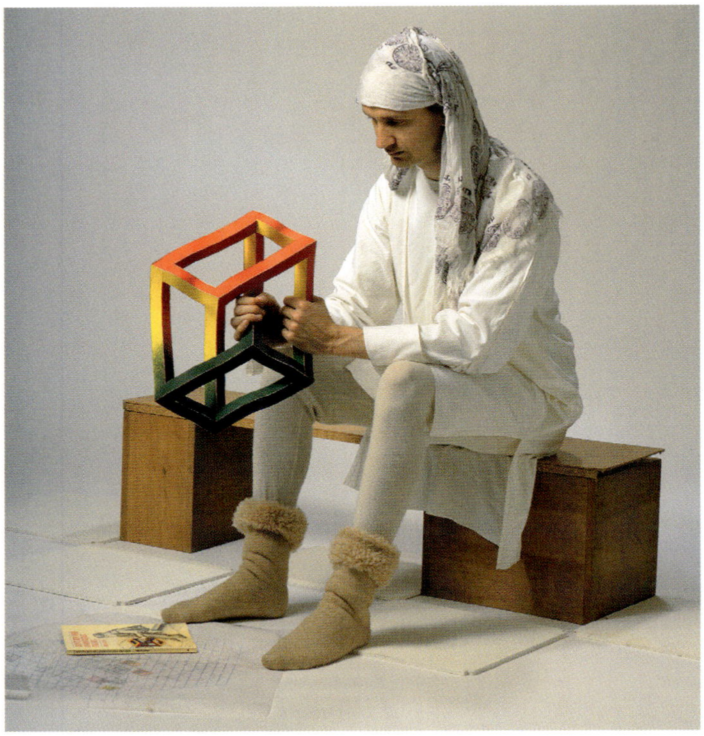

Hamaekers hält einen unmöglichen Würfel, der auf der Figur in M. C. Eschers Druck „Belvedere“ basiert (1985).

Seine erste unmögliche Skulptur basierte auf dem unmöglichen Würfel in M. C. Eschers Druck „Belvedere“. Sie bestand aus buntem Papier, das aus einem bestimmten Winkel besehen das Bild eines unmöglichen Würfels mit geraden Kanten vermittelte, aus jedem anderen Winkel aber ihre wahre Form enthüllte.

Hamaekers Skulpturen wurden in aller Welt ausgestellt. In Ophoven, Belgien, gibt es ein drei Meter hohes unmögliches Dreieck mit dem Titel „Einheit“, das er 1995 vor seinem Studio konstruierte.

Weitere Werke sowie ein Interview mit Hamaekers finden Sie auf http://neuro.caltech.edu/~seckel/mod/, wo Sie auch miterleben können, wie sich seine Werke durch Rotation verändern.

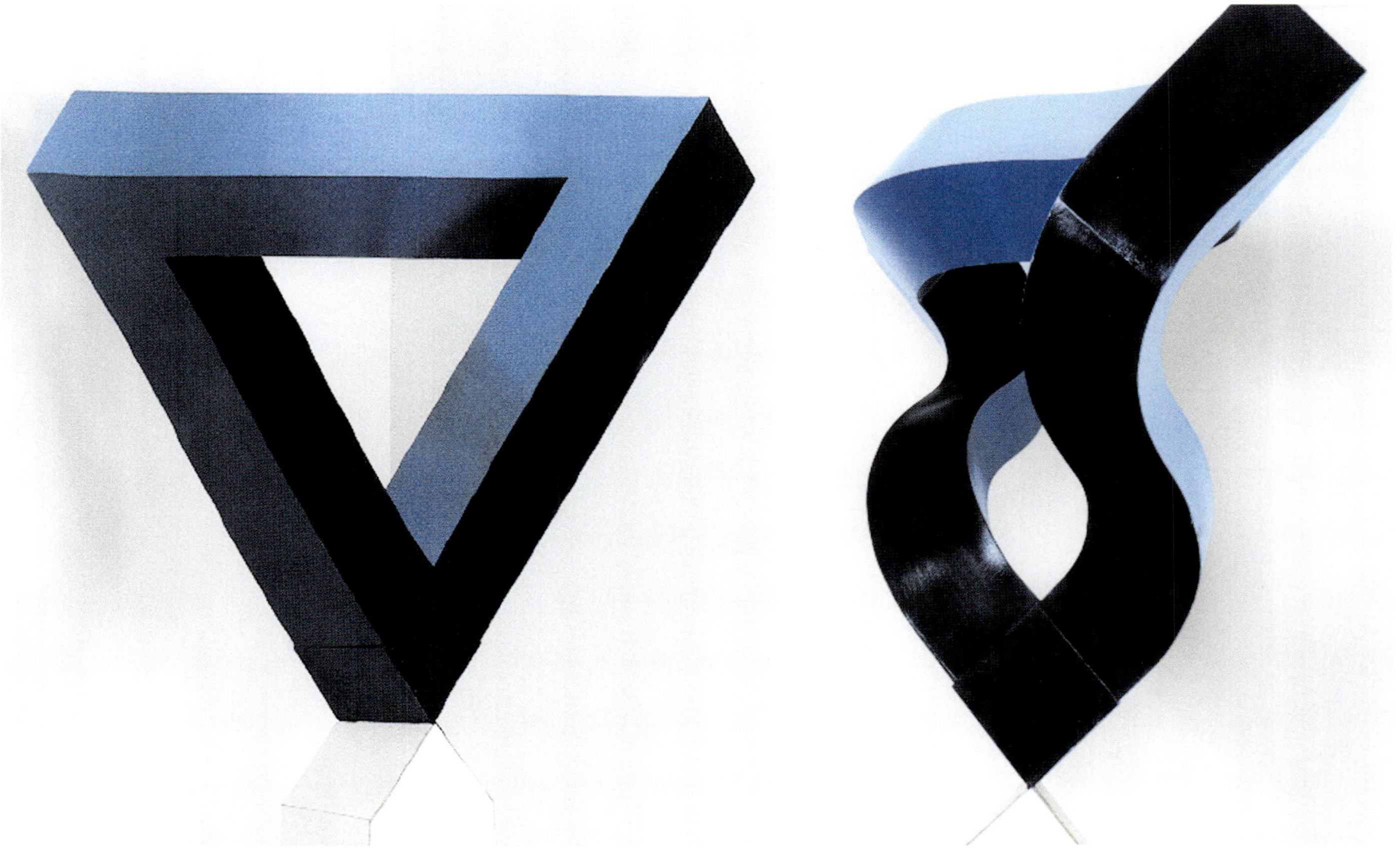

„Unmögliche Möglichkeit", bemaltes Holz und Polyester, 1984

Die Skulptur basiert auf dem unmöglichen Dreieck von Roger Penrose. Aus einem anderen Winkel erkennt man seine wahre Form. Ein Film über diese Skulptur in Rotation ist auf der Website http://neuro.caltech.edu/~seckel/mod/ zu sehen.

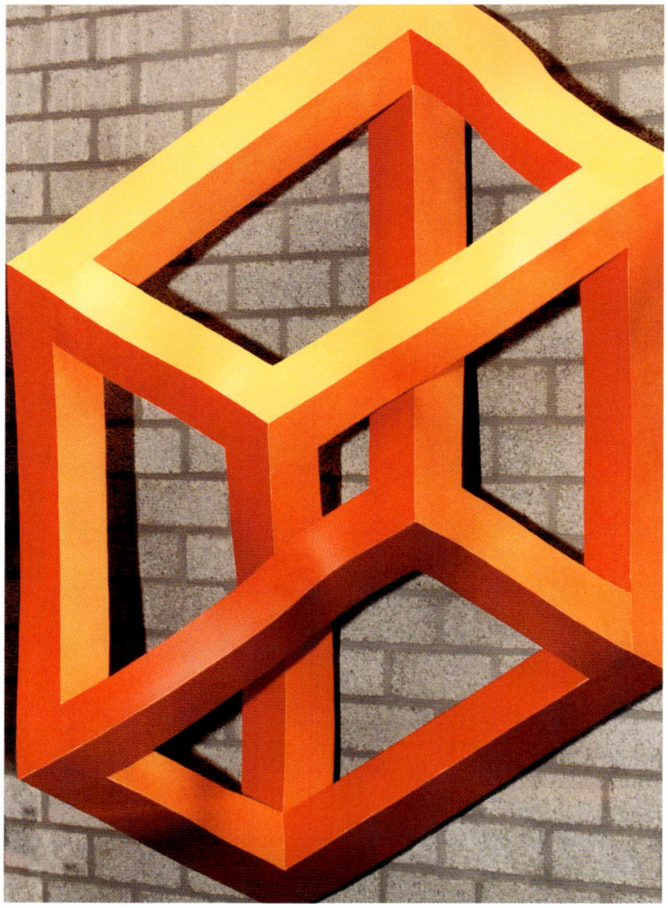
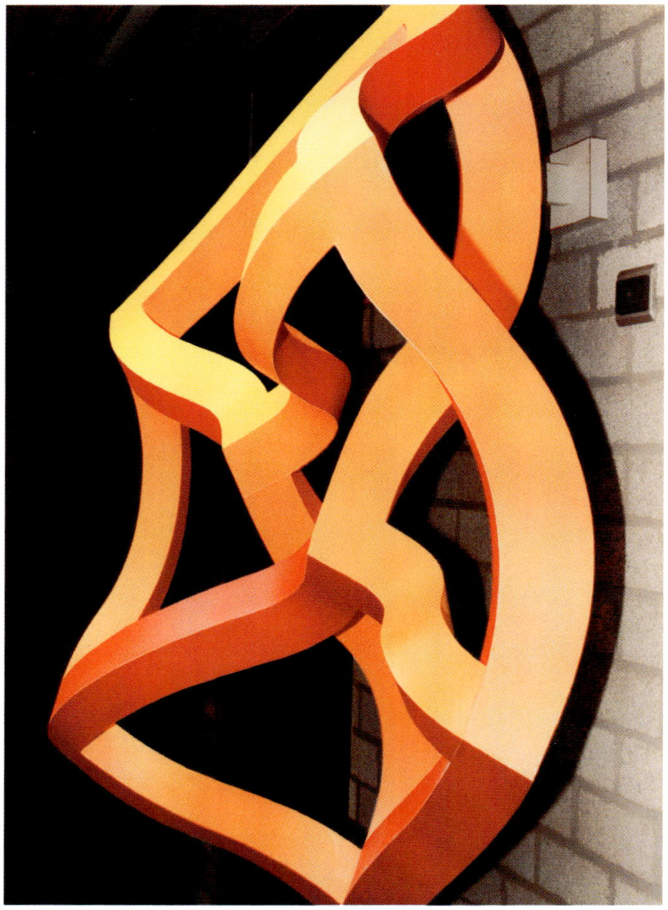

„Unmöglicher Würfel“, bemaltes Holz und Polyester, 1984

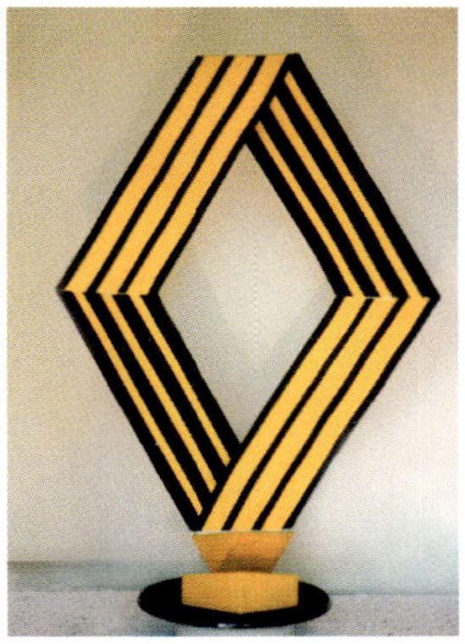

„Unmögliche Raute“, bemaltes Holz, 1984

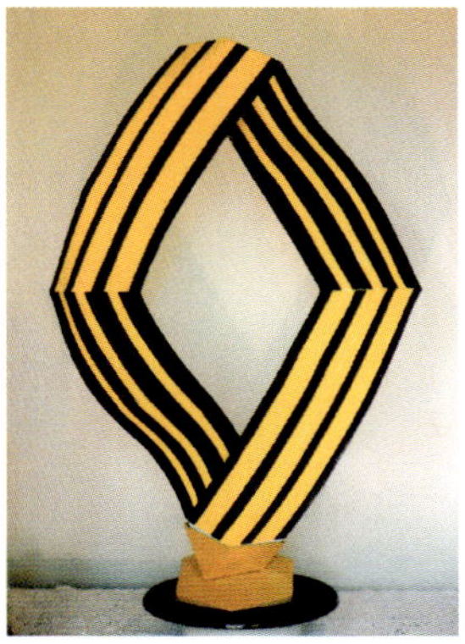

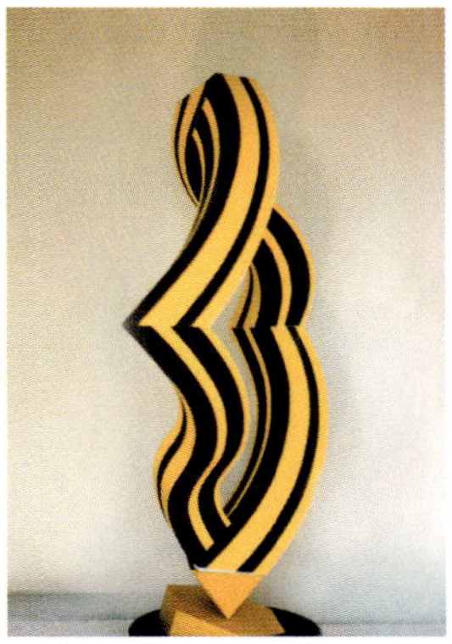

Ihre wahre Gestalt enthüllt die Skulptur, wenn man sie dreht.

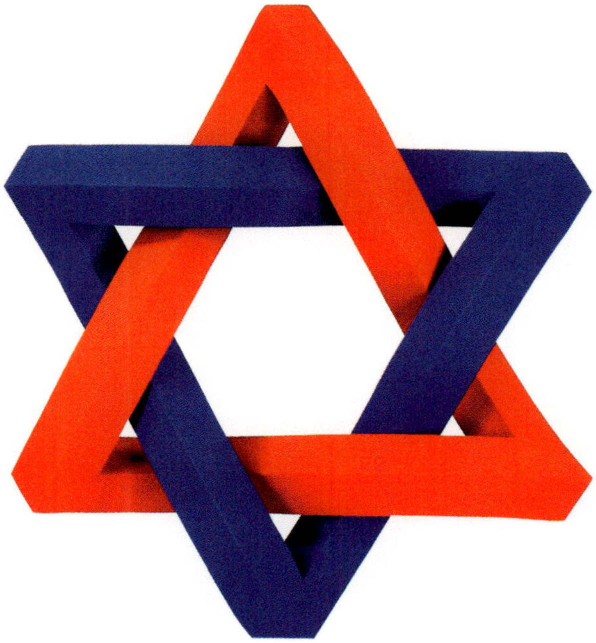

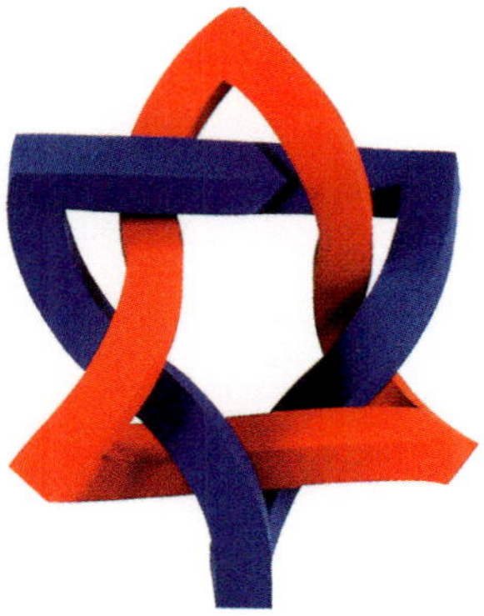

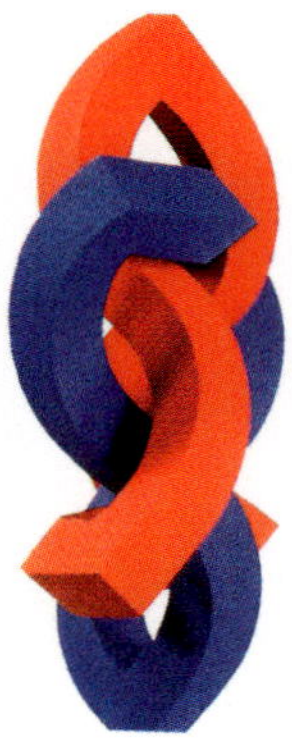

„Geometrische Liebe“, bemaltes Holz und Polyester, 1989, 90 × 80 × 28 cm

Ein Film über diese Skulptur in Rotation ist auf der Website http://neuro.caltech.edu/~seckel/mod/ zu sehen.

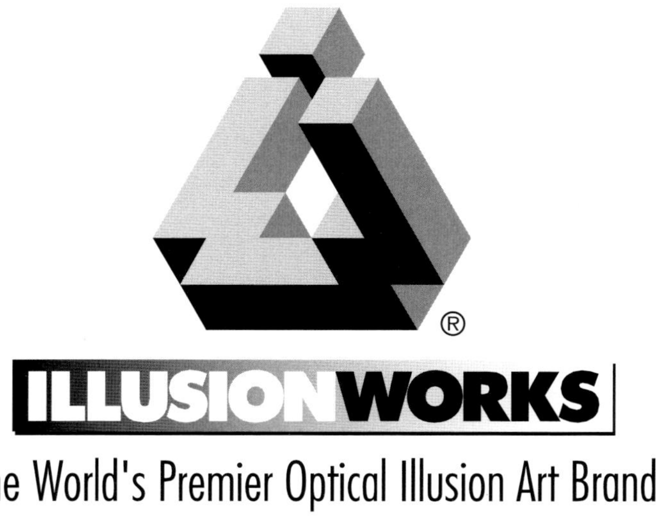

„Logo für IllusionWorks“, 1997

Hamaekers entwarf dieses Logo für IllusionWorks auf Ersuchen des Autors 1997. Der unglaubliche Entwurf birgt mehrere Täuschungen gleichzeitig. Das unmögliche Dreieck enthält zugleich die Initialen „ILW“ (IllusionWorks) und die Buchstaben sind spiegelverkehrt symmetrisch. Durch den mehrdeutigen Schatten können sie als konkav oder konvex gesehen werden.

K A P I T E L 9

Scott Kim

(1955–)

Ambigramme

*„*Inversions *von Scott Kim ist eines der erstaunlichsten und vergnüglichsten Bücher aller Zeiten."* Martin Gardner

„Scott Kim hat eine persönliche Kunstform perfektioniert: Sie hat Grazie, Eleganz, Raffinesse und Überraschungen. Er besitzt ein tiefgreifendes Verständnis von Buchstabenformen und visueller Wahrnehmung und seine daraus resultierenden Arbeiten sind höchst originell und ansprechend." Douglas R. Hofstadter

EIN *AMBIGRAMM* BESTEHT AUS EINEM oder mehreren Wörtern, die in mehr als einer Richtung oder von mehr als einem Blickwinkel aus gelesen werden können. Auch wenn schon lange bekannt ist, dass bestimmte kurze Wörter wie Bob symmetrische Eigenschaften besitzen, die uns lustig erscheinen können, war es der amerikanische Grafiker und Rätselautor Scott Kim, der diese Kunstform in ungeahnte Höhen vorstoßen ließ, indem er wundervolle Buchstaben und Alphabete entwarf, die man drehen und spiegeln konnte. Sie waren so schön, dass ihn der bekannte Science-Fiction-Autor Isaac Asimov „den Escher des Alphabets" nannte. Kim stimmte später zu:

> Meine Arbeiten sind denen von Escher in vielerlei Hinsicht sehr ähnlich, bis auf das, dass ich mit Schriftarten arbeite statt mit natürlichen Formen. Auch ich stelle

> mich schwierigen formalen Aufgaben und lasse mich dann vom Prozess des Problemlösens in unbekannte visuelle Gewässer führen. Als Druckkünstler arbeitete Escher mit den grundlegendsten Elementen Schwarz und Weiß, Linie und Form und produzierte Werke in vielfachen Ausgaben für ein breites Publikum. Ich arbeite mit den starren Formen der Typen, produziere Werke für den Druck, Video und Software. Wie bei Escher spielt mein Werk in den Bereich des grafischen Designs. Ich produziere häufig für Titelblätter und Illustrationen.

Während viele Ambigramme inhaltlich symmetrisch sind (wie „Mom", das aus beiden Richtungen dasselbe bedeutet), kann der Künstler bei inhaltlich asymmetrischen Ambigrammen (die Wörter sind verschieden, wie bei „Mom" und „wow") mit Mehrdeutigkeiten spielen. Außerdem sind viele Wörter *reflexiv symmetrisch*: Sie können normal und im Spiegel gelesen werden. Die Arbeit mit Schriften bringt andere Herausforderungen mit sich als jene mit natürlichen Formen. Kim meint:

> Schriften verbinden die Welt der Wörter mit der Welt der Bilder. Namen sind besonders reichhaltige Objekte für eine visuelle Behandlung, weil wir sie so stark mit Menschen identifizieren. Escher produzierte mehrere Werke, in denen er visuelle Tricks mit der Sprache trieb, doch er verfolgte das nicht näher.

Kim, 1955 geboren, wuchs in Los Angeles auf, wo er als Teenager begann, originelle mathematische Rästel zu entwerfen, von denen einige in Martin Gardners Kolumne „Mathematical Recreations" im *Scientific American* besprochen wurden. Kim wurde an der Universität Stanford aufgenommen, wo er einen Magistertitel in Musik und einen Doktor in Computer- und Grafikdesign erwarb. Damals entwickelte er großes Interesse an der Verwendung von Computern bei der Gestaltung von Schriftarten, einem Gebiet, auf dem sein Freund und Mentor in Stanford, Donald Knuth, als Pionier galt. Kims Leidenschaft für Design und Schriften ließ ihn mit ungewöhnlichen Buchstabengebilden experimentieren, die verschiedene mathematische und unerwartete Symmetrien aufwiesen.

Jahrelang unterhielt Kim Freunde und Bekannte mit seinem einzigartigen Talent, blieb aber relativ unbekannt, bis Scot Morris auf ihn aufmerksam wurde, der Kims Kreationen 1979 in *Omni* veröffentlichte. Im selben Jahr würdigte Douglas Hoftstadter Kims bedeutende Beiträge im Vorwort seines mit dem Pulitzer-Preis ausgezeichneten Werkes *Gödel, Escher, Bach*: „Scott Kim hat mich stark beeinflusst. Wenn einer dieses Buch versteht, dann Scott." Diese beiden Publikationen ließen das internationale Interesse an Kims Arbeit enorm ansteigen. 1981 veröffentlichte er seine Kreationen in seinem Buch *Inversions*.

Seit damals hat Kim viele wundervolle Ambigramme und „Inversionen" erschaffen. In den letzten Jahren setzte er immer stärker Computeranimationen ein, um den Beschränkungen des Papiers zu entfliehen, und erzielte absolut entzückende Ergebnisse mit Ambigrammen und Wortspielen. Außerdem arbeitete er als unabhängiger Spielegestalter und entwarf einige der originellsten Rätsel auf dem Computerspielemarkt. Darüber hinaus entwickelt er erstaunlich schöne pädagogische Tanzaufführungen zum Thema Mathematik. Derzeit lebt er mit seiner Frau Amy und seinem Sohn Gabriel in El Granada, Kalifornien (bei San Francisco) und ist Autor einer monatlichen Rätselkolumne im *Discover*-Magazin.

Dynamische Ambigramme und Wortspiele sowie ein Interview mit Kim sind auf http://neuro.caltech.edu/~seckel/mod/ zu finden.

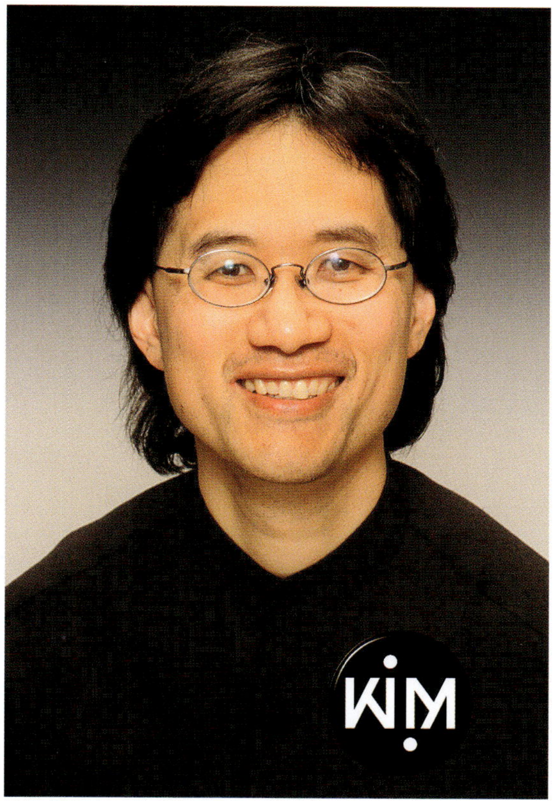

SCOTT KIM, 2001

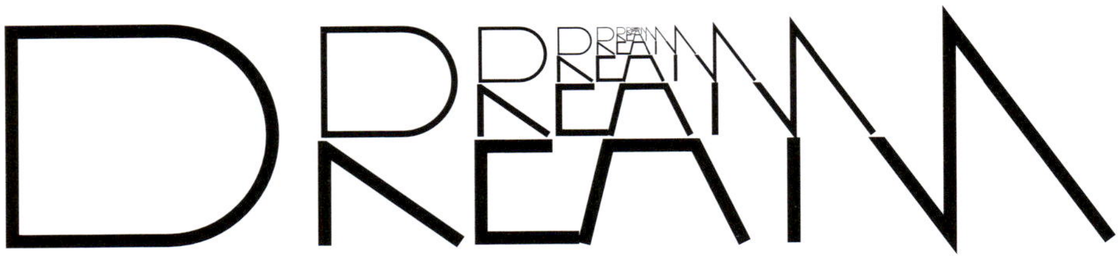

„Dream“ (Traum), 1981

Selbst-Begrenzung: Ein Traum innerhalb eines Traumes. Oder ist es ein expandierender Traum?

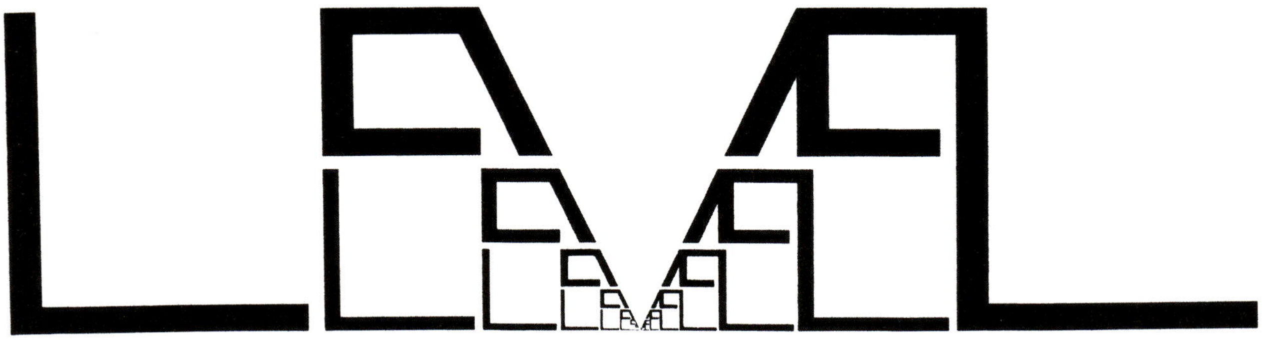

„Level“ (Ebenen), 1981

Selbst-Begrenzung: Levels innerhalb von Levels. Level ist außerdem ein Palindrom.

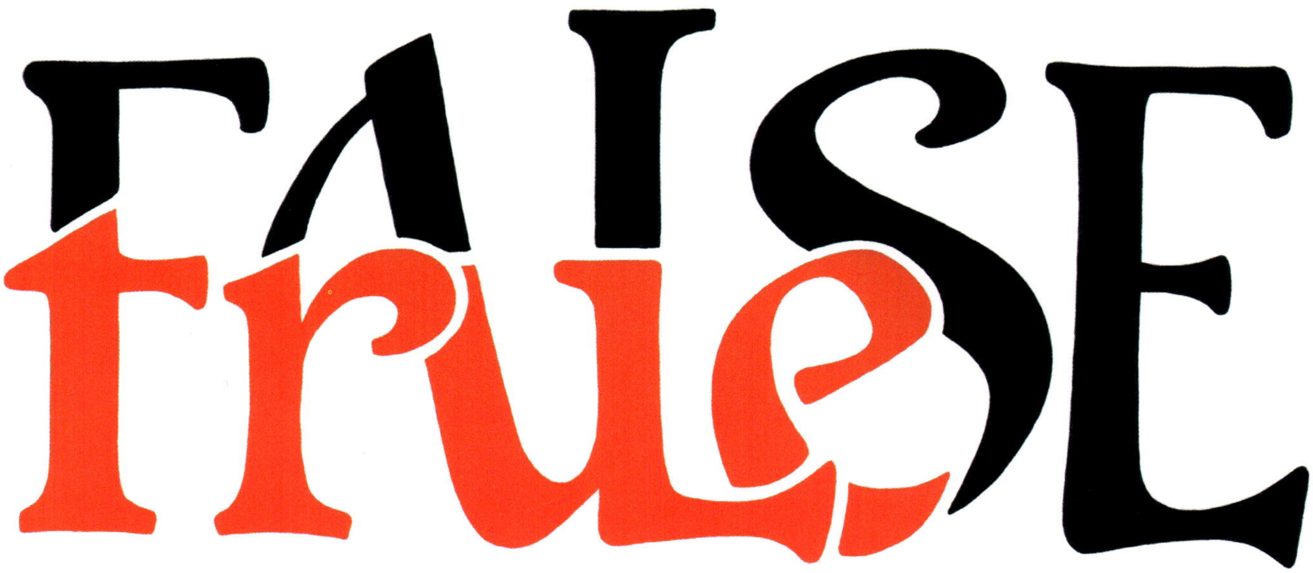

„True/False“ (Wahr/unwahr), 1981

Selbst-Begrenzung: Kim fragt: „Steckt in jeder Unwahrheit eine Wahrheit? Oder basiert jede Unwahrheit auf einer Wahrheit?“ Das Wort „true“ (wahr) ist in Kleinbuchstaben geschrieben, das Wort „false“ (falsch, unwahr) in Großbuchstaben.

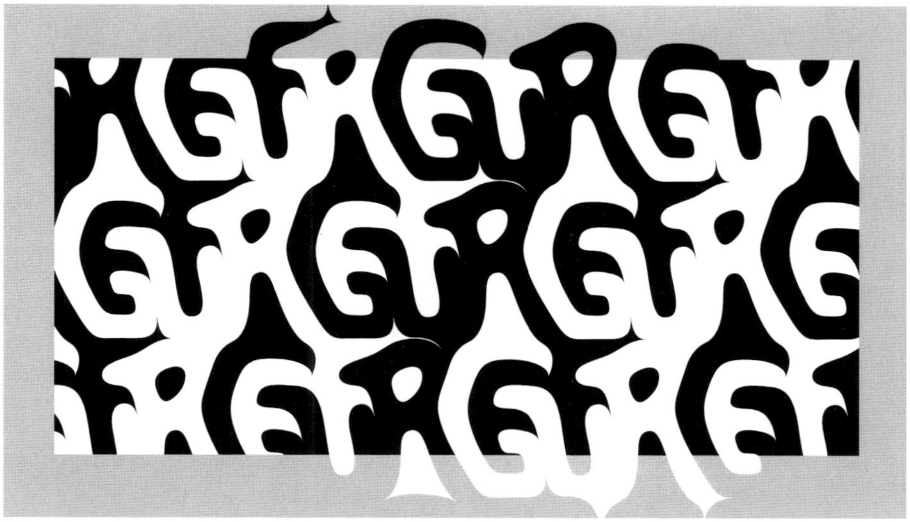

„FIGURE/FIGURE“ (FIGUR/FIGUR), 1981

Figur/Hintergrund: Dieses Bild besteht nur aus Figuren. Den Hintergrund der weißen „figures“ bilden schwarze „figures“.

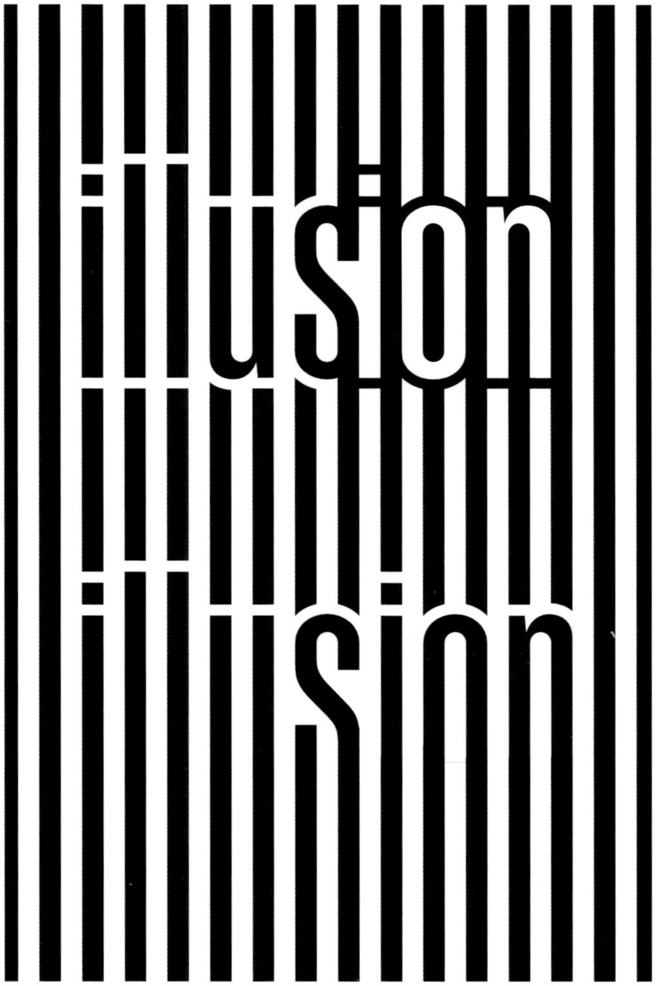

„ILLUSION“, 1989

Figur/Hintergrund: Das Wort „illusion“ scheint soeben zu verschwinden.

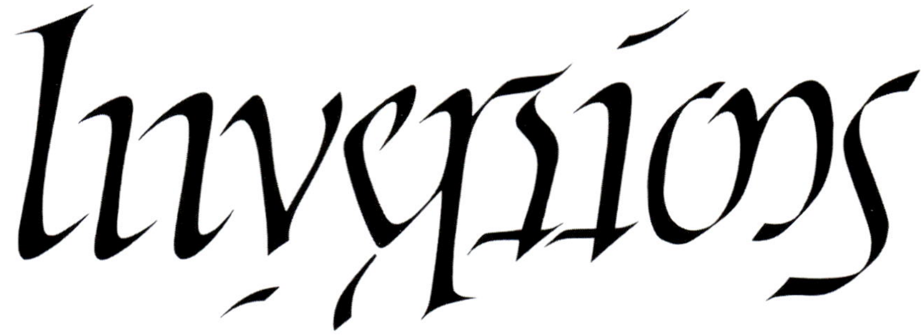

„Inversions“ (Umkehrungen, Inversionen), 1981

Rotation. Wenn man diese Seite umdreht, liest man statt „Inversions“ „Scott Kim“.

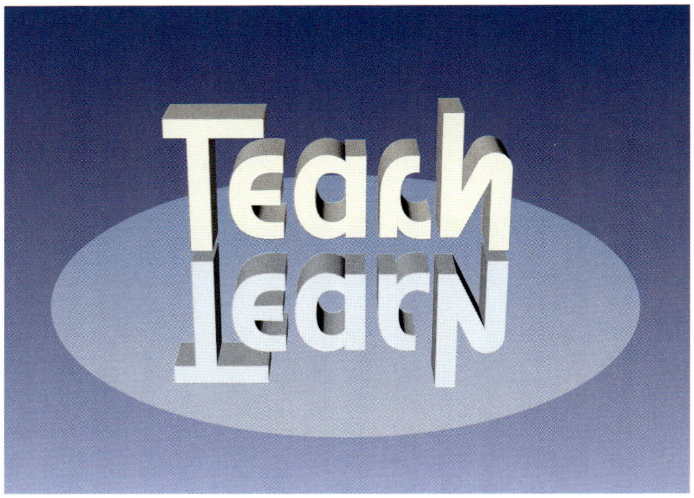

„Teach/Learn“ (Lehren/Lernen)

Oben-unten-Spiegelung: „Teach“ (Lehren) wird im Spiegelbild zu „Learn“ (Lernen).

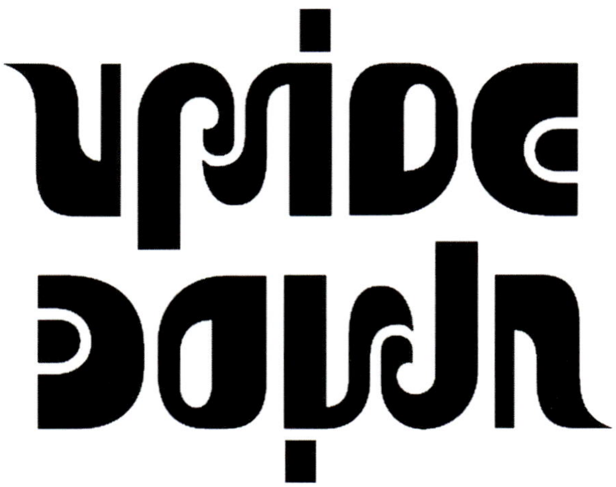

„Upside Down“ (auf den Kopf gestellt), 1981

Rotation: Dieses Wort beschreibt seine eigene Symmetrie.

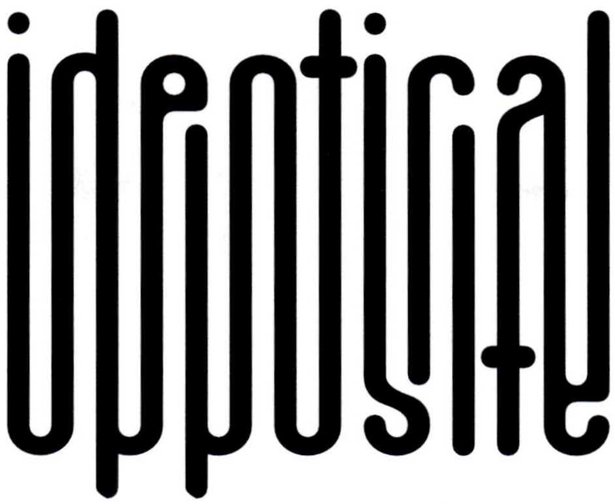

„Identical/Opposite“ (Identisch/Gegenteilig), 1981

Verbundene Wörter: Die obere Hälfte von „identical“ verbindet sich mit der unteren Hälfte von „opposite“ zu einem Oxymoron.

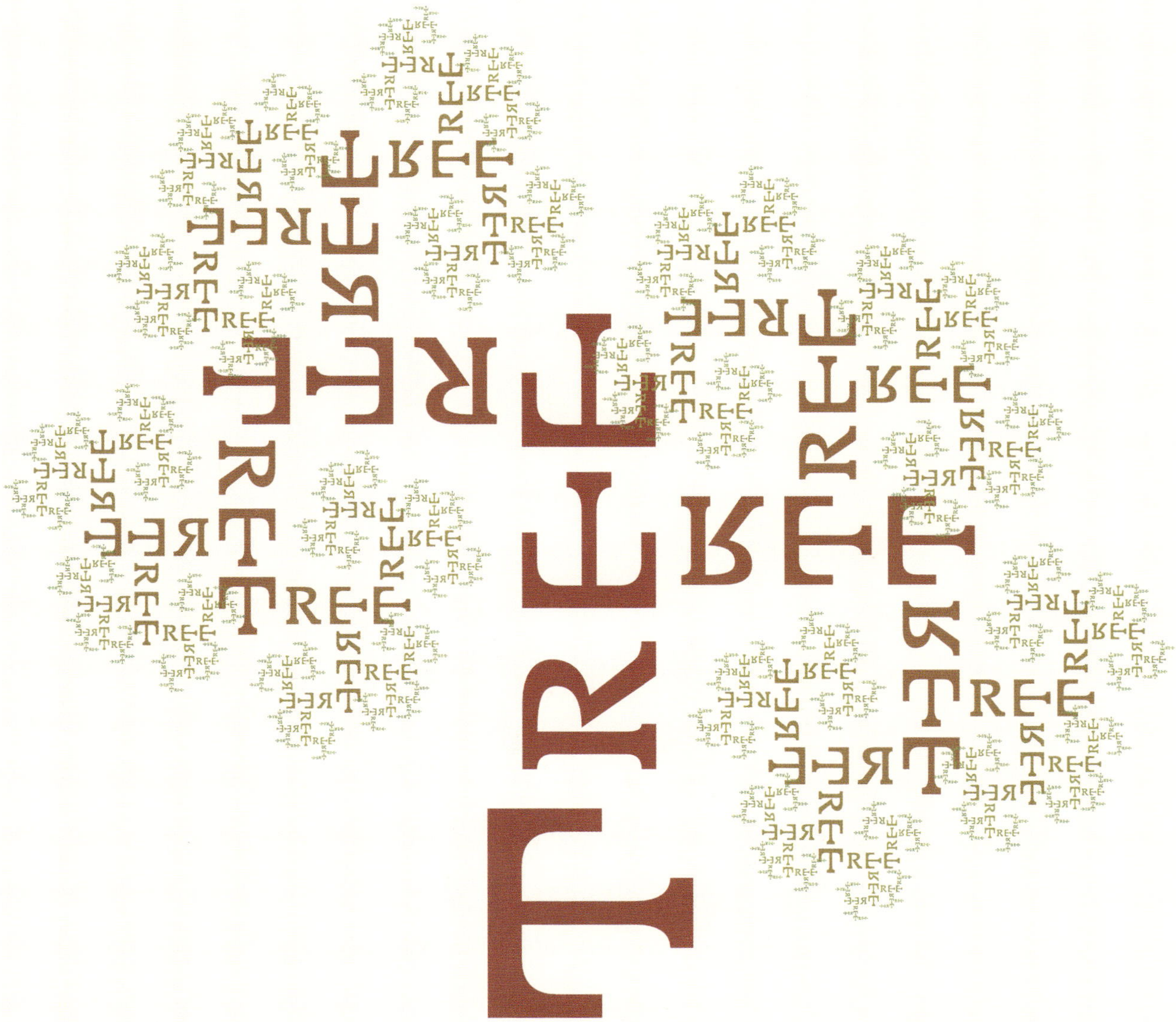

Fraktale Verzweigung: Jedes „E“ in dem Wort „TREE“ (Baum) wird ein „T“ an der Wurzel eines kleineren „TREE“ (Baumes).

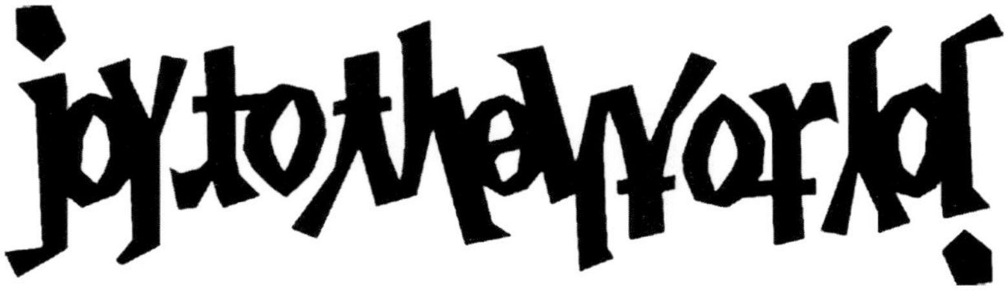

„Joy to the World“ (Freude in aller Welt), 1988

Rotation: Entworfen als Neujahrsgrußkarte.

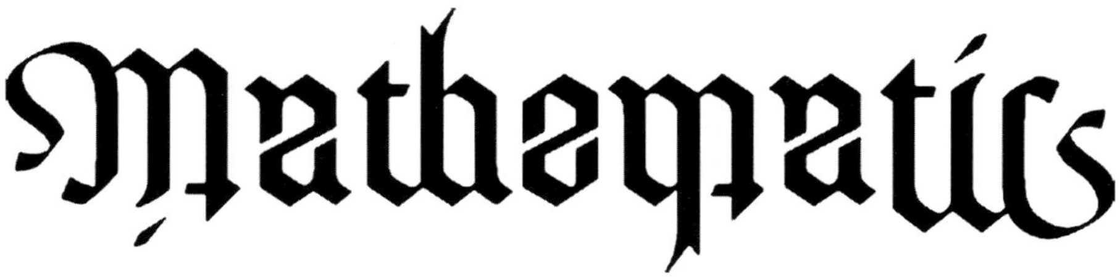

„Mathematics“ (Mathematik), 1997

Rotation: Entworfen für „The Secret Life of Squares“, einer Tanzdarbietung über mathematische Ideen, bei der Kim an der Choreografie und der Aufführung mit dem „Schaffer and Stern Dance Ensemble“ beteiligt war.

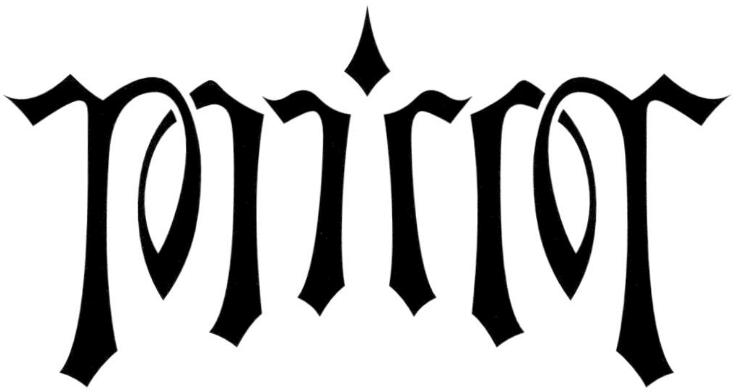

„Mirror“ (Spiegel), 1981

Links-rechts-Reflexion: Dieses Wort beschreibt seine eigene Symmetrie. Beachten Sie, wie der Punkt an der Wendekante mehrdeutig auf das „i“ gesetzt wurde.

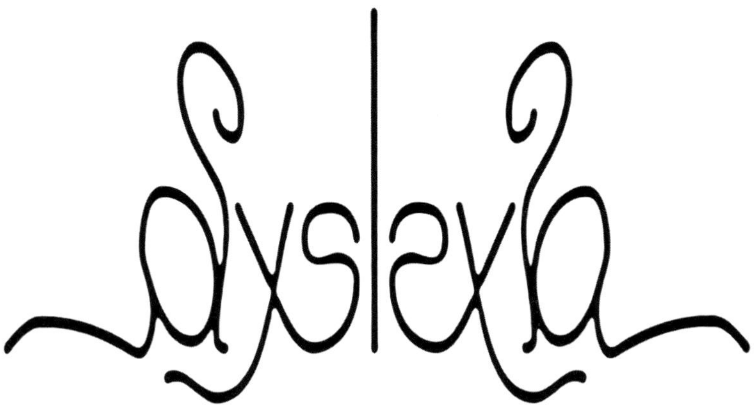

„Dyslexia“ (Legasthenie), 1981

Links-rechts-Reflexion: Ein legasthenischer Mensch verwechselt gerne links und rechts.

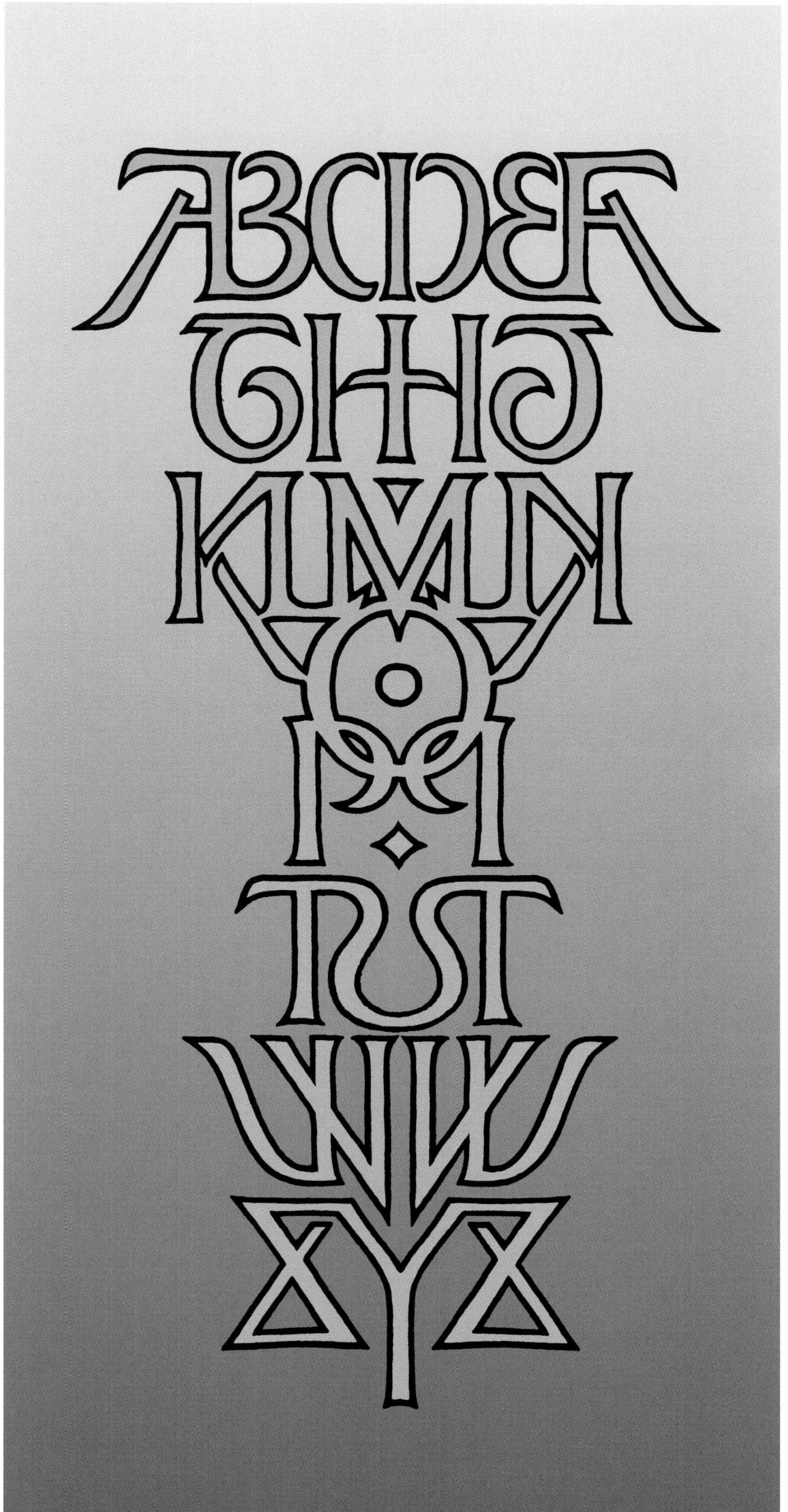

„Alphabet“, 1985

Links-rechts-Reflexion: In einem Alphabet kann man überall Zeilenwechsel einschieben, was bei Wörtern nicht möglich ist.

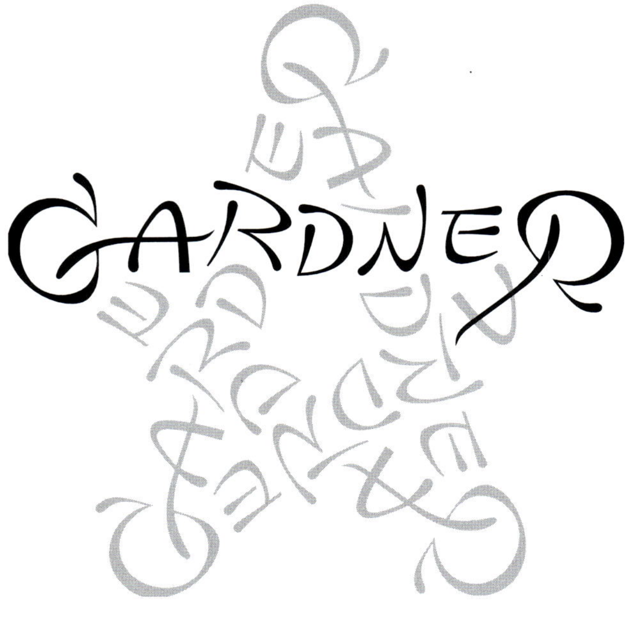

„Gardner“, 2002

Kreuzworte. Entworfen für die fünfte Versammlung für Gardner, um den Wissenschafts- und Mathematikautor Martin Gardner zu ehren. Das „G“ am Beginn jedes „Gardner“ wird zum „R“ eines anderen „Gardner“, auch jedes „N“ ist zugleich ein „R“.

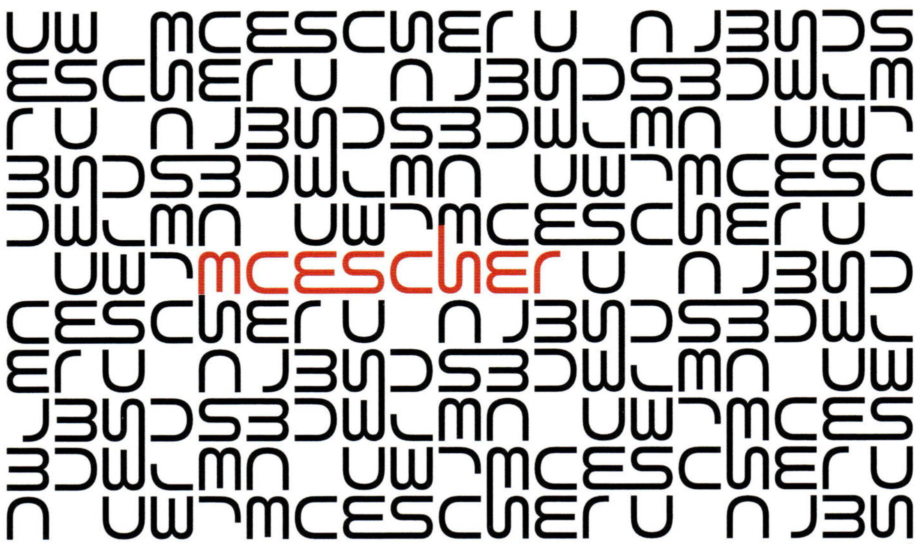

„M. C. Escher“, 1981

Kreuzworte. Dieses sich wiederholende Mosaik enthält „M. C. Escher“ in vier verschiedenen Richtungen. Beachten Sie, dass „M“ zu „E“ wird und „S“ zu „H“. Auch Escher selbst entwarf einige Kreuzwortgebilde dieser Art.

KAPITEL 10

Akiyoshi Kitaoka

(1961–)

Illusionäre Op-Art

DER JAPANISCHE SEHFORSCHER AKIYOSHI KITAOKA ist ein Meister der Optical Art. Er beschäftigte sich intensiv mit optischen Täuschungen, darunter auch geometrische, Hell/Dunkel-, Farb-, relative Bewegungs- und stereoskopische Illusionen. In seine Kunstwerke integrierte er viele neue Effekte und erzielte damit erstaunliche Ergebnisse. Kitaoka sieht sich als „selbsternannter“ Op-Art-Künstler. Sein Credo lautet: „Eine gute optische Täuschung (eine, die die größtmögliche Täuschung vermittelt) ist schön.“

Viele seiner Werke wurden in Japan unter den Titeln *Trick Eyes* und *Trick Eyes II* veröffentlicht. Um die wundervollen Effekte zu sehen, muss man nur seine Augen über die Bilder wandern lassen. Die meisten wirken am besten bei peripherem Sehen, doch leider verlieren viele davon ihre Wirkung, wenn sie gedruckt werden, da es im Vier-Farb-Druck schwierig ist, die Helligkeitswerte zu kontrollieren. Am besten betrachtet man sie auf seiner Website, die am Schluss dieses Bandes angegeben ist.

Akiyoshi Kitaoka wurde 1961 im Bezirk Kouchi, Japan, geboren. 1984 machte er seinen Abschluss in Biologie am College of Biological Sciences Second Cluster of Colleges und wechselte dann an die Universität von Tsukuba, wo er 1991 zum Doktor der Neurowissenschaft promoviert wurde. Von dort erhielt er 1998 auch den Kamitake-Gakujutsu-Preis. Heute ist Kitaoka außerordentlicher Professor für Psychologie am College of Letters an der Ritsumeikan-Universität in Tokio, Japan.

Weitere Werke von Kitaoka sind auf http://neuro.caltech.edu/~seckel/mod/ zu finden.

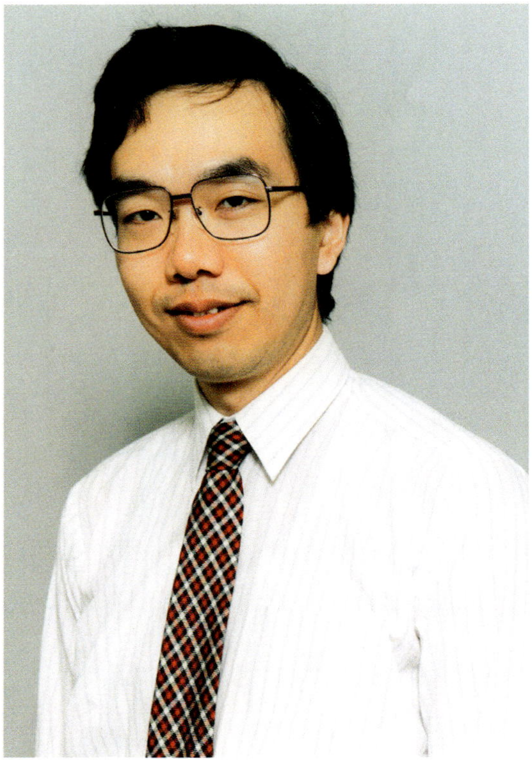

Akiyoshi Kitaoka, 2002

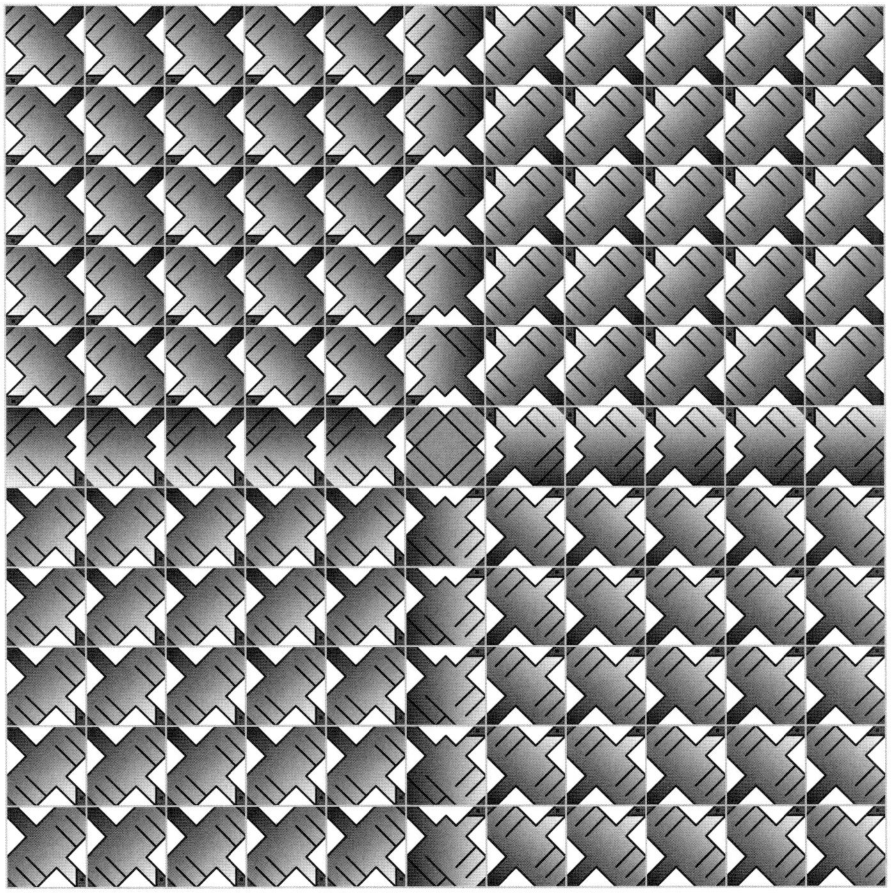

„Café Escher“, digitale Kunst, 1996

Die vertikalen und horizontalen Linien sind ganz gerade, obwohl sie gebogen erscheinen. Dies ist eine Parallelitätstäuschung.

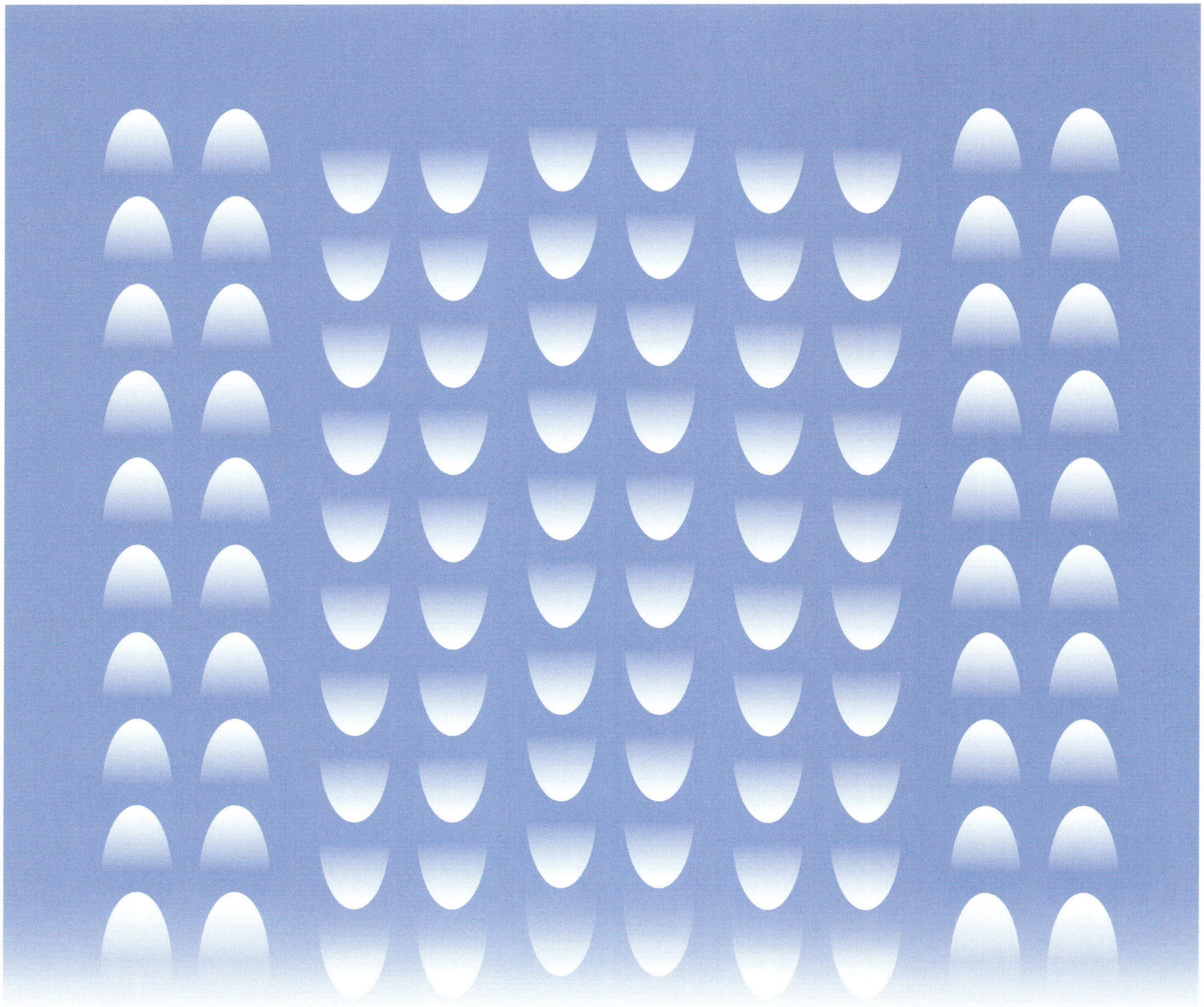

„Fall“, digitale Kunst, 2003

Wenn man die Augen über das Bild schweifen lässt, scheint sich der mittlere Teil nach unten zu bewegen, die äußeren Teile nach oben.

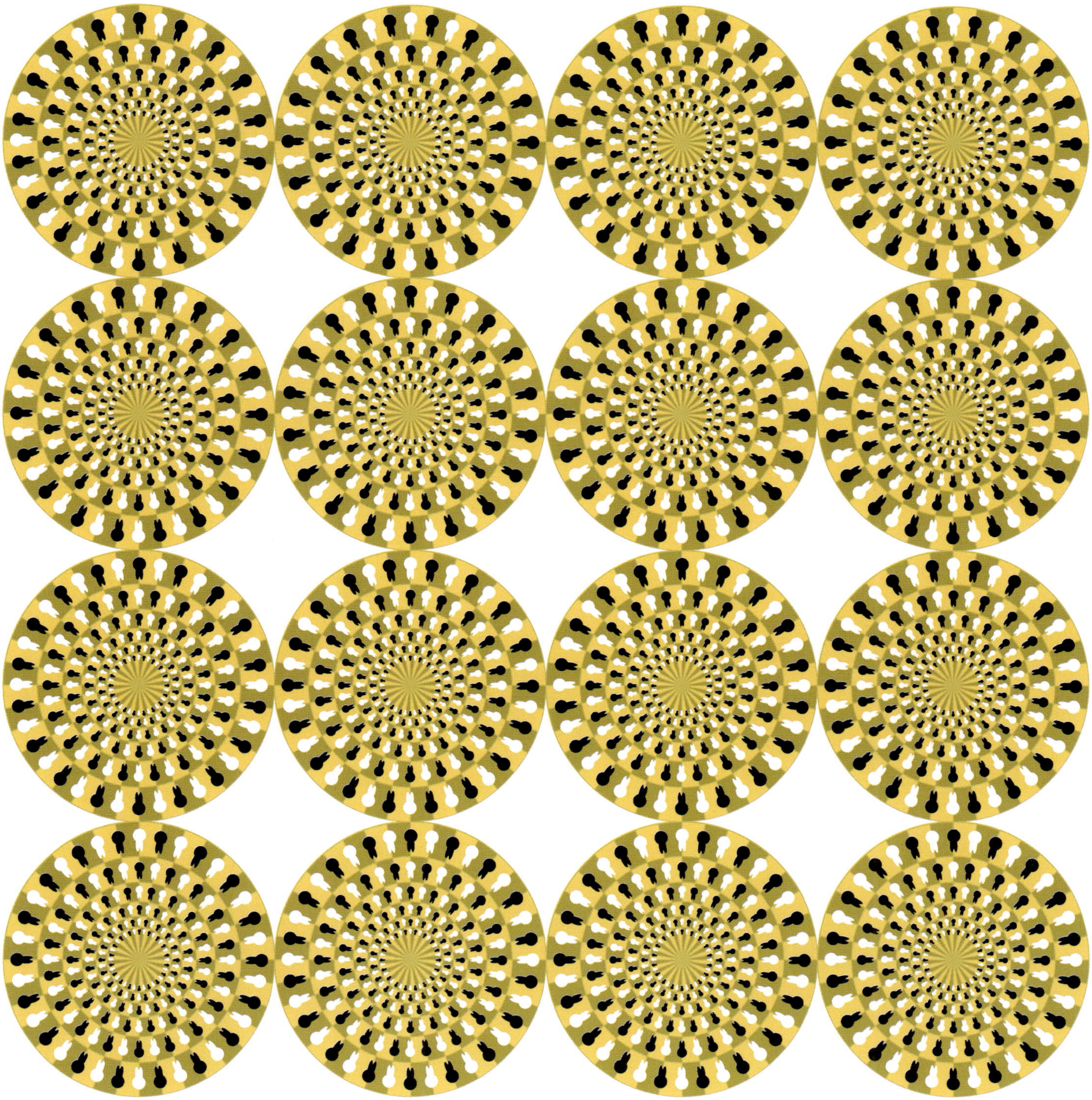

„Kaninchen“, digitale Kunst, 2003

Wenn man sie mit Peripherblick betrachtet, scheinen sich die Räder zu drehen.

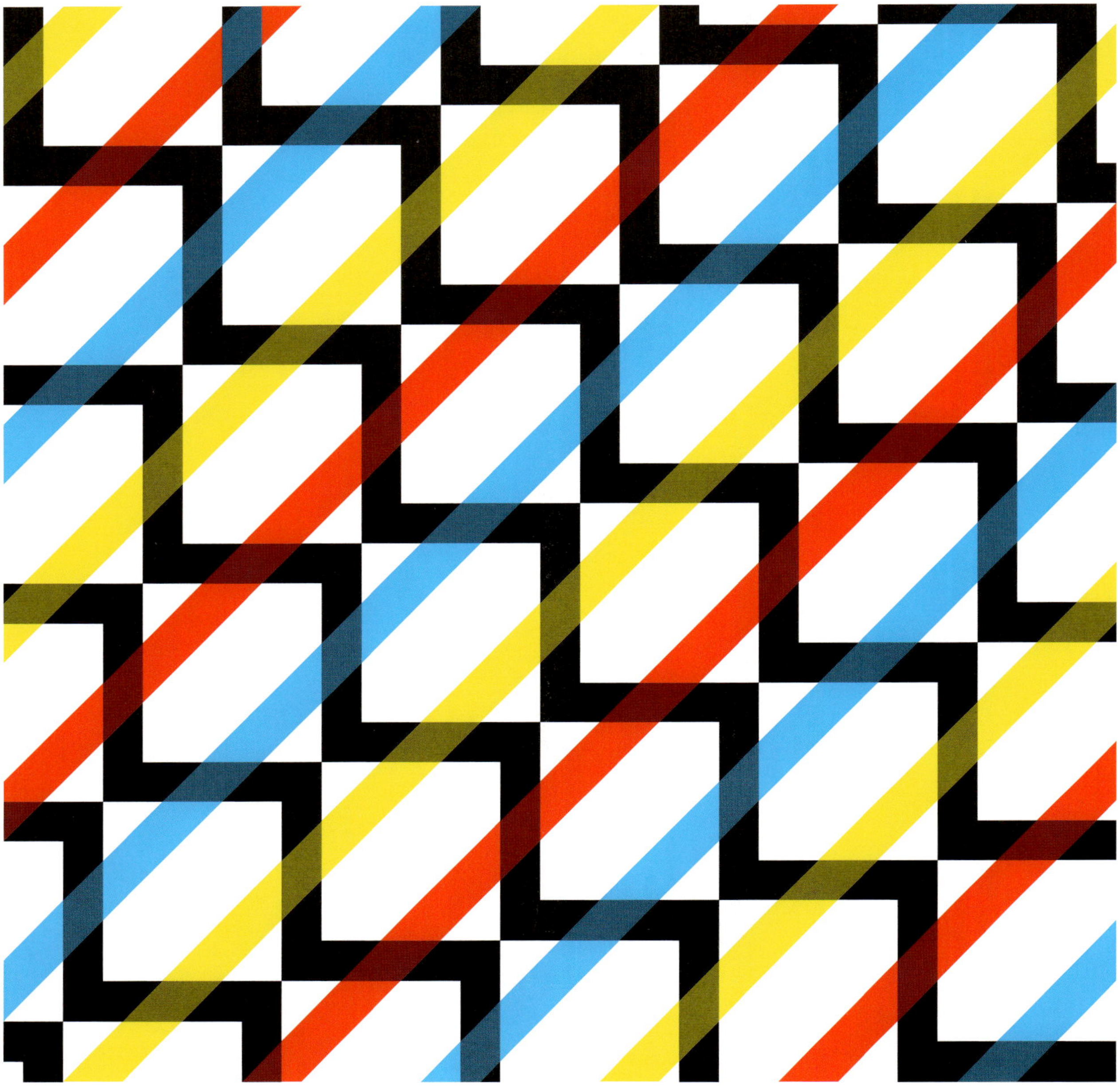

„Bänder“, digitale Kunst, 2003

Die scheinbar gewellten Diagonalen sind in Wahrheit völlig gerade.

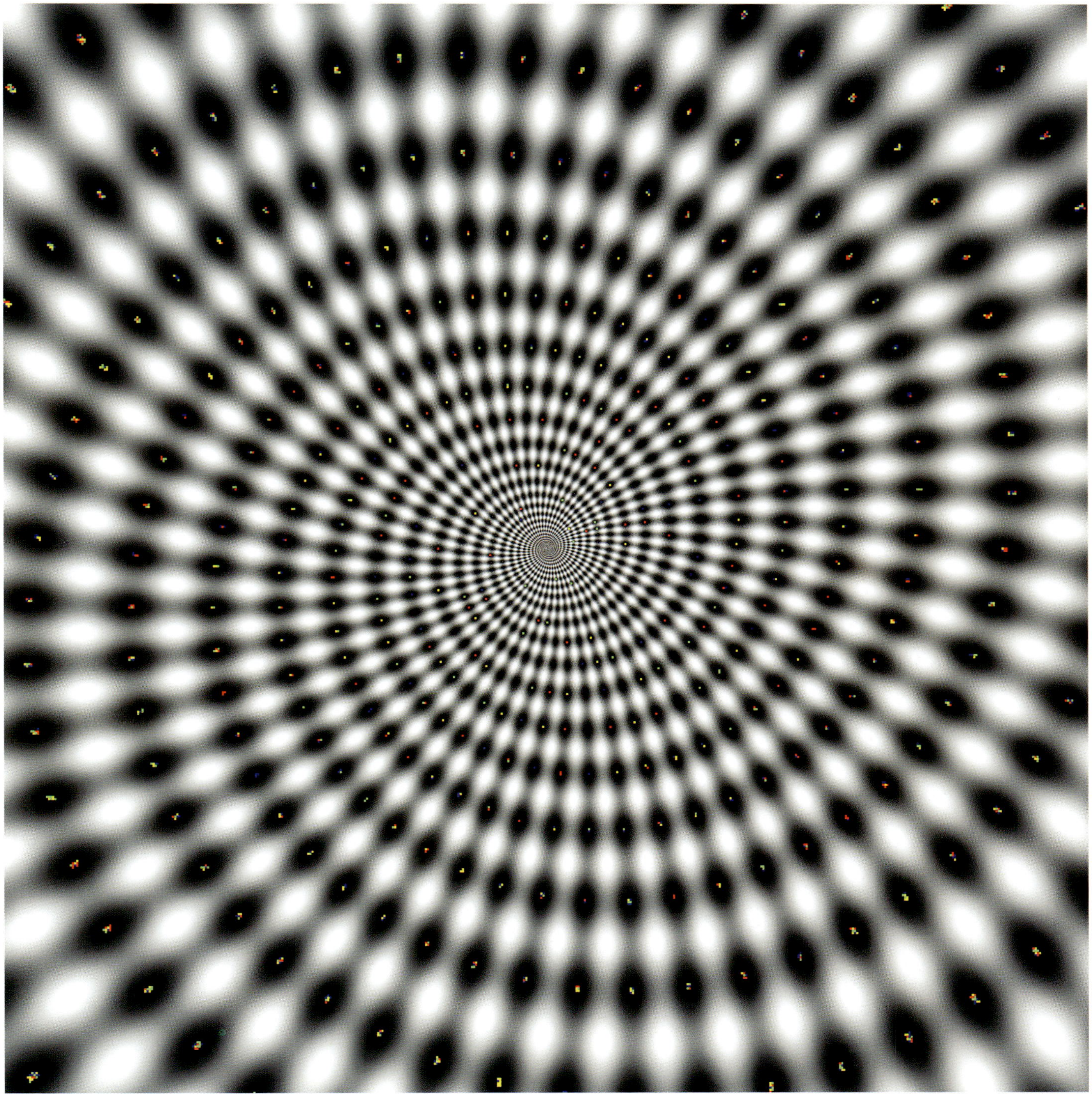

„Verwindung“, digitale Kunst, 2003

Wenn man sich langsam nähert bzw. entfernt, scheint man in das Bild einzuzoomen bzw. auszuzoomen.

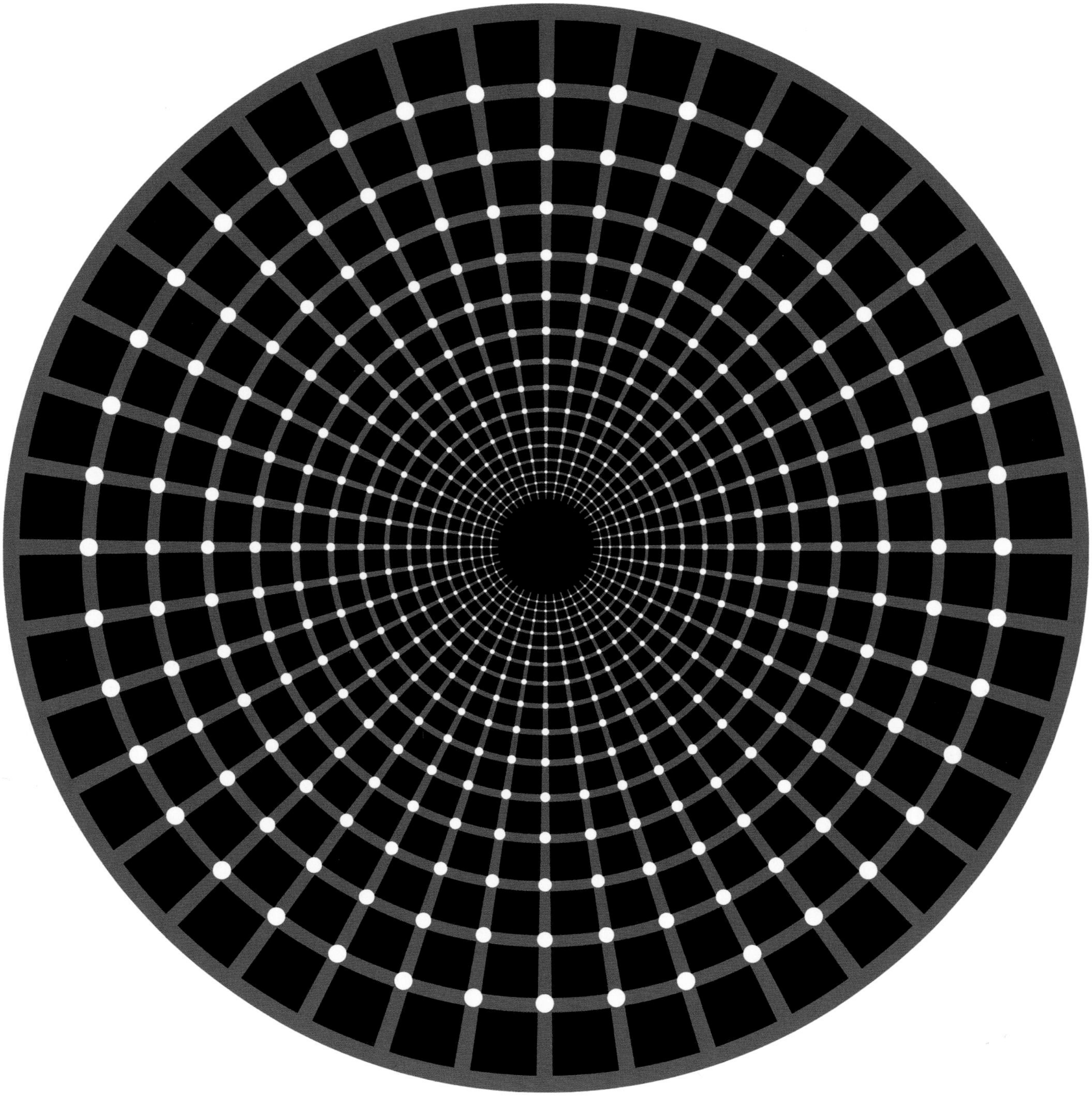

„Musik", digitale Kunst, 2003

Wenn man die Augen über das Bild schweifen lässt, sieht man leuchtende Punkte. Fixiert man aber das Zentrum, verschwinden sie. Dies ist eine Variation der Flimmergitterillusion, die 2002 von den amerikanischen Sehforschern Michael Levine und J. Jason McAnany entdeckt wurde. Dieser komplexe Wahrnehmungseffekt, genannt „Blanking", tritt nur unter bestimmten Bedingungen auf. Er scheint mit anderen Formen von „visuellem Verschwinden" verwandt zu sein, ist aber noch nicht völlig geklärt.

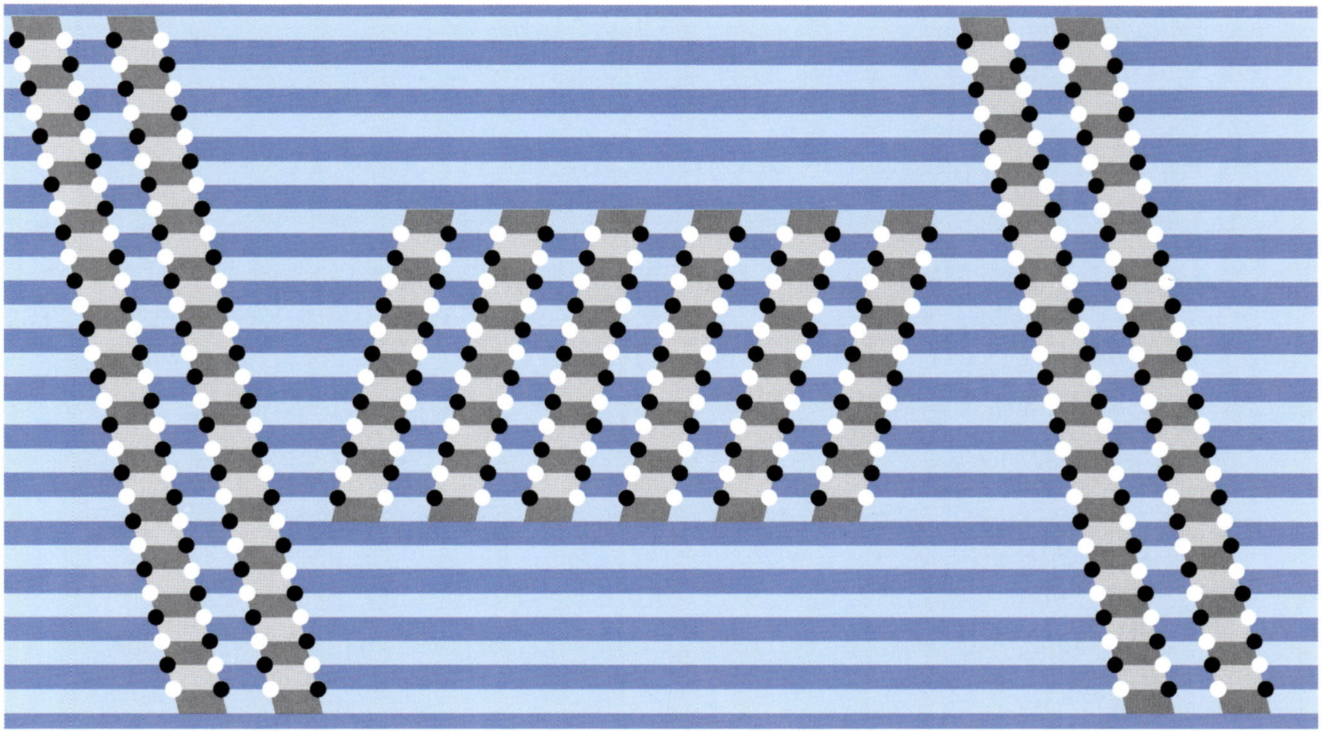

„Fährboot", digitale Kunst, 2000

Der Mittelteil scheint sich leicht in horizontaler Richtung zu bewegen.

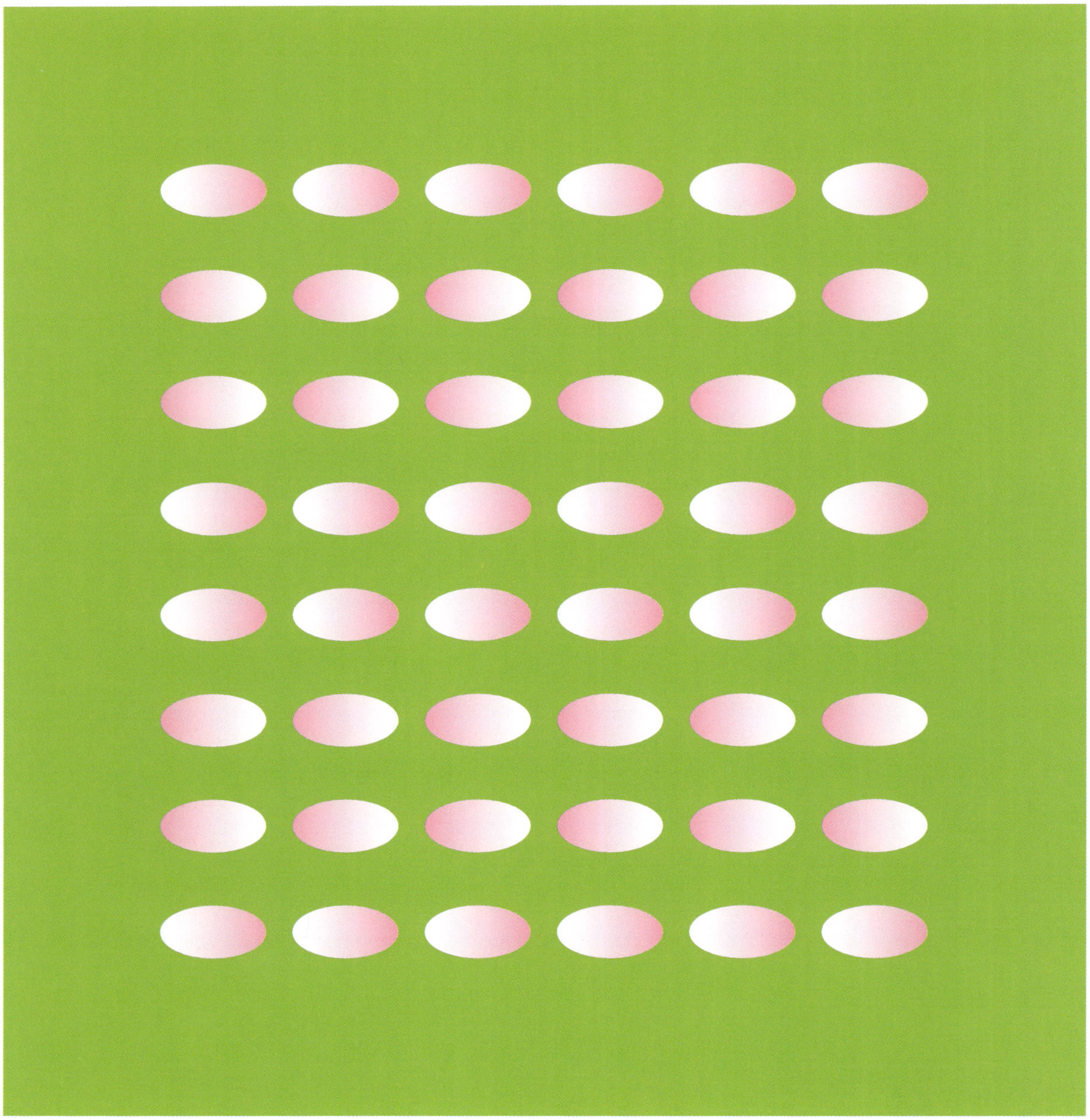

„Tiere“, digitale Kunst, 2003

Die Reihen mit den Ellipsen scheinen sich horizontal zu bewegen.

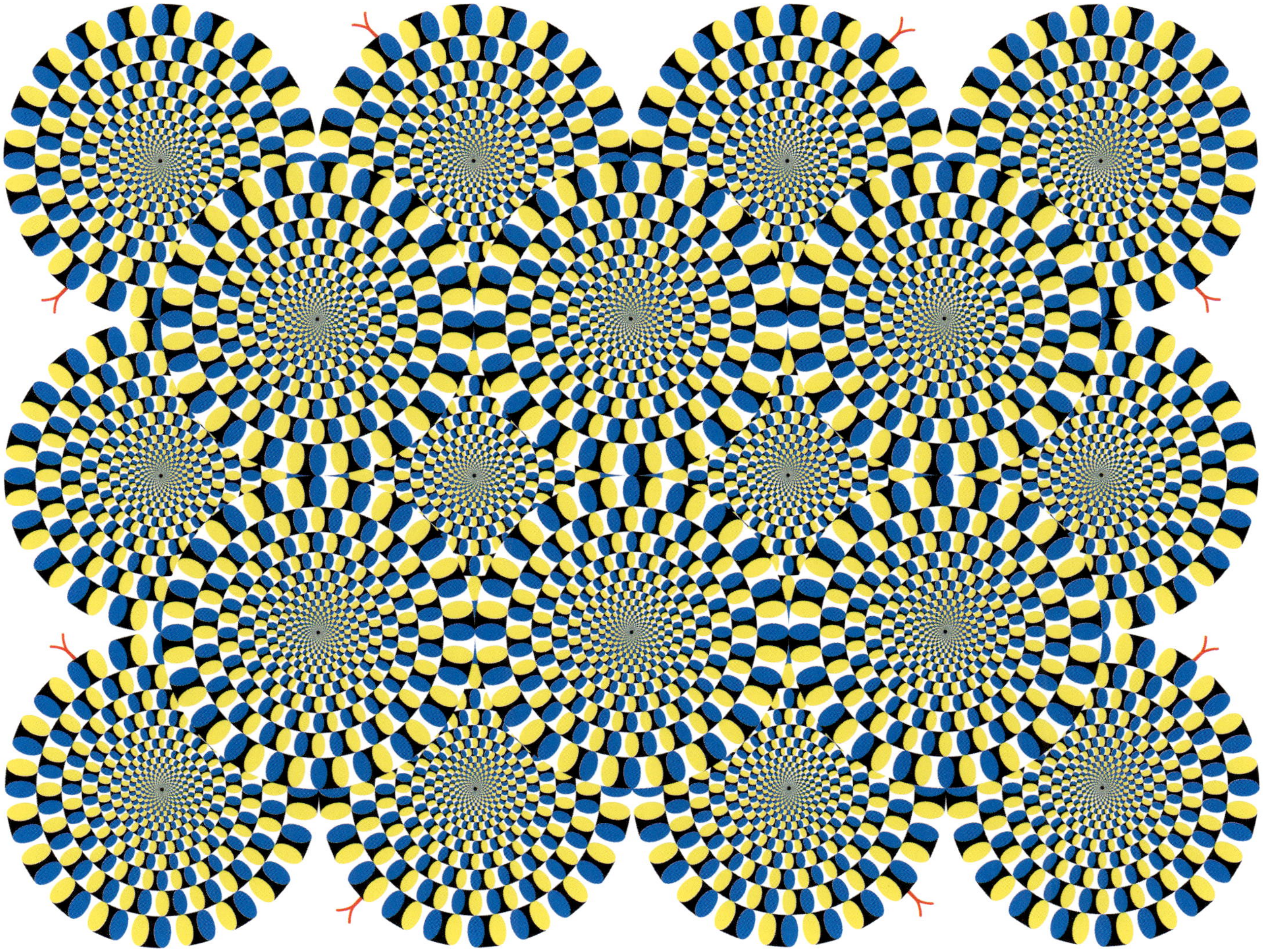

„ROTIERENDE SCHLANGEN", DIGITALE KUNST, 2003

Kreisförmige Schlangen scheinen „spontan" zu rotieren.

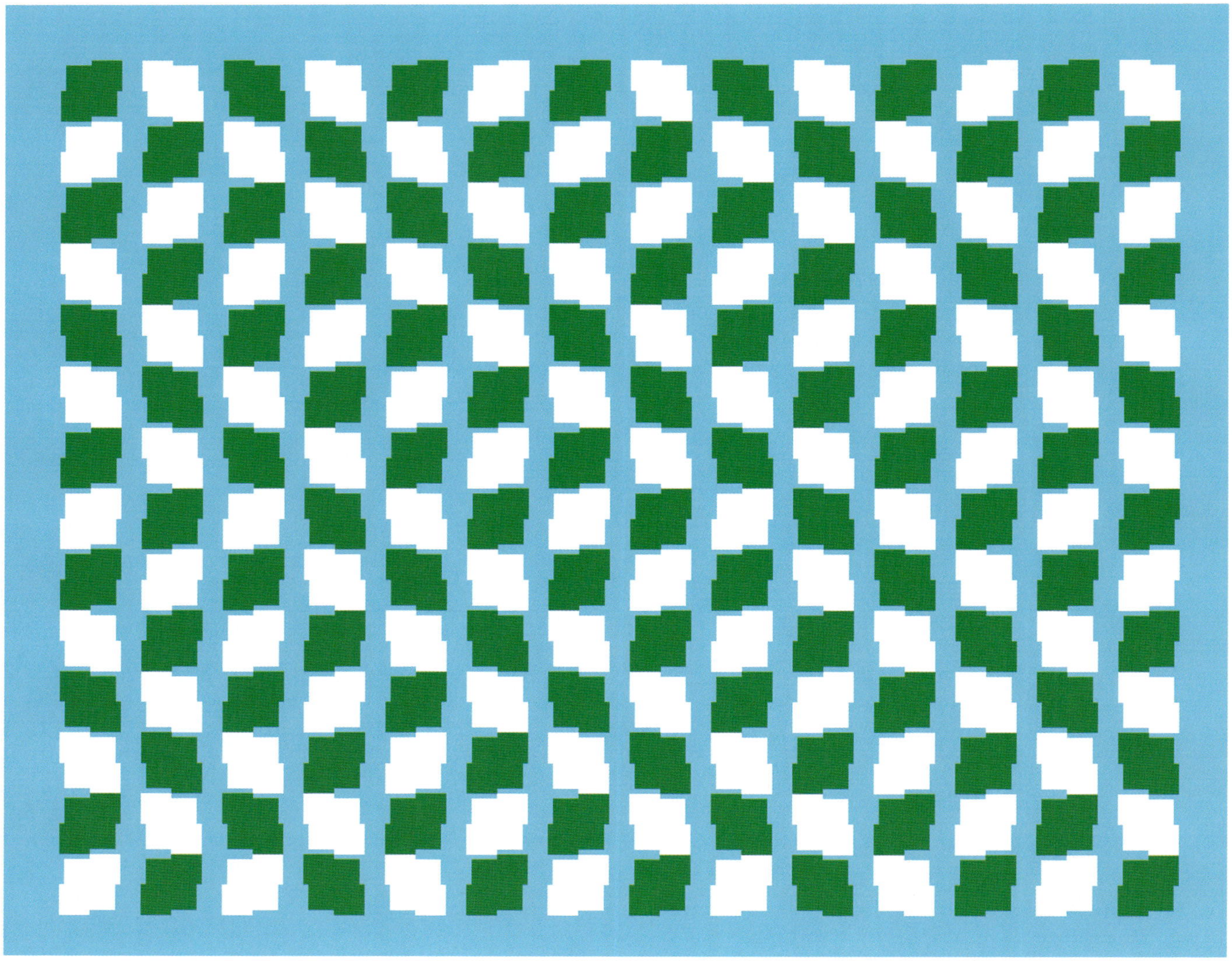

„Seetang“, digitale Kunst, 2003

Obwohl die Felder exakt übereinander angeordnet sind, weist die Figur scheinbar Wellen auf.

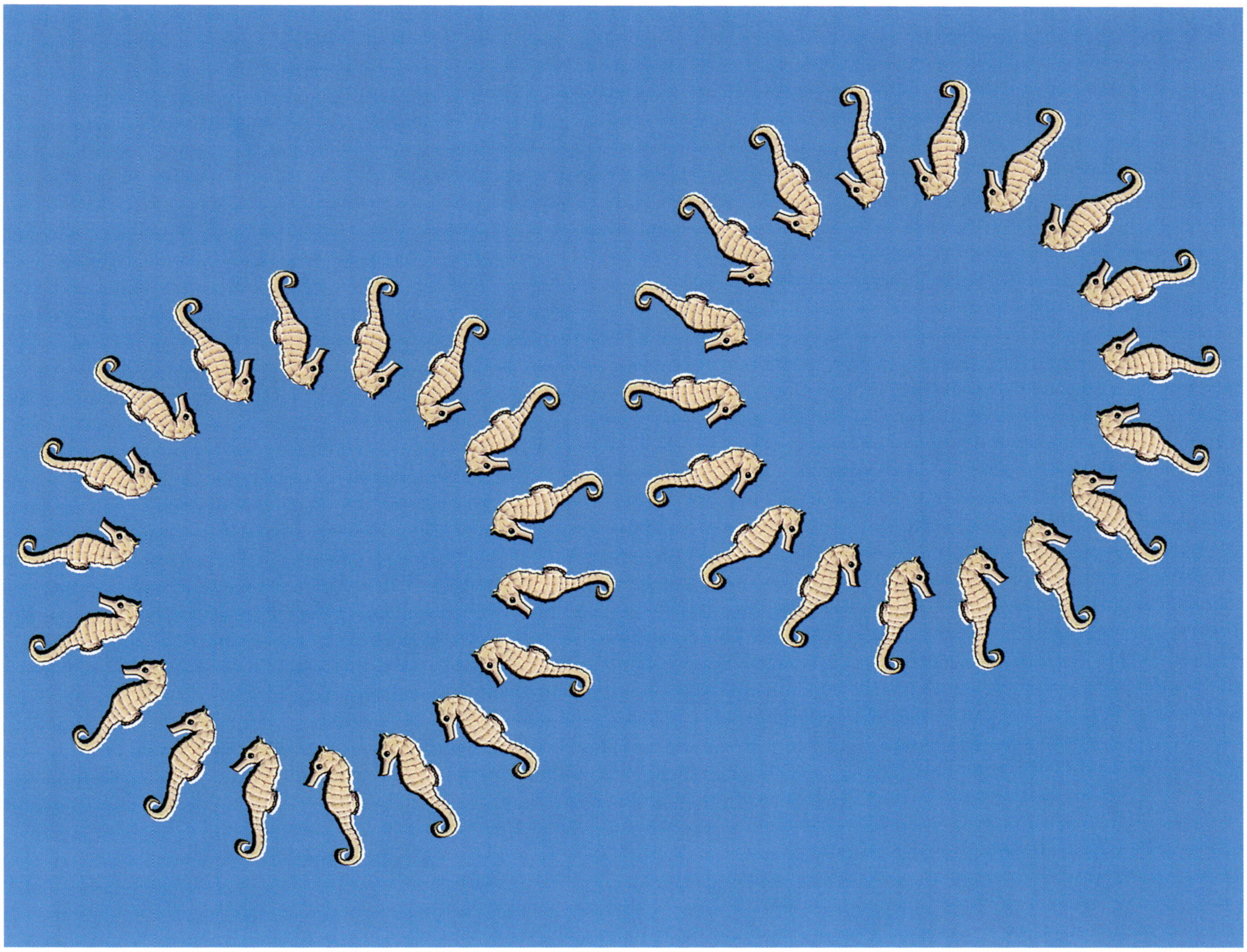

„Seepferdchen“, digitale Kunst, 2003

Der linke Ring aus Seepferdchen scheint sich im Uhrzeigersinn zu drehen, der rechte gegen den Uhrzeigersinn.

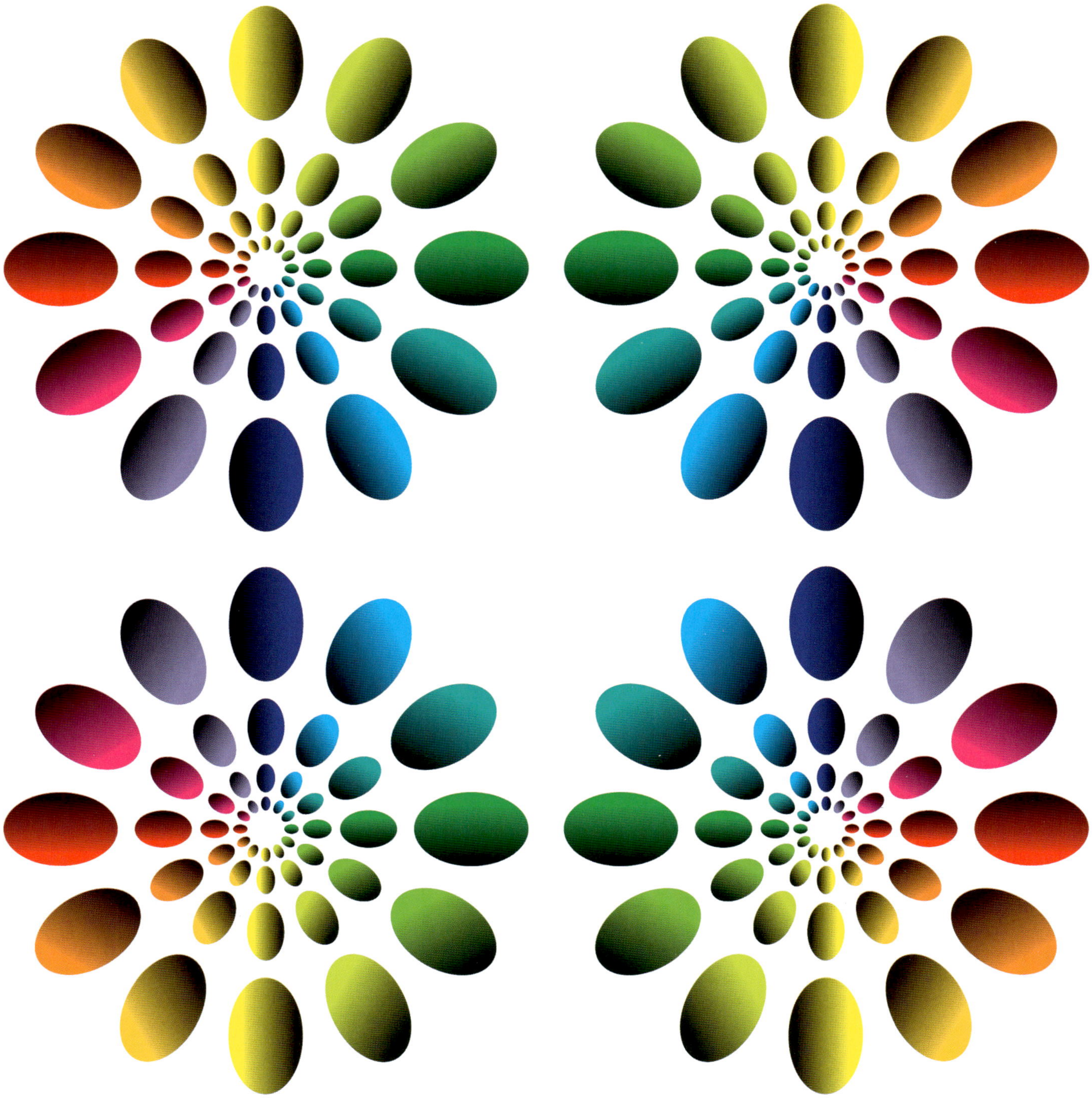

„Bunte Schokoladekugeln", digitale Kunst, 2003

Jeder Ring aus Schokoladekugeln scheint sich im oder gegen den Uhrzeigersinn zu drehen.

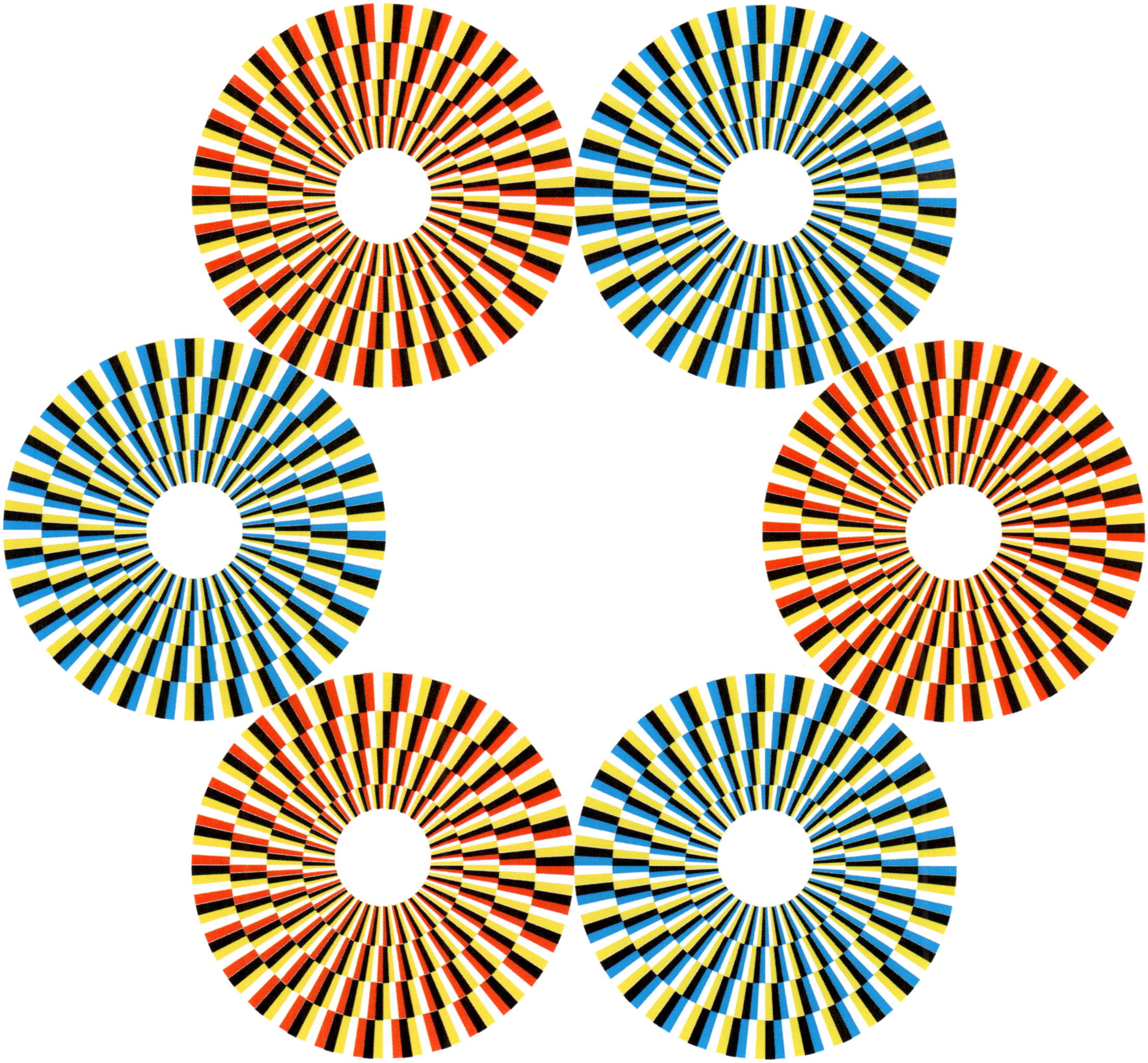

„Rokuyo-Sterne“, digitale Kunst, 2003

Die sechs weißen Kreise scheinen zu flimmern. Die roten Kreise drehen sich scheinbar im, die blauen gegen den Uhrzeigersinn.

Rokuyo ist eine Woche, die aus sechs Tagen besteht: *Sensho, Tomobiki, Sembu, Butsumetsu, Taian* und *Shakko*. Für jede Feier gibt es gute oder schlechte Tage; ein *Taian* gilt in Japan zum Beispiel als perfekt für Hochzeiten. Diese Illusion basiert auf der Flimmer-Schimmer-Illusion, die 2002 von Bangio Pinna, Walter Ehrenstein und Lothar Spillman entdeckt wurde.

LITERATUREMPFEHLUNGEN

Baltrusaitis, Jurgis. *Anamorphic Art*. New York: Harry Abrams, 1977.

Anamorphoses: Les Perspectives Dépravées. Paris: Flammarion, 1984.

Block, J. Richard. *Seeing Double*. New York: Routledge Books, 2002.

Combs, Karen. *Optical Illusions for Quilters*. Shelton, CT: Image Graphics, 1997.

Dars, Célestine. *Images of Deception: The Art of Trompe l'oeil*. Boston: Phaidon Press, 1979.

Dalí, Salvador, et al. Dawn Ades, ed. *Dalí's Optical Illusions*. New Haven, CT: Yale University Press, 2000.

Danto, Arthur. *The Art of John Cederquist: Reality of Illusion,* Exhibition at the Oakland Museum of California, 13. 9. bis 30. 11. 1997.

Del Prete, Sandro. *Illusoria.* Bern: Bentelli Verlag, 1987.

Illusorisme, Illusorismes, Illusorisms. Bern: Bentelli Verlag, 1984.

de Meyere, J.A.L., und Hette Weijma, *Anamorfosen*. Amsterdam: Aramith Uitgevers, 1989.

d'Otrange Mastai, Marie-Louise. *Illusion in Art: Trompe L'Oeil: A History of Pictorial Illusionism*. New York: Abaris Books, 1976.

Emmer, Michele, und Doris Schattschneider (Hrsg.). *M. C. Escher's Legacy: A Centennial Celebration*. New York: Springer Verlag, 2003.

Emmer, Michele, ed. *The Visual Mind: Art and Mathematics*. Cambridge, MA: The MIT Press, 1993.

Ernst, Bruno. *The Eye Beguiled: Optical Illusions.* Köln: Benedikt Taschen, 1986.

The Magic Mirror of M. C. Escher. Norfolk: Tarquin Publications, 1985.

Escher, M. C. *Escher on Escher: Exploring the Infinite*. New York: Harry N. Abrams, 1989.

Fukuda, Shigeo. *Visual Illusion*, Rikuyoshi Publishing, 1982.

Füsslin, Georg, und Ewald Hentze. *Anamorphosen*. Stuttgart: Füsslin-Verlag, 1999.

Gombrich, E. H. *Art and Illusion: A Study in the Psychology of Pictorial Representation*. Boston: Phaidon Press, 1962.

Gonsalves, Rob. *Imagine a Night*. New York: Atheneum Books for Young Readers, 2003.

Gonsalves, Robert. *Imagine a Day*. New York: Atheneum Books for Young Readers, 2004.

Gregory, Richard, und E. H. Gombrich. *Illusion in Nature and Art*. New York: MacMillan, 1980.

Hofstadter, Douglas. *Gödel, Escher, Bach: an Eternal Golden Braid*. New York: Basic Books, 1979.

Metamagical Themas: Questing for the Essence of Mind and Pattern. New York: Basic Books, 1985.

Hammond, Paul. *Upon the Pun: Dual Meaning in Words and Pictures*. London: W. H. Allen, 1978.

Hughes, Patrick. *Vicious Circles and Infinity: A Panoply of Paradoxes*. New York: Doubleday, 1975.

Kim, Scott. *Inversions: A Catalog of Calligraphic Cartwheels*. Emeryville, CA: Key Curriculum Press, 1996.

Kince, Eli. *Visual Puns in Design: The Pun Used As a Communications Tool*. New York: Watson-Guptill, 1982

Langdon, John. *Wordplay: Ambigrams and Reflections on the Art of Ambigrams*. Orlando, FL: Harcourt Brace Jovanovich, 1992.

Leeman, Fred, *Hidden Images: Games of Perception, Anamorphic Art, Illusion: From the Renaissance to the Present*. New York: Harry N. Abrams, 1975.

Livingstone, Margaret, *Vision and Art: The Biology of Seeing*. New York: Harry N. Abrams, 2002.

Locher, J. L. (ed.), *M. C. Escher; His Life and Complete Graphic Work*. New York: Abradale Press, 1992.

Néret, Gilles, und Robert Descharnes. *Salvador Dalí: The Paintings 1904–1989*. Cologne: Benedikt Taschen, 1993.

Parola, Rene. *Optical Art: Theory and Practice*. Weatogue, CT: Reinhold Books, 1969.

Penrose, Lionel, und Roger Penrose, „Impossible Objects: A Special Type of Visual Illusion“, *British Journal of Psychology*, 1958, vol. 49, S. 31–33.

Rothstein, Julian, und Mel Gooding. *The Playful Eye: An Album of Visual Delight*. San Francisco: Chronicle Books, 1999.

Schattschneider, Doris, und M. C. Escher. *Visions of Symmetry: Notebooks, Periodic Drawings, and Related Work of M. C. Escher*. New York: W. H. Freeman, 1990.

Seckel, Al. *The Great Book of Optical Illusions*. Westport, CT: Firefly Books, 2002.

Incredible Visual Illusions: You Won't Believe Your Eyes. Port St. Lucie, FL: Arcturus Books, 2003.

Shepard, Roger. *Mind Sights: Original Visual Illusions, Ambiguities, and Other Anomalies*. New York: W. H. Freeman, 1990.

Stafford, Barbara Maria, und Frances Terpak, *Devices of Wonder: From the World in a Box to Images on a Screen*. Los Angeles: Getty Research Institute Publications, 2002.

Velhuysen, W. F. *The Magic of M. C. Escher*. New York: Harry N. Abrams, 2000.

Wade, Nicholas. *Visual Allusions: Pictures of Perception*. Mahwah, NJ: Lawrence Erlbaum Associates, 1990.

Zeki, Semir. *Inner Vision: An Exploration of Art and the Brain*. New York: Oxford University Press, 1999.

ADRESSEN UND WEBSITES DER KÜNSTLER

Signierte Originaldrucke, Gemälde und Skulpturen sind direkt bei den Künstlern oder ihren Agenten erhältlich. Bitte kontaktieren Sie sie an nachstehenden Adressen.

Sandro Del Prete
Illusoria Land
Gewerbezone Ey 5
CH-3063, Ittigen, Schweiz
www.illusoria.com
E-Mail: sandro@del-prete.ch

M.C. Escher
www.mcescher.com

Shigeo Fukuda
Fukuda Design Studio
3-34-25 Kamikitazawa, Setagaya-ku
Tokio, Japan 156

Jos De Mey
Daakn Straat 7-B
9930 Zomergem, Belgien

Robert Gonsalves
Discovery Galleries, Ltd.
4840 Bethesda Avenue
Bethesda, MD 20814
www.discoverygalleries.com

Mathieu Hamaekers
Venlosesteen Weg 81
3640 Kinrooi/Ophoven
Belgien

Scott Kim
P. O. Box 2499
El Granada, CA 94018
www.scottkim.com
E-Mail: info@scottkim.com

Akiyoshi Kitaoka
www.ritsumei.ac.jp/~akitaoka/index-e.html
E-Mail: akitaoka@Lt.ritsumei.ac.jp

Al Seckel
http://neuro.caltech.edu/~seckel
E-Mail: seckel@klab.caltech.edu

REGISTER

A

Absorbi, 95. *Siehe auch* Fukuda, Shigeo
„Alles ist eitel“, 14, 15
„Alphabet“, 145
Ambigramme, 137–139. *Siehe auch* Kim, Scott
Anamorphosen, 11–13
  Salvador Dalí, *33–34*
„Aquarium für schwimmende Schriftzeichen“, 102
Arcimboldo, Giuseppe, 12–13, 19–32
  Künstlerisches Schaffen, 20–32
„Auf der Suche nach dem Meer“, 123

B

„Bänder“, 152
Barré, François, 95
„Baum“, 143
„Baumhaus im Herbst“, 122
Beethoven, 100
„Begegnung“, 87
„Beine zweier verschiedener Geschlechter“, 99
„Belvedere“, 90, 106, 132
„Blick aus dem Fenster“, 49, 50
„Bonjour Mademoiselle“, 101
Boring, Edwund, 14, 15
„Boring-Figur“, 14, 15
Botézo-Vogel bewundert weiche Jos-De-Mey-Konstrukte“, 78
„Bunte Schokoladekugeln“, 160

C

„Café Escher“, 149
„Campus Anthropomorphos“, 13
Christus, 46

D

Da Vinci, Leonardo, 11, 64
Dalí, Salvador, 12, *33–46*
  Anamorphosen von, *33–34*
  Künstlerisches Schaffen, *35–46*
„Dalís Hand zieht das Goldene Vlies in Wolkenform hinweg, um Gala die vollkommen nackte Morgenröte zu zeigen, die weit, weit hinter der Sonne liegt“, 45
„Das Erblühen der Liebe“, 65
„Das Fest des Bacchus“, 56
„Das Geheimnis zwischen den Herbstblättern“, 63
„Das gekrümmte Schachbrett“, 49, 57
„Das Verschwinden der Büste Voltaires“, 38
De Mey, Jos, 67–80
  Künstlerisches Schaffen, 69–80
Del Prete, Sandro, 47–65
  Künstlerisches Schaffen, 50–65
„Der Bibliothekar“, 30
„Der Gartenzaun“, 53
„Der große Paranoiker“, 36
„Der halluzinogene Torero“, 40
„Der hl. Georg und der Drache“, 61
„Der Jurist“, 29
„Der Kreuzritter des Lattenzauns“, 59
Descartes, René, 13
„Die Beschaffenheit des Menschen 1“, 16
„Die Botschaft der Delfine“, 62
„Die drei glorreichen Rätsel Galas (zweite Version)“, 41
„Die Flut kommt“, 122
„Die Gesandten“, 11, 12
„Die Hand und die Tänzerin“, 58
„Die Sonne setzt die Segel“, 128
„Dies ist kein Magritte“, 72
Doppeldeutige Bilder, 13–15
„Dream“ (Traum), 140
„Dreidimensionales Modell von Eschers Belvedere“, 106
„Dreidimensionales Modell von Eschers Wasserfall“, 107
„Dreifaches Quadrat“, 17
„Dyslexia“ (Legasthenie), 144

E

„Ein Fenster mit Blick nach außen und nach innen“, 76
„Erde“, 25
„Erscheinung von Frucht und Obstschale an einem Strand“, *37*
Escher, M. C., 16–18, 81–93
  Künstlerisches Schaffen, 84–93
  Kunst mit optischen Illusionen, 16–18
  Sandro Del Prete, 48
  Scott Kim, 137–138
„Eschers Denker beobachtet von Magrittes Therapeut“, 80

F

„Fäden ziehen“, 120
„Fährboot“, 155
„Fall“, 150
„Feuer“, 27
„Figure/Figure“, 141

„Freude in aller Welt“, 144
„Frischer Kerl, Arcimboldo“, 110
„Frühling“, 21
Fukuda, Shigeo, 95–113
Künstlerisches Schaffen, 97–113

G

„Galas Christus“, 46
„Gärtner“, 146
„Gemischter Reis nach chinesischer Art“, 113
„Gemüsegärtner“, 31
„Geometrische Liebe“, 135
Gilbert, Charles E., 14
Gonsalves, Ron, 115–130
Künstlerisches Schaffen, 117–130

H

Hamaekers, Mathieu, 131–136
Künstlerisches Schaffen, 133–136
„Harlekin“, 43
„Haupteingang zur 1. japanischen Expo in Toyama“, 109
„Herbst“, 23
„Himmel und Wasser I“, 82, 85
„Hoch und tief“, 88
Hogarth, William, 9
Holbein, Hans, der Jüngere, 11, 12
„Hommage an Leonardo da Vinci“, 64
„Hundert Lächeln der Mona Lisa“, 98

I

„Identical/Opposite“ (Identisch/Gegenteilig), 143
„Illusion“, 141
„IllusionWorks-Logo“, 136
„Im Aufschwung“, 130
„Inversions“ (Umkehrungen), 142

J

„Junge Frau/Alte Frau“, 14, 15

K

„Kalter Komfort“, 124
Kamekura, Yusaku, 95
„Kaninchen“, 151
Kim, Scott, 137–145
Ambigramme von, 137–139
Künstlerisches Schaffen, 140–145
M. C. Escher, 137–138
Kitaoka, Akiyoshi, 147–161
Künstlerisches Schaffen, 149–161
„Konkav und konvex“, 88
„Konkave und konvexe Bulldoggen“, 111
„Kosmische Räder“, 51
„Kreislimit IV“, 82, 93

L

„L’Amour de Pierrot“, 14, 15
Lazio, Wolfgang, 30
„Level“ (Ebene), 140
„Luft“, 26
„Luftfahrt zur Schlafenszeit“, 129
„Lunchbox mit sautiertem Schweinefleisch auf grünen Paprikas, gebratenem weißen Fisch, kurz angebratenem Gemüse, in Seetang gerolltem Spinat, Ei, geformtem Reis“, 113

M

„M. C. Escher“, 146
Magischer Realismus, 115. *Siehe auch* Gonsalves, Ron
Magritte, René, 15, 16, 67
„Man kann das Meer nicht schneiden“, 104
„Mann und Frau“, 44
„Mathematik“, 144
„Matthäus“, 42
Matthäus, Merian, 13
Maximillian II., 27, 29
Mehrdeutige Bilder. *Siehe* Doppeldeutige Bilder
„Melancholische Melodien an einem flämischen Wintertag“, 71
Mesquita, Samuel Jessurun de, 82
„Metamorphose der Landschaft“, 13
„Minutensteak“, 113
„Mirror“ (Spiegel), 144
„Mittagessen mit aufgesetztem Helm“, 103
„Mosaik im Wassergraben“, 127
„Musik“, 154
„Mysteriöser Mund erscheint auf dem Rücken meines Kindermädchens“, 39

N

Neal, Reginald, 17
„Nomadin“, 54

O

Op-Art, 15–18
Optische Täuschungen. *Siehe auch* einzelne Künstler.
Anamorphosen, 11–13
historische Perspektive, 9–18
M. C. Escher, 16–18, 81–93
Trompe l’oeil, 10–11

P

Penrose, Roger, 83, 92
„Paranoides Gesicht“, 35
„Party für Bruegel in in einer verschneiten Winterlandschaft“, 73
„Perspektivische Absurditäten, 9
„Porträt eines Unsichtbaren“, 74
Pozzo, Andrea, 10–11

R

„Radfahren im Herbst“, 118
„Rekonstruktion eines seltsamen Monolithen“, 78
„Reptilien“, 82, 86
Riley, Bridget, 15–16
„Rokuyo-Sterne“, 161
„Romeo und Julia“, 55
Rubin, Edgar, 15
Rudolf II., 32

S

„Säulentor zur vierten Dimension“, 52
„Schlangen“, 157
„Seepferdchen“, 159
„Seetang“, 158

„Selbstporträt“ (Arcimboldo), 20
„Seltsame Gefängniskonstruktion für Papageien und Familie“, 70
Skulpturen. *Siehe auch* Hamaekers, Mathieu
„Sommer“, 22
„Stillleben in einem Zwei-Wege-Fenster“, 77
„Symphonie Nr. 9 in der Innenstadt“, 100
„Szenenwechsel“, 125

T

„Tag und Nacht“, 82, 84
Tamir, Abraham, 47
„Teach/Learn“ (Lehren/Lernen), 142
„Tiere“, 156
„Treppauf und treppab“, 91
Trompe l'oeil, 10–11, 68
„True/False“ (Wahr/Unwahr), 140

U

Unmögliche Figuren. *Siehe* Escher, M. C.
„Unmögliche Möglichkeit“, 133
„Unmögliche Raute“, 135
„Unmöglicher Würfel“, 134
„Untergrundklavier“, 112
„Unvollendetes Puzzle“, 117
„Upside Down“ (Auf den Kopf gestellt), 142

V

„Van Goghs Sonnenblumen“, 110
Vasarely, Victor, 15–16
„Verborgene Gesichter und Kelch“, 15
„Verschwindende Säule“, 108
„Vertumnus“, 32
„Verwindung“, 153

W

„Wartezimmer des Künstlers“, 79
„Wasser“, 28
„Wasserfall“, 92, 107, 262
„Winter“, 24
„Wunderschönes Gebäude für eine große belgische Stadt“, 68, 69
„Wurzeln und Flügel“, 126

Z

„Zeichnende Hände“, 89
„Zugabe“, 105

DANKSAGUNG

5 Mit freundlicher Genehmigung von Douglas R. Hofstadter
9 William Hogarth, „Perspectical Absurdities“, Titelblatt (Stich) von J. Kirby's *Dr. Brook Taylor's Method of Perspective Made Easy in Both Theory and Practice*, Ipswich, 1754
10 Andrea Pozzo, „Allegory of the Missionary Work of the Jesuits“, San Ignazio, Rom. Mit freundlicher Genehmigung des Rektors von S. Ignazio
12 (oben) Hans Holbein, „Die Gesandten“, National Gallery London, GB
12 (unten) Johan Burucker, Zylinder-Anamorphose mit Pferd und Reiter, Nürnberg, Deutschland, ca. 1800. Mit freundlicher Genehmigung des Hessischen Landesmuseums, Darmstadt
13 (oben) Anonym, Metamorphose der Landschaft, 1600, private Sammlung, Mailand, Italien
13 (unten) Matthäus Merian, „Campus Anthropmorphos“, Stich, aus Athanasius Kircher, *Ars Magna Lucis et Umbrae* 2. Auflage (Amsterdam: Apud Joannem Janssonium 1671), geg. S. 807
14, 15 (alle) Privatsammlung des Autors
16 René Magritte, „Die Beschaffenheit des Menschen 1“, private Sammlung, Paris, Frankreich. Artists Rights Society
17 Reginald Neal, „Dreifaches Quadrat“, New Jersey State Museum Collection, NJ, USA
20 Giuseppe Arcimboldo, „Selbstporträt“, Narodra Gallery, Prag, Tschechien
21 Giuseppe Arcimboldo, „Frühling“, Musée du Louvre, Paris, Frankreich
22 Giuseppe Arcimboldo, „Sommer“, Kunsthistorisches Museum, Wien, Österreich
23 Giuseppe Arcimboldo, „Herbst“, Musée du Louvre, Paris, Frankreich
24 Giuseppe Arcimboldo, „Winter“, Musée du Louvre, Paris, Frankreich
25 Giuseppe Arcimboldo, „Erde“, private Sammlung
26 Giuseppe Arcimboldo, „Luft“, private Sammlung, Basel, Schweiz
27 Giuseppe Arcimboldo, „Feuer“, Gemäldegalerie des Kunsthistorischen Museums, Wien, Österreich
28 Giuseppe Arcimboldo, „Wasser“, Gemäldegalerie des Kunsthistorischen Museums, Wien, Österreich
29 Giuseppe Arcimboldo, „Der Jurist“, Statens Konstsamlingar Gripsholm Slott, Schweden
30 Giuseppe Arcimboldo, „Der Bibliothekar“, Statens Konstsamlingar Gripsholm Slott, Schweden
31 Giuseppe Arcimboldo, „Der Gemüsegärtner“, Museo Civico Ala Ponzone, Cremona, Italien
32 Giuseppe Arcimboldo, „Vertumnus“, Skoklosters Slott, Stockholm, Schweden
34 Dalí-Foto
35 Salvador Dalí, „Paranoides Gesicht“, Verbleib unbekannt, vermutlich zerstört
36 Salvador Dalí, „Der große Paranoiker“, Museum Boymans-van Beuningen, Rotterdam, Niederlande
37 Salvador Dalí, „Erscheinung von Frucht und Obstschale an einem Strand“, The Wadsworth Atheneum, CT, USA
38 Salvador Dalí, „Das Verschwinden der Büste Voltaires“, The Salvador Dalí Museum, entlehnt von E. and A. Reynolds Morse
39 Salvador Dalí, „Mysteriöser Mund erscheint auf dem Rücken meines Kindermädchens“, private Sammlung
40 Salvador Dalí, „Der halluzinogene Torero“, The Salvador Dalí Museum, entlehnt von E. and A. Reynolds Morse
41 Salvador Dalí, „Die drei glorreichen Rätsel Galas (zweite Version)“, mit freundlicher Genehmigung der Fundación Gala-Dalí, Figueras, Spanien
42, 43, 44 Privatsammlung des Autors
45 Salvador Dalí, „Dalís Hand zieht das Goldene Vlies in Wolkenform hinweg, um Gala die vollkommen nackte Morgenröte zu zeigen, die weit, weit hinter der Sonne liegt“, mit freundlicher Genehmigung der Fundación Gala-Dalí, Figueras, Spanien
46 Salvador Dalí, „Galas Christus“, private Sammlung
49 Privatsammlung des Autors
50–65 (alle) Mit freundlicher Genehmigung von Sandro Del Prete (Copyright)
68 Privatsammlung des Autors
69–80 (alle) Mit freundlicher Genehmigung von Jos De Mey (Copyright)
83 Mit freundlicher Genehmigung von Bruno Ernst
84–93 Alle Drucke von M. C. Escher werden mit Genehmigung der Archive der M.-C.-Escher-Stiftung/Cordon Art, Baarn, Holland, reproduziert
96 Mit freundlicher Genehmigung von Kazumi Kurigami
97–113 (alle) Mit freundlicher Genehmigung von Shigeo Fukuda (Copyright)
117 Mit freundlicher Genehmigung von Discovery Galleries
117–130 (alle) Mit freundlicher Genehmigung von Robert Gonsalves (Copyright)
132 Mit freundlicher Genehmigung von Bruno Ernst
133–135 (alle) Mit freundlicher Genehmigung von Matheau Hamaekers (Copyright)
136 Das IllusionWorks-Logo ist ein eingetragenes Warenzeichen von IllusionWorks, L.L.C.
139–146 (alle) Mit freundlicher Genehmigung von Scott Kim (Copyright)
148–161 (alle) Mit freundlicher Genehmigung von Akiyoshi Kitaoka (Copyright)